AF252207

MANUEL

DE

SECONDES LECTURES

MANUEL

DE

SECONDES LECTURES

A L'USAGE DES ÉCOLES PRIMAIRES

—

L. M. A.

—

Nouvelle édition.

LONS-LE-SAUNIER

Chez GAUTHIER FRÈRES, libraires-éditeurs.

1870

Tout exemplaire non revêtu de la signature ci-dessous, sera réputé contrefait, et tout contrefacteur ou débitant de contrefaçons sera poursuivi selon la rigueur de la loi.

PRÉFACE

A mesure que l'intelligence se développe, l'aliment qui lui est présenté doit devenir plus substantiel. Ainsi faisait le grand Apôtre à l'égard des premiers chrétiens. Les mêmes vérités peuvent revêtir différentes formes et s'adapter ainsi à la portée de chacun.

Ce Manuel de *Secondes Lectures* a donc été rédigé pour les enfants qui, sortis de la classe des initiaires, ont une capacité déjà un peu plus grande que ceux-ci, et sont à même de comprendre des choses qui surpasseraient l'intelligence des commençants.

Comme on s'est proposé de rendre ce livre utile à l'esprit et au cœur, on a eu soin de n'y rassembler que des sujets capables d'intéresser, d'instruire et de former à la vertu.

Chaque chapitre est suivi d'un questionnaire qui le résume, et à l'aide duquel le maître fait répéter de mémoire aux enfants ce qu'il contient, afin de le graver dans leur intelligence. Par ce moyen, l'exercice de lecture n'aura pas seulement pour résultat d'apprendre à prononcer des mots, mais il mettra des idées dans l'esprit et [des] sentiments dans le cœur.

Nous n'avons pas besoin d'ajouter que, n'ayant pas eu en vue de faire du *neuf*, nous avons recueilli, sans difficulté, de côté et d'autre, tout ce qui pouvait convenir à notre plan.

MANUEL

DE

SECONDES LECTURES

PREMIÈRE PARTIE.

INSTRUCTIONS RELIGIEUSES.

CHAPITRE Ier.

EXISTENCE DE DIEU.

Nous avons appris dès l'enfance à répéter le nom de Dieu, à croire en lui, à l'invoquer. Dès que nous avons été capables de savoir quelque chose, on nous a fait connaître Celui par qui nous existons. Et comment pourrions-nous l'ignorer? Toutes les créatures publient à l'envi son existence et sa gloire.

Si nous portons nos regards en haut, le firmament, avec les milliers d'étoiles qui l'embellissent, nous révèle le Dieu invisible qui se montre dans ses œuvres. Quel autre, en effet, aurait pu créer ces globes de feu suspendus au-dessus de nos têtes, assigner à chacun d'eux la place qu'il doit garder, la fonction qu'il doit remplir? Le soleil préside au jour ; il répand sur la terre la lumière et la chaleur. La lune, entourée des étoiles, préside à la nuit. La lumière de ses astres tempère l'obscurité des ténèbres, sans troubler le repos de l'homme par l'éclat de ses rayons. Ces grands corps lumineux servent à la distinction du jour et de la nuit, et règlent la vicissitude des saisons. Depuis la création, ce bel ordre subsiste, et rien n'a pu l'interrompre ni le troubler. Qui donc a établi, qui maintient une régularité si constante, si ce n'est Dieu ?

Les prodiges que nous découvrons sur la terre n'attestent pas moins hautement l'existence d'un Dieu créateur. Ne fallait-il pas l'action d'une main puissante pour la tirer du néant, pour lui donner cette fécondité prodigieuse par laquelle, depuis six mille ans, elle nourrit tout le genre humain, pour l'enrichir et l'orner de cette multitude d'arbres, de plantes et de fleurs destinés aux besoins et à l'agrément de l'homme ? Qui lui envoie la chaleur et la pluie ? Qui multiplie dans son sein le grain de blé que la main du laboureur a déposé dans le sillon ? Qui peuple les forêts ? Qui couvre les arbres de fleurs et les prairies de gazon ? Chacune de ces questions amène la même réponse : C'est Dieu ! Avec lui, tout s'explique ; sans lui, nous ne pourrions rendre raison de rien, ou plutôt rien ne pourrait exister.

La mer semble nous crier, à son tour, par la voix de ses vagues : O hommes ! considérez-moi, et reconnaissez, en me voyant, Celui qui commande en maître à toute la nature. Ce n'est pas vous qui m'avez fait ce que je suis ; vous ne pouvez pas même me mesurer ; à peine vous osez parcourir mes vastes pleines ; et quand je pousse contre vos navires mes vagues irritées, vous pâlissez d'effroi. Mais il est quelqu'un plus puissant que vous, devant lequel je me tais et je tremble : c'est Dieu ? C'est lui qui a creusé mes abîmes ; c'est lui qui agite et soulève mes flots ; c'est lui qui calme et apaise ma fureur au jour de la tempête ; c'est lui qui a a créé le peuple nombreux des poissons qui se jouent dans mon sein ; c'est lui qui a jeté dans mes eaux le sel qui les préserve de la corruption ; c'est lui qui pousse mes flots vers le rivage et les ramène ensuite vers le centre par le flux et reflux. Lui seul m'a faite ; lui seul pouvait me faire.

Ne faudrait-il pas être bien aveugle pour ne voir dans toutes ces merveilles qu'un effet du hasard ? Il serait moins absurde d'attribuer au hasard la construction d'un édifice, ou de dire qu'un tableau s'est fait sans peintre, et que les couleurs sont venues par hasard se nuancer sur la toile.

L'homme, d'ailleurs, porte en lui-même un témoignage toujours vivant de l'existence de Dieu. Être composé de deux substances différentes et opposées dans leurs goûts, il présente un assemblage mystérieux qui ne peut s'expliquer que par Dieu.

Et d'abord que de merveilles dans son corps ! La disposition de ses membres et des organes de ses sens révèle une sagesse qui s'est proposé un but en le créant, et qui a employé les moyens les plus propres à l'exécution de ses desseins. Les yeux ont été placés en haut afin de mieux voir : les bras, comme deux balanciers, tiennent le corps en équilibre quand il se meut, et ils ont eux-mêmes la facilité de se mouvoir en tous sens ; les pieds sont faits pour la marche, et ils servent de base à l'édifice.

L'organisation intérieure du corps excite encore plus d'admiration. Or, qui a pu faire un si bel ouvrage ? « Mes enfants, disait la mère des Machabées à ses fils « en les encourageant au martyre, je ne sais comment « vous avez été formés dans mon sein. Car ce n'est « pas moi qui vous ai donné l'âme, l'esprit et la vie, « ni qui ai joint tous vos membres pour en faire un « corps ! mais c'est le Créateur du monde qui a formé « l'homme dans sa naissance, et qui a donné l'origine « à toutes choses. »

Nous n'avons pas seulement un corps ; il y a aussi

une âme en nous, et cette âme n'est pas matière. Car il n'y a, dans la matière, ni intelligence pour connaître ni volonté pour agir. Comment donc se trouve-t-elle unie au corps ? Est-ce parce qu'elle l'a voulu ! Mais elle y était avant même d'avoir pu songer à le vouloir. Quelqu'un a donc établi entre ces deux parties de notre être, l'union intime qui les attache l'une à l'autre, et qui fait que l'une ressent toutes les joies et toutes les souffrances de l'autre. Ce quelqu'un ne peut être que Dieu. Nous trouvons le sentiment de la Divinité si profondément imprimé en nous, que nous ne pourrions pas le nier sans mentir à nous-mêmes ; car, qu'est-ce que ce cri : *Mon Dieu* ! qui nous échappe en tant de circonstances, et surtout dans la douleur et le danger ? Ce n'est pas le fruit de la réflexion, puisqu'il est indélibéré : c'est un témoignage que nous rendons naturellement à Celui qui nous a donné l'être, le mouvement et la vie, et dont nous implorons le secours par ce cri involontaire.

Oui, mon Dieu, je vous retrouve partout. Le ciel, la terre et la mer publient votre gloire. Elle n'éclate pas moins dans la création de mon corps et de mon âme. Je sens en moi quelque chose qui me ramène sans cesse à vous. Qu'il est aveugle, Seigneur, celui qui refuse de vous voir dans vos œuvres ! Ne permettez pas que ce malheur m'arrive jamais ; mais faites que toujours la vue des créatures me rappelle votre souvenir et m'excite à vous adorer et à vous bénir.

Histoire.

Un impie se présenta un jour devant un pieux Jésuite, le père Oudin, et lui dit avec le ton insolent et moqueur de l'incrédulité : Mon père, vous voyez en moi un athée. (C'est le nom qu'on donne à ceux qui refusent d'admettre un Dieu.) A ces mots, le père Oudin recule d'effroi, et s'armant d'une lorgnette, il regarde fixement le jeune fat. — Que faites-vous, mon père, lui demande celui-ci ? — Je regarde, réplique le père, cette étrange bête qu'on appelle athée, et que je n'avais pas encore vue. — Ecrasé par ces paroles de mépris, l'impie disparut aussitôt pour aller cacher sa honte et son dépit.

QUESTIONNAIRE.

Pourquoi ne peut-on pas s'empêcher de reconnaître un Dieu ? — Que trouvez-vous dans le firmament qui vous en rappelle la pensée ? — Qu'y a-t-il sur la terre qui nous le fasse connaître ? — Montrez comment tout ce qu'on voit dans la mer ne peut s'expliquer sans Dieu. — Ne pourait-on pas dire que toutes ces choses ont été faites par le hasard ? — Expliquez comment Dieu se montre dans la création du corps et de l'âme de l'homme. — N'y a-t-il pas quelque chose en nous qui rend involontairement témoignage à Dieu ? — Qu'est-ce qu'un athée ?

CHAPITRE II.

PERFECTIONS DE DIEU.

Dieu est l'être par excellence, le principe et la source de tout. Le bien que nous voyons dans les créatures vient de lui ; il en possède la plénitude, et il le communique à tous sans jamais s'épuiser. De cette idée générale de Dieu, il en résulte qu'il a toutes les perfections, et qu'elles sont en lui à un degré infini.

Le prophète, inspiré par le Saint-Esprit, célèbre ainsi dans ses psaumes les perfections divines :

Je chanterai votre gloire, ô Dieu, qui êtes mon roi ! et je bénirai votre nom dans le siècle présent et dans les siècles des siècles. En effet, le Seigneur est grand

et digne d'être loué infiniment ; car sa *grandeur* n'
pas de bornes. Ainsi, Seigneur, toutes les races loue
ront vos œuvres et publieront votre *puissance*. Elle
parleront de la *magnificence* de votre gloire et de votr
sainteté, et elles raconteront vos merveilles. Elle
diront quelle est la vertu de vos œuvres, qui sont
terribles, et elles feront entendre quelle est votr
grandeur. Elles attesteront avec force quelle est l'a
bondance de votre *douceur* ineffable, et elles tressail
leront de joie en chantant les louanges de votre *justice*
Elles diront : Le Seigneur est *clément* et *miséricor-*
dieux ; il est *patient* et rempli de miséricorde. L
Seigneur est *bon* envers tous, et ses divines miséri
des s'étendent sur toutes ses œuvres. Que toutes vo
œuvres vous louent donc, Seigneur, et que vos saints
vous bénissent ! Ils le feront, ô mon Dieu ! ils publie
ront la gloire de votre règne, et ils célébreront votr
puissance pour faire connaître aux enfants des
hommes la grandeur de votre pouvoir et la gloire
si magnifique de votre règne. Car votre règne s'étend
dans tous les siècles : les ouvrages de vos mains péri
ront, mais vous demeurerez toujours : ils vieilliront
tous comme un vêtement qui s'use ; mais pour vous,
vous êtes toujours le même et vos années ne passeront
pas.

Vous m'avez éprouvé, Seigneur, et vous m'avez
connu ; vous avez découvert de loin mes pensées, vous
les avez vues avant que je les eusse formées, et toute
la suite de ma vie vous était connue avant que j'eusse
commencé de vivre ; car *vous avez prévu* toutes mes
voies, et avant même que ma langue ait formé quelque parole, vous le savez. Oui, Seigneur, *tout vous*
est connu : l'avenir et le passé. C'est vous qui m'avez
formé, et qui avez mis la main sur moi pour me

er du néant et pour m'empêcher d'y retomber.
nt donc l'auteur de mon être, vous pénétrez tout
qui est en moi d'une manière admirable, et votre
nce est si élevée, que je ne pourrai jamais la con-
voir ni lui échapper.

En effet, où irai-je pour me dérober à la *pénétra-
n* de votre esprit, et où fuirai-je pour me cacher à
lumière de votre visage ? Si je monte dans le ciel,
us y faites votre demeure ; si je descends dans l'en-
, vous y êtes présent ; si je prends des ailes dès le
tin, et que d'un vol rapide j'aille demeurer aux
rémités de la mer, dans les îles les plus reculées,
e main même m'y conduira, et ce sera votre
ite qui me soutiendra dans ma course. J'ai
: Peut-être que les ténèbres me cacheront à vos
ux, mais la nuit même devient toute lumineuse
ur me découvrir à vous dans mes actions les plus
rètes ; car les ténèbres les plus épaisses n'ont au-
ne obscurité pour vous, et la nuit la plus noire est,
ant vous, aussi claire que le jour, de sorte que ce
'il y a de plus secret en moi ne peut vous être caché.
Que Dieu est donc grand, et combien un prophète
aison de dire qu'il est *incompréhensible !*

Histoire.

On demandait à un philosophe païen ce que c'est
e Dieu. Il pria qu'on lui accordât deux jours pour y
ser. Ce temps écoulé, on vint chercher la réponse ;
s, au lieu de la donner, le philosophe demanda
tre jours pour réfléchir encore sur la question
on lui avait posée. Après les quatre jours, on vint le
ver de nouveau. Sa réponse fut qu'il avait encore
in de huit jours de réflexions. Ceux qui l'inter-
aient, étonnés de l'entendre ainsi demander tou-

jours de nouveaux délais, mais supposant bien qu'il y avait quelque chose d'énigmatique dans sa conduite, le prièrent de s'expliquer. — « Plus j'examine la « question que vous m'avez faite, leur répondit ce « philosophe, plus j'y trouve de difficultés. Je sais « bien que Dieu existe, mais jamais je ne pourrai « dire ce qu'il est. »

QUESTIONNAIRE.

Qu'est-ce que Dieu ? — Qui a donné aux créatures ce qu'elles ont de beauté, de bonté et d'autres perfections ?— En quoi consistent la grandeur, la puissance, la magnificence, la sainteté, la douceur, la justice, la miséricorde, la clémence, la patience, la bonté de Dieu ? — Est-il sujet, comme nous, à la vieillesse et à la mort ? — Qu'est-ce que Dieu connaît ?— Où est-il ?

CHAPITRE III.

PROVIDENCE DE DIEU.

On appelle *Providence* le soin que Dieu prend de ses créatures pour les conduire à leur fin. Il gouverne toute chose, et rien n'arrive dans le monde sans son ordre ou sans sa permission. Il commande le bien, il l'approuve et le récompense ; il défend le mal et le punit ; mais il le laisse faire, parce qu'il ne veut pas gêner notre liberté, et que d'ailleurs il est assez puissant et assez sage pour tirer le bien du mal même.

Il suffit de jeter un regard sur l'univers pour y reconnaître l'action d'une Providence qui s'étend à tout, et qui n'exclut de sa sollicitude aucune de ses créatures. C'est par elle que tous les êtres se maintiennent, vivent et se multiplient. Les plantes et les fleurs se flétrissent et tombent avec les saisons et les années ; mais d'autres plantes et d'autres fleurs s'élèvent à leur place du sein de la terre. Des animaux naissent pour remplacer ceux qui meurent. Les hommes eux-mêmes passent et disparaissent, mais d'autres générations leur succèdent. Ainsi, Dieu veille à la conservation des espèces qu'il a créées, et maintient le monde dans une jeunesse qui se renouvelle chaque jour.

Les moyens que la Providence emploie sont variés suivant la nature et les besoins des différents êtres. Elle a soumis les corps célestes, la terre, la mer et toutes les créatures inanimés à un ordre régulier et constant qu'on appelle lois de la nature. Ces lois ne sont autre chose que la volonté persévérante par laquelle Dieu conserve les êtres et leur fait produire les effets qu'il se proposait en les créant. Il a donné aux animaux destitués de raison les organes, la force et la sagacité convenables à leurs différentes destinations; il les a doués d'un instinct qui les avertit de ce qui pourrait leur être dangereux et nuisible, et les met en état de chercher, de discerner, de préparer les aliments et les demeures qui leur sont propres. Tout cela n'est pas en eux le fruit de pénibles réflexions; ils y sont portés par le penchant qu'une puissance supérieure leur a donné pour leur conservation; et il n'est parmi eux aucune espèce qui ne puisse se procurer ce qu'exigent indispensablement sa subsistance et son bien-être.

L'homme d'une nature plus excellente, naît dans un état plus faible et qui demande bien plus de secours que la plupart des animaux. Ses besoins, ses facultés, ses désirs sont plus grands et plus nombreux; aussi la Providence se distingue-t-elle envers lui par des attentions plus marquées; par des bienfaits plus grands. La terre, l'air et l'eau, toutes les richesses dont il est entouré, contribuent plus abondamment à sa conservation. Dieu distribue ses biens à tous les êtres intelligents avec un amour de préférence. Il a soumis à leur empire les créatures inanimées ; il a voulu que les travaux et la vie des animaux servissent à l'entretien et aux commodités de l'homme. Toutes les contrées du globe fournissent une nourriture suffisante aux créatures qui les peuplent. Admirables effets de la Providence ! Non-seulement le sein de la terre, mais les vastes plaines de l'air et les profondeurs des mers abondent en aliments propres à l'entretien de cette multitude innombrable d'animaux qui vivent et se meuvent dans ces éléments. Les trésors de la bonté divine sont inépuisables. Les provisions qu'elle a préparées pour toutes ses créatures suffisent à tous leurs besoins et se renouvellent sans cesse. Le monde ne dépérit pas. Toujours le soleil reparaît avec sa lumière et sa chaleur accoutumées. La fertilité de la terre ne va point en diminuant ; les saisons se succèdent constamment, et jamais la nature ne manque de payer son tribut annuel pour la conservation et le soutien de ses nombreux enfants. Soit que nous considérions la constance, la richesse ou la diversité de ses dons, partout nous apercevons les traces d'une providence universelle. Toutes les choses qui nous environnent et qui servent à nous procurer les nécessités, les douceurs et les agréments de la vie, sont autant de canaux par lesquels le Créateur verse continuellement ses dons sur nous.

Le prophète a donc raison d'admirer cette sollicitude maternelle de la Providence, qui n'oublie aucun des êtres qu'elle a formés, et de s'écrier, dans les transports de sa reconnaissance : Les yeux de toutes les créatures sont fixés sur vous, Seigneur ! Vous leur donnez leur nourriture au temps marqué ; vous ouvrez votre main, et vous rassasiez tout ce qui respire. Vous avez visité la terre, vous l'avez abreuvée d'une pluie féconde, vous avez multiplié ses richesses ; un fleuve a roulé d'abondantes eaux. Vous avez fait croître de riches moissons en préparant ainsi la terre. Vous arrosez ses sillons ; vous pénétrez, vous amollissez son sein ; vous fertilisez ses semences. Vos bénédictions sont la couronne de l'année, et les campagnes sont enrichies de vos dons. Le désert même s'embellit de fécondité ; les collines se revêtent de joie. Les pâturages se couvrent de troupeaux, et les vallées de moissons ; on entend de tous côtés des cris et des chants de joie.

Que l'impie ne vienne pas nous dire qu'il serait indigne de Dieu de s'occuper de tant d'êtres, dont quelques-uns sont si petits que l'œil ne peut même pas les saisir ; car s'il n'a pas jugé indigne de lui de les créer, pourquoi serait-il au-dessous de lui de veiller à leur conservation ? Nous savons d'ailleurs que cette sollicitude, quelque étendue qu'elle soit, n'embrasse pas sa puissance, puisqu'elle n'exige, comme la création, qu'un seul acte de sa volonté.

Du haut du ciel, vous veillez donc sur nous, Seigneur ! Le soin de notre conservation n'est pas remis au hasard, et abandonné à notre seule industrie ; vous suivez de l'œil tous nos pas dans la vie, et votre main libérale s'ouvre pour fournir à nos besoins. Soyez béni, mon Dieu, des bienfaits que chaque jour vous répandez sur nous ! Faites que, confiants en votre bonté divine, nous n'imitions pas les nations infidèles, qui vivent dans la sollicitude et se demandent avec anxiété : Que mangerons-nous ? Que boirons-nous ? De quoi nous vêtirons-nous ? Vous êtes notre Père, et vous savez que nous avons besoin de toutes ces choses. Si nous avons soin de chercher avant tout votre royaume et votre justice, vous nous donnerez le reste par surcroît.

Histoire.

Le père Beauregard venait de prêcher sur la Providence, dans une église de la capitale, lorsqu'il reçut la visite d'un ouvrier. — Mon père, lui dit cet homme, je viens de votre sermon : vous avez très-bien parlé, mais je ne crois pas ce que vous avez dit ; car pour moi, je le vois il n'y a pas de providence. — Comment ! Monsieur, que venez-vous de dire ? — Non, mon père, il n'y a pas de Providence pour moi, vous allez en juger : Je suis menuisier de mon état ; j'ai une épouse et trois enfants, et je vis en honnête homme ; personne ne peut se plaindre de moi. — Je crois tout cela sans peine, mon ami, mais où voulez-vous en venir ? Qu'ont de commun tous ces détails, si propres à intéresser en votre faveur, avec votre incrédulité à l'égard de la Providence ? — Où je veux en venir ? le voici : Vous voyez un malheureux prêt à s'aller jeter à la rivière. — O ciel ! s'écria le vénérable prêtre, Dieu vous préserve d'un tel égarement ; car il y va du salut de votre âme, aussi bien que de votre vie. Qu'est-ce qui peut donc vous porter à cet excès ? — J'éprouve, par la faillite d'un débiteur, une perte qui me ruine. J'ai des engagements auxquels je ne pourrai pas faire honneur, et ce serait la première fois pour moi ; je ne puis pas supporter la pensée de cette honte, et c'est après avoir frappé en vain à plusieurs portes que je vais me noyer. — Mais comment, préoccupé d'une pensée aussi affreuse, êtes-vous venu à mon sermon ? — Oh ! je n'y suis point allé exprès ; c'est par hasard. Comme je passais, j'ai vu entrer la foule, et je l'ai suivie. J'ai demandé ce qu'il y avait, on m'a répondu qu'un grand prédicateur allait prêcher, et je suis resté. Je vous ai entendu jusqu'au bout ; mais en faisant un retour sur moi, je n'ai pu admettre la Providence. — Quoi ! mon ami, avec le funeste projet que vous roulez dans votre esprit, vous êtes entré dans l'église, vous m'y avez entendu, vous êtes venu à moi pour me confier vos peines, et vous ne reconnaîtriez pas la Providence en tout cela ? — Frappé de cette observation, l'artisan répond, après un moment de silence : C'est vrai, mon père ; mais enfin cela ne paiera pas mes billets, le 30 de ce mois. — Écoutez, mon enfant, lui dit le père : Je crois que vous êtes un honnête homme, malheureux sans qu'il y ait de votre faute ; je veux donc vous aider à sortir de peine. Combien vous faut-il pour vous acquitter ? — Ah ! mon père quelle bonté ! avec moins de mille écus je suis sauvé. — Le père se lève aussitôt, va chercher dans son secrétaire une bourse de cent louis, qu'il remet à l'artisan, en lui disant : Je n'aurais pas été assez heureux pour pouvoir vous les donner de moi-même ; mais il y a quelques jours, après avoir assisté à mon sermon sur l'aumône, madame R... m'envoya cet argent pour que j'en disposasse en faveur des malheureux. Prenez-donc ces cent louis, acquittez-en votre dette, et croyez à la Providence. — A ces mots, le pauvre artisan tombe aux genoux du bon père et les arrose de ses larmes ; levant les yeux au ciel, il bénit Dieu du secours inespéré qu'il lui envoie, reçoit l'argent qui lui est offert, serre affectueusement les mains du prêtre, et le quitte plein de reconnaissance et d'admiration.

Qu'est-ce que la Providence? — De quoi s'occupe-t-elle? — Emploie-t-elle les mêmes moyens à l'égard de tous les êtres? — Comment gouverne-t-elle les créatures inanimées? — Qu'a-t-elle donné aux animaux pour les mettre en état de conserver leur existence et de se procurer la nourriture qui leur est nécessaire? — Qu'a-t-elle fait pour l'homme, dont les besoins et les désirs sont plus étendus et plus nombreux que ceux des animaux? — Pourquoi n'est-il pas indigne de Dieu de s'occuper de tant de petits êtres? — Le soin que Dieu prend ainsi de l'univers lui coûte-t-il beaucoup de travail et de fatigue? — Dites en quoi vous remarquez l'action de la Providence dans ce qui est arrivé au père Beauregard.

CHAPITRE IV.

CONDUITE DE DIEU DANS LE GOUVERNEMENT DU MONDE ET DE L'HOMME.

Dieu, en créant le monde, avait un but : c'était d'abord de faire connaître et bénir ses perfections infinies, en les rendant comme visibles dans ses œuvres ; c'était ensuite de faire servir les créatures à l'usage de l'homme : le soleil pour l'éclairer et le chauffer, la terre pour le porter et le nourrir. Ne nous étonnons pas de voir l'homme, si petit en comparaison de tant d'autres êtres, devenir, en quelque sorte, le centre où ils aboutissent tous. Car ce n'est pas par les dimensions et la masse qu'il faut apprécier un objet, mais par sa valeur intrinsèque. Or, une âme intelligente et libre, telle qu'est celle de l'homme, destinée à jouir éternellement de Dieu dans le Ciel, vaut mieux que tout l'univers matériel.

Les créatures ont donc une double fin : l'une qui

est la principale, c'est la gloire de Dieu ; l'autre n'est que secondaire, mais cependant bien réelle, c'est l'utilité de l'homme. Dieu les a disposées dans sa sagesse, et il les règle de telle manière, par sa providence, qu'elles apportent à l'homme, les unes les nécessités, les autres les agréments de la vie. Car, en père plein de tendresse, il n'a pas voulu seulement pourvoir à nos besoins, il s'est encore occupé de nos plaisirs. Ainsi, il nous a donné le chant des oiseaux, le parfum et la beauté des fleurs, et cette variété prodigieuse de fruits de toute espèce dont nous aurions pu nous passer, mais qui procurent à la vie des jouissances innocentes.

Cependant, depuis que l'homme est devenu coupable, Dieu se sert aussi quelquefois des créatures pour le punir. Les évènements se règlent, il est vrai, d'après ce qu'on appelle les lois générales de la nature ; mais il serait insensé de n'y pas reconnaître une influence particulière de la Divinité, qui les dirige selon ses vues et les fait concourir à ses desseins. La Providence emploie, quand elle le veut, les causes naturelles pour châtier et pour récompenser. A son ordre, l'air se corrompt ou se purifie, les saisons deviennent fertiles ou stériles ; elle arrête ou favorise, à son gré, les entreprises des hommes.

Pour l'accomplissement de ses desseins de justice, il n'est pas nécessaire que Dieu fasse des miracles en interrompant le cours ordinaire des choses ; il suffit qu'il accorde ou qu'il refuse à la nature son assistance, car sans lui elle ne peut rien produire. Il use de la chaleur du soleil pour réchauffer la terre et la rendre féconde ; il emploie la pluie et les vents pour purifier l'air et le rafraîchir ; en un mot, c'est lui qui met en mouvement les causes secondaires, et il les fait toujours agir de la manière et au degré qui conviennent à ses vues; de sorte qu'il en résulte la famine, la contagion, l'abondance, la sérénité selon qu'il veut punir ou récompenser.

De là il suit que les êtres inanimés ou irraisonnables atteignent toujours la fin que Dieu leur assigne, parce que c'est lui-même qui les y conduit par une impulsion à laquelle ils ne sauraient résister, puisqu'ils n'ont pas la raison pour comprendre, ni la liberté pour agir.

Mais il n'en est pas ainsi de l'homme, et la raison de cette différence se trouve dans l'excellence même de sa nature. Sous l'enveloppe matérielle du corps est cachée une âme, et cette âme est un esprit. Or, on ne gouverne pas un esprit à la façon des corps, en lui imprimant le mouvement, mais en le dirigeant d'une manière conforme à sa nature et à ses besoins. L'âme humaine est intelligente et libre : comme intelligente, elle est capable d'apprendre et de connaître, il faut donc la guider en l'éclairant et en lui montrant les vérités qu'elle a besoin de savoir; comme libre, elle peut se déterminer et agir par elle-même; il suffira donc, pour la diriger, de lui faire des commandements, de lui imposer des obligations, en lui fournissant les moyens de les remplir et les motifs qui doivent l'engager à être fidèle.

C'est la marche que suit la Providence dans le gouvernement de l'homme. D'abord, elle l'instruit, en lui faisant connaître, par le moyen de la raison et de la foi, les vérités dont il a besoin. Ensuite, elle ne pousse pas sa volonté vers le bien par une force irrésistible ; mais elle lui en fait un devoir, lui donne, dans la prière et les sacrements, des grâces qui en rendent la pratique facile, lui promet le ciel pour récompense de sa fidélité, le menace des feux éternels s'il se montre rebelle. De cette manière, elle le guide à sa fin mais en le laissant toujours libre. S'il fait le bien, il en a du mérite, parce qu'il n'y était pas forcé ; mais s'il fait le mal, il est digne de blâme et de punition, parce qu'il lui était libre de choisir la vertu au lieu du vice.

Bien que Dieu, dans le gouvernement de sa Providence, ne gêne pas la liberté des hommes, cependant il ne leur abandonne pas tellement les choses d'ici-bas, qu'ils puissent diriger tous les évènements à leur guise. Il a lui-même ses vues sur les individus et sur les peuples ; et il trouve tant de ressources dans les trésors inépuisables de sa sagesse, que, tout en laissant les hommes agir comme ils veulent, il sait les faire concourir à l'exécution du plan qu'il a conçu et se servir même de leurs dispositions les plus mauvaises pour l'accomplissement de ses desseins. Les exemples ne manqueraient pas à l'appui de cette vérité ; un seul suffira pour la rendre évidente. Les Juifs ne songeaient qu'à satisfaire la haine qu'ils avaient contre Jésus-Christ, et leur fureur devint, entre les mains de la Providence, comme un instrument pour opérer le mystère de la Rédemption, promis depuis quatre mille ans ; de leur malice, elle tira le salut du monde. Ils furent coupables, parce c'est bien librement qu'ils commirent leur épouvantable déicide ; mais le genre humain fut racheté, parce que Dieu n'attendait que l'expiation du Calvaire pour se réconcilier avec l'homme.

La Providence tient tous les jours une conduite semblable. Veut-elle châtier un peuple, elle laisse prévaloir les conseils des méchants, les projets des ambitieux ; et les nations qui ont attiré sa colère sont en proie aux horreurs de la guerre, aux discordes et aux séditions intérieures. Veut-elle faire miséricorde, elle déjoue tous les plans de la politique ; elle suscite aux hommes qu'elle a choisis, et dont les projets entrent dans ses vues, la sagesse dans les conseils, l'habileté dans l'exécution ; et les peuples soulagés respirent en paix à l'ombre de sa protection ; ils voient passer loin d'eux l'orage qui les avait menacés et qui était près d'éclater sur leurs têtes.

Plus d'une fois il est arrivé que ceux qui étaient ainsi choisis de Dieu pour être les exécuteurs de ses arrêts, avaient eux-mêmes comme le sentiment de leur mission providentielle. Ainsi, après la prise de Jérusalem, Tite, général des Romains, refusa les couronnes qu'on lui offrait pour honorer sa victoire, en disant que ce n'était pas son ouvrage, et qu'il n'avait fait que prêter ses mains à la vengeance de Dieu, irrité contre les Juifs. — Attila, roi des Huns, se faisait appeler le *fléau de Dieu*. — Un jour que Genséric, roi des Vandales, était prêt à mettre à la voile dans le port de Cartharge, le pilote lui demandant chez quel peuple il devait diriger sa course : *Chez celui*, répondit-il, *vers qui la colère de Dieu nous poussera*. Dans des temps plus rapprochés de nous, on rapporte que l'Empereur Napoléon, conversant un jour avec ses généraux, leur disait qu'il n'était qu'un instrument dont la Providence se servait pour accomplir ses desseins sur l'Europe, et qu'elle briserait quand il aurait rempli la mission qu'elle lui avait confiée.

Soit que Dieu frappe les peuples dans sa colère, soit qu'il les épargne dans sa miséricorde, c'est toujours pour les conduire au salut. Mais comme il n'y a d'autre voie de salut que Jésus-Christ, le but que Dieu se propose dans sa conduite à l'égard des hommes, c'est de les amener à Jésus-Christ, afin qu'ils puissent par lui obtenir le salut. Il sait tout faire concourir à cette fin : les plans de la politique aussi bien que les projets de l'ambition, les découvertes de la navigation comme les inventions de l'industrie. Les hommes s'agitent pour explorer ou conquérir de nouvelles contrées ; mais Dieu se sert d'eux pour préparer les voies aux missionnaires qui doivent aller porter à ces peuples la connaissance et le culte de Jésus-Christ. Tant que les peuples demeurent fidèles au Christ et à sa loi, ils sont heureux ; car Jésus-Christ est pour eux la voie, la vérité, la vie : s'ils s'en éloignent, Dieu les châtie pour les ramener ; s'ils le repoussent tout à fait, Dieu les maudit ; et l'histoire est là pour montrer combien sont terribles les effets de cette malédiction.

Depuis dix-huit siècles, le peuple juif voit retomber sur lui et sur ses enfants le sang qu'il a versé sur le Calvaire. — Pendant trois cents ans, l'empire romain a lutté, par de sanglantes persécutions, pour repousser le Christ, qui lui apportait le salut, et Dieu a déchaîné contre l'empire romain les Barbares du Nord, qui sont venus le ravager, le déchirer et s'en disputer les lambeaux. — Les mensonges, les railleries et les sophismes de l'impiété étaient parvenus, dans le siècle dernier, à déverser l'injure sur Jésus-Christ et sur sa religion : son culte fut aboli. Mais Dieu, pour venger l'insulte faite à son Christ, livra la France coupable à toutes les horreurs de l'anarchie.

Si la Providence règle ainsi, selon ses vues, les événements qui agitent la vie des peuples, elle ne reste pas étrangère à ce qui se passe dans la famille, à ce qui n'intéresse que l'individu. *Tous les cheveux de votre tête sont comptés*, dit Jésus-Christ ; *vous n'en pouvez, de vous-même, rendre un seul blanc ou noir ;* nous faisant entendre par là que les plus petits détails de notre existence ne sont pas abandonnés au hasard, mais que la sollicitude paternelle de Dieu les embrasse tous. Soit donc que nous recevions des biens, soit que les maux fondent sur nous, toujours nous pouvons dire avec le saint homme Job : *Il a été fait comme il a plu au Seigneur.* Le péché seul arrive contre sa volonté parce qu'il le défend, néanmoins il le laisse commettre, parce qu'il respecte notre libre arbitre. Mais il le punit souvent, même dès cette vie, et c'est au péché que nous devons attribuer la plupart des calamités que nous éprouvons. Il en est cependant qui sont non des châtiments, mais des épreuves : dans les desseins de Dieu, elles doivent servir à nous sanctifier et à nous faire acquérir du mérite par la patience, ainsi qu'il est arrivé à Tobie, à Job, à Joseph et à tant d'autres.

Heureux celui qui sait ainsi voir partout l'action de la Providence ! Quand les biens lui arrivent, il n'oublie pas qu'ils viennent de la main de Dieu, et il le bénit avec reconnaissance. Quand il est dans le malheur et la souffrance, il comprend que c'est Dieu qui le châtie ou l'éprouve, et il se tient calme et résigné, répétant, après Job : *Que le nom du Seigneur soit béni !* Comme David à l'égard de Séméi, il ne voit, dans les créatures qui l'offensent, que des instruments dont Dieu se sert pour accomplir ses desseins sur lui, et il demeure sans haine contre elles et sans désir de vengeance. Il sait d'ailleurs que les hommes ont beau s'agiter ; il n'arrivera que ce que Dieu permettra. Aussi, sans trop s'inquiéter de leurs projets et de leurs plans, il trouve la paix dans sa confiance au Seigneur, se soumettant d'avance à tout ce qu'il ui plaira d'ordonner et de permettre

Histoire.

Siége de Jérusalem.

L'Evangile rapporte qu'un jour Jésus-Christ, à la vue de Jérusalem, pleura sur cette ville, en disant : « Ah ! si tu savais, même en ce jour, ce qui peut t'apporter la paix ! Mais maintenant tout est caché à tes yeux ; car des jours viendront sur toi, où tes ennemis t'environneront de murailles, et ils te presseront de toute part, et ils te renverseront sur la terre, toi et tes fils qui sont en ton enceinte, et ils ne laisseront pas en toi pierre sur pierre, parce que tu n'as pas connu le temps où tu as été visitée ! » Cette terrible menace ne tarda pas à s'accomplir, et les Romains furent les exécuteurs des arrêts de la justice de Dieu contre le peuple déicide.

Les Juifs étaient depuis assez longtemps déjà sous la domination romaine, lorsque, l'an 66 de Jésus-Christ, mécontents du gouverneur qui leur avait été donné, ils se révoltèrent, et la guerre commença. Les séditieux eurent, en différentes rencontres, des avantages qui ne servirent qu'à les rendre plus audacieux et plus opiniâtres. Il y avait eu déjà beaucoup de sang versé ; grand nombre de Juifs avaient été massacrés dans plusieurs villes de Syrie, sans que rien fît espérer qu'ils songeassent à se soumettre, lorsque, l'an 70, l'empereur Vespasien envoya Tite, son fils, pour faire le siége de Jérusalem. L'armée romaine vint camper à un quart de lieue de la ville. On était alors aux approches de la fête de Pâques, et il y avait dans la ville une multitude innombrable de Juifs, qui s'y étaient rendus pour la solennité. Ils furent tous renfermés dans Jérusalem, et eurent con-

·sommé en peu de temps les vivres qui s'y trouvaient. Aussi la famine ne tarda-t-elle pas à se faire sentir, et bientôt après la peste vint y joindre ses ravages. Tite, qui avait déjà forcé deux des trois enceintes qui défendaient la ville, essaya toutes les voies de douceur pour amener les insurgés à se rendre ; mais ce fut inutilement ; rien ne put toucher ces factieux.

Cependant, la famine allait toujours croissant. Les malheureux habitants se virent d'abord réduits à vendre leurs héritages pour acheter à grands frais quelques vivres, qu'ils dévoraient en secret et qu'on s'arrachait les uns aux autres ; car le plus fort l'emportait, et la faim avait effacé la honte. La femme disputait un morceau de pain à son mari, le fils à son père, et la mère à son enfant. Bientôt on finit par ne plus trouver, même à prix d'or, ni blé, ni orge, ni viande ; on se rabattit alors sur tout ce qui pouvait tomber sous la dent, même ce qui ne serait pas à l'usage des bêtes les plus sales ; les ceintures, les courroies des sandales, le cuir des boucliers, des restes de vieux foin, dont on ramassait jusqu'aux moindres brins, qui se vendaient au poids. Il y en eut qui fouillèrent dans les égouts, où ils cherchèrent de vieille fiente de bœuf, et mangèrent ce qu'auparavant ils n'auraient pu regarder. On rapporte même qu'une femme, poussée par le désespoir et par la faim, tua son enfant et le fit rôtir pour le manger.

Plusieurs, poussés par la faim, se hasardèrent à sortir de la ville pour aller cueillir des herbes. Tite commanda de la cavalerie pour les observer, et ceux qui étaient pris les armes à la main, étaient mis en croix... On en crucifiait jusqu'à cinq cents par jour et quelquefois plus, et les soldats, par moquerie, les clouaient en différentes postures. Dieu vengeait, par leurs mains, le supplice ignominieux de son Fils. Pour achever de les affamer et les forcer enfin à se rendre, Tite résolut de les enfermer entièrement, et fit bâtir par ses troupes, tout autour de la ville, une muraille de deux lieues de circuit, accomplissant ainsi, sans le savoir, la menace que Jésus-Christ avait faite à l'infidèle Jérusalem : *Tes ennemis t'environneront de murailles.* Par suite de cette mesure, on n'eut plus même la triste ressource d'aller chercher au dehors quelques herbes pour se nourrir, et la famine emportait des familles tout entières. Comme on ne pouvait plus suffire à enterrer les morts, on les entassait dans les plus grandes maisons, qu'on fermait quand elles en étaient pleines ; on en jetait aussi par-dessus les murailles, dans les précipices. Tite, les voyant remplis de ces cadavres et frappé de l'odeur qui en sortait, soupira, et, levant les mains au ciel, prit Dieu à témoin que ce n'était pas son ouvrage ; et, pour finir tant de misères, il fit continuer ses travaux. Enfin, le huitième jour du mois de septembre de l'an 70, la ville fut prise, et les Romains y mirent tout à feu et à sang. On compte jusqu'à onze cent mille Juifs morts en ce siége, et quatre-vingt-dix-sept mille vendus comme esclaves ; mais à peine voulait-on les acheter.

Tite aurait bien voulu conserver le temple ; mais la parole de Jésus-Christ devait s'accomplir : un soldat romain, comme poussé par un mouvement surnaturel, prit un tison, et, soulevé par un autre soldat, il le jeta dans une des fenêtres dorés des appartements qui tenaient au Temple. Le feu prit aussitôt, et malgré les efforts qu'on fit pour l'éteindre, le temple fut entièrement consumé.

L'histoire ne parle d'aucun siége aussi épouvantable que celui de Jérusalem ; mais aussi la justice de Dieu n'eut jamais à punir un crime aussi affreux que celui des Juifs.

QUESTIONNAIRE.

Quel but Dieu s'est-il proposé en créant le monde ? — Comment se fait-il que l'homme, qui est la plus petite des créatures, soit comme le centre auquel se rapportent toutes les autres ? — Expliquez la double fin des créatures. — Ne servent-elles pas aussi à la justice de Dieu ? — Pour accomplir ses desseins, Dieu a-t-il besoin de faire toujours des miracles en interrompant le cours ordinaire des choses ? — Pourquoi l'homme n'atteint-il pas toujours sa fin comme les autres créatures ? — Comment Dieu gouverne-t-il l'homme ? — Le laisse-t-il diriger à sa guise tous les évènements d'ici-bas ? — Expliquez comment, sans gêner la liberté des hommes, Dieu sait les faire concourir à l'accomplissement de ses desseins. — Dans tout ce que Dieu fait dans sa colère ou dans sa miséricorde, que se propose-t-il ? — Quelle est pour l'homme l'unique voie de salut ? — Qu'arrive-t-il aux peuples qui reçoivent Jésus-Christ ? — à ceux qui le repoussent ? — Comment montrez-vous que la Providence s'occupe aussi de ce qui regarde les individus ? — Quels sentiments devons-nous avoir dans les circonstances où nous pouvons nous trouver ?

CHAPITRE V.

DE LA RELIGION.

La religion est une vertu morale qui nous porte à rendre à Dieu les hommages qu'il mérite à cause de ses perfections infinies, de ses bienfaits sans nombre et du souverain domaine qu'il a sur tous les êtres.

Dieu est infiniment bon et la source de toute la bonté que nous pouvons apercevoir dans les créatures ; il a droit, par conséquent, à notre amour. Il est infiniment grand, juste et puissant; nous devons donc le respecter et le craindre, mais d'une crainte filiale et non servile. C'est lui qui a créé l'univers et tout ce qu'il renferme : il en est le maître absolu et le souverain Seigneur, et mérite, à ce titre, l'hommage de nos adorations. Mais si tout lui appartient, il s'ensuit que nous sommes à lui, qu'il peut disposer de nous comme bon lui semble, et que notre devoir est de le servir et d'accomplir sa volonté. Il est notre Créateur, notre bienfaiteur et notre père : il nous a donné la vie par sa puissance, il nous la conserve par sa bonté; c'est de lui que nous tenons tout ce que nous avons; c'est de lui que nous attendons tout ce qui nous est nécessaire pour cette vie et pour l'autre; car non content de pourvoir à nos besoins ici-bas, il nous prépare encore un bonheur ineffable dans le ciel. Il nous aime jusqu'à vouloir que nous soyons appelés et que nous soyons en effet ses enfants. Pourrions-nous ne pas le remercier de tant de bienfaits, ne pas l'invoquer avec confiance? Que penserait-on d'un enfant qui n'aurait pour le plus tendre des pères que de la froideur, de l'ingratitude et de la défiance?

Adoration, amour, respect, crainte, soumission, reconnaissance et prière, tels sont donc les hommages que l'homme doit rendre à son créateur, et c'est ce qu'on appelle le culte. Dieu, sans doute, n'en a pas besoin; s'il les exige, ce n'est pas parce qu'il en tire quelque avantage, mais parce que c'est un devoir que nous avons à remplir et qui est la conséquence nécessaire de son souverain domaine sur nous.

Le culte que Dieu demande de nous doit être dabord intérieur, c'est-à-dire que nous devons l'honorer au-dedans de nous-mêmes par nos pensées, nos sentiments et nos dispositions à son égard. Il consiste principalement dans la foi, l'espérance, la charité, la dévotion et la prière du cœur. Ce culte est absolument nécessaire : car *Dieu est esprit*, dit Jésus-Christ, *et il faut l'adorer en esprit et en vérité.* Cependant il ne suffit pas que nous rendions à Dieu des hommages intérieurs, il faut que nous les manifestions au dehors par le culte extérieur. Dieu est le maître de nos corps, aussi bien que de nos âmes ; il est donc juste que nos corps l'honorent à leur façon, par la prière vocale, le chant des cantiqus et des hymnes, les génuflexions, les postures humbles et tous les autres signes consacrés par la religion. Mais ces hommages tirent tout leur mérite des dispositions intérieures qui les animent ; car quelle valeur pourrait avoir devant Dieu une prière vocale qui serait faite sans l'attention de l'esprit et sans la dévotion du cœur ? Ainsi, le culte extérieur ne doit pas être séparé du culte intérieur, qui seul peut le rendre agréable à Dieu. De plus, les hommes vivent en société ; ils sont tous les enfants d'un même Père et, par conséquent, héritiers du même royaume. A ce titre, n'est-il pas convenable, nécessaire même qu'ils se réunissent dans un culte public et solennel pour rendre ensemble leurs hommages à leur Père commun, par l'offrande du saint sacrifice et la célébration des autres offices, pour s'édifier mutuellement et resserrer dans la prière et le service de Dieu les liens de fraternité qui doivent les unir à jamais.

Oui, mon Dieu, c'est le devoir de l'homme, de la famille, de la société tout entière, de vous honorer sur la terre par un culte religieux, à l'imitation des anges et des saints, qui vous adorent et vous bénissent dans le ciel. Devoir bien doux à remplir ! Aussi sera-ce un bonheur pour moi d'y être fidèle. Je vous rendrai donc, dans tous les temps, Seigneur, l'hommage de mon adoration, de ma reconnaissance, de mon amour et de ma prière, je vous bénirai tous les jours de ma vie. Mais, non content du tribut de louanges que mon cœur et ma bouche vous paieront en secret, j'aimerai à me réunir à mes frères dans vos temples pour vous glorifier dans l'assemblée des fidèles par l'assistance aux offices de l'Eglise.

Histoire.

M. de Cheverus, qui fut depuis archevêque de Bordeaux et cardinal, allait évangéliser les tribus sauvages à travers les forêts du Nouveau-Monde. Dans une de ses courses apostoliques, il marchait depuis plusieurs jours avec ses guides, lorsqu'un matin (c'était le dimanche) grand nombre de voix, chantant avec ensemble et harmonie, se font entendre dans le lointain. Il s'arrête, écoute, s'avance et, à son grand étonnement, il discerne un chant qui lui est connu : la messe royale de Dumont, dont retentissent nos grandes églises et nos cathédrales de France dans les plus belles solennités. Quelle aimable surprise ! Que de douces émotions son cœur éprouva! C'était une peuplade sauvage qui était sans prêtre depuis cinquante ans, et qui n'en continuait pas moins de se réunir pous solenniser, par des chants sacrés, le jour du Seigneur. La piété touchante de ces pauvres sauvages ne pourrait-elle pas servir de modèle à beaucoup de chrétiens de nos jours ?

QUESTIONNAIRE.

Qu'est-ce que la Religion? Qu'entendez-vous par culte? — Pourquoi devons-nous rendre des hommages à Dieu? — Quels hommages exigent de nous sa bonté, sa grandeur, sa justice, sa puissance, son souverain domaine sur toutes les créatures, ses bienfaits? — En quoi consiste le culte intérieur? — Pourquoi et comment doit-il être manifesté au dehors? — Pourquoi faut-il que le culte soit public et solennel? — Quelle leçon peut-on tirer de la conduite des sauvages dont il est parlé dans l'histoire?

CHAPITRE IV.

DE L'HOMME.

Seigneur, dit le roi-prophète, *vous êtes le Dieu qui opérez des merveilles ; vos œuvres sont admirables, et mon âme en est toute pénétrée.* C'est le sentiment que fait éprouver la vue de tous les ouvrages sortis des mains du Créateur, tant on y trouve de sagesse et de puissance. Mais ce sentiment semble devenir plus vif encore lorsque le regard s'arrête sur l'homme, le plus parfait des êtres qui soient sur la terre. Car, de quelque côté qu'on l'envisage, dans son corps ou dans son âme, partout on rencontre des prodiges qui remplissent d'admiration.

Si nous considérons son corps, pouvons-nous n'y pas reconnaître la main de Dieu qui l'a formé? Le corps est pétri de boue, il est vrai ; mais le sceau de l'ouvrier est empreint sur son ouvrage ; il semble avoir pris plaisir à faire un chef-d'œuvre avec une matière vile. Tout y annonce que l'homme est le maître de la terre ; tout y marque sa supériorité sur le reste des êtres vivants. Son attitude est celle du commandement ; sa tête regarde le ciel et présente une face auguste, sur laquelle est empreint le caractère de sa dignité ; l'image de l'âme y est peinte par la physionomie ; l'excellence de sa nature perce à travers les organes matériels et anime d'un feu divin les traits de son visage. Son port majestueux, sa démarche ferme et hardie annoncent sa noblesse et son rang ; il ne touche à la terre que par ses extrémités les plus éloignées ; il ne la voit que de loin et semble la dédaigner. Les bras ne lui sont pas donnés pour servir d'appui à la masse de son corps ; sa main ne doit pas fouler la terre et perdre, par des frottements réitérés, la finesse du toucher, dont elle est le principal organe. Réservée à des usages plus nobles, elle exécute les ordres de la volonté, saisit les choses éloignées, écarte les obstacles, prévient les rencontres et le choc qui pourraient nuire, retient ce qui peut plaire et le met à la portée des autres sens.

Entre les parties visibles du corps, la tête tient le premier rang, tant par sa beauté que par ce qu'elle contient les principes de la sensation et du mouvement. Tous les sentiments et toutes les passions vont se peindre sur le visage, la plus belle partie de l'homme, et où se trouvent les organes des principaux sens. Les divers mouvements des lèvres et de la langue le mettent en état, par une multitude d'inflexions différentes qu'il donne à sa voix, de rendre ses semblables témoins de ce qui se passe dans son âme.

L'examen de la structure intérieure du corps présente des merveilles non moins admirables que celles que nous venons de contempler. Les os, par leur consistance et par leur assemblage, forment la charpente de l'édifice ; les ligaments en unissent toutes les pièces ; les muscles, comme autant de ressort, en opèrent le jeu ; les nerfs, répandus dans toutes les parties, établissent entre elles une étroite communication ; les artères et les veines, semblables à des ruisseaux, portent partout le rafraîchissement et la vie ; le cœur, placé au centre, est la principale force destinée à imprimer le mouvement au fluide et à l'entretenir ; les poumons sont une autre puissance ménagée pour porter l'air dans l'intérieur et en chasser les matières nuisibles ; l'estomac et les viscères de différents genres sont les laboratoires où se préparent les matériaux qui fournissent aux réparations nécessaires. Du cerveau, qui est la source de tous les nerfs, partent des fluides si subtils, qu'on ne peut les voir, et néanmoins si réels et d'une action si forte, qu'ils font tous les mouvements de la machine et toute sa force. Les sens, domestiques prompts et fidèles, mettent l'homme en rapport avec tous les êtres matériels qui l'entourent, et servent également à ses plaisirs et à ses besoins.

Mais, quelque grande que soit la perfection du corps de l'homme, elle n'approche pas de la beauté de son âme ; car le corps n'est que matière ; mais l'âme est un esprit, et c'est par elle que l'homme est semblable à Dieu.

L'âme est une intelligence capable de connaître, d'aimer et d'agir librement. Cette trinité de facultés, entendement, cœur et volonté, en une seule substance spirituelle, forme, dans l'âme, une image bien frappante de l'unité de Dieu en trois personnes. L'âme a des idées ; elle les assemble et les compare ; elle les exprime par la parole, qui communique ses pensées à d'autres intelligences, avec lesquelles elle entre ainsi en rapport. Sans sortir d'elle-même, elle s'élance, par la pensée, vers les plus hautes régions et atteint les objets les plus éloignés ; elle s'élève dans les cieux jusqu'au-delà des astres, et elle contemple Dieu sur son trône ; elle descend dans les abîmes et en sonde la profondeur ; elle ramène devant elle les siècles passés, avec leurs faits et leurs héros ; elle embrasse tous les espaces et perce dans l'avenir. L'âme se retrace l'image des objets qu'elle a vus, et en crée de factices ; sa mémoire est un vaste magasin où elle range avec ordre toutes les connaissances acquises, et d'où elle les tire comme d'un réservoir, sans que l'usage en diminue jamais la masse. Elle est sensible, c'est-à-dire qu'elle est capable d'être affectée agréablement ou péniblement par les objets physiques, intellectuels et moraux. La vertu, le vrai, le beau et surtout le religieux, lui plaisent, tandis qu'elle a de la répugnance et de l'horreur pour le vice et le mensonge. Si elle fait le bien, elle en éprouve de la joie et s'en applaudit : si elle fait le mal, elle se le reproche et s'en estime moins, par ce qu'elle sait qu'elle aurait pu faire autrement. Elle est donc libre : cette liberté se manifeste instinctivement en elle par ses délibérations avant d'agir. C'est parce que l'âme est libre, qu'elle peut mériter et démériter, qu'elle se rend digne de châtiment ou de récompense, suivant qu'elle fait le bien ou le mal.

L'âme enfin est immortelle. Le corps l'était aussi primitivement, par un privilége singulier que Dieu avait attaché à l'état d'innocence. Dans cet heureux état, l'âme était remplie d'une lumière pure et d'affections douces et bien réglées ; une harmonie parfaite existait entre elle et le corps, qui lui était entièrement soumis parce qu'elle était elle-même soumise à Dieu. Ainsi, Dieu était glorifié, l'homme était heureux, et toute la nature, se ressentant de son bonheur, le servait comme son roi.

Que vous avez fait l'homme grand, ô mon Dieu ! Vous l'avez couronné d'honneur et de gloire ; vous avez gravé en lui votre image, vous l'avez établi sur toutes les œuvres de vos mains. Combien doit être grande notre reconnaissance envers vous ! Mais aussi combien nous devons avoir horreur de ces vices qui assimilent l'homme à la brute, et le font descendre au rang des bêtes ! Faites, ô mon Dieu ! que nous sachions nous respecter, et que, par une conduite toujours réglée, nous honorions votre image en nous.

Histoire.

Un bon prêtre, aussi charitable que pieux, instruisait son troupeau avec le zèle d'un apôtre ; son éloquence était celle du sentiment. Toutes les fois qu'il montait en chaire, c'était pour donner des consolations et des encouragements. Or, un jour, il arriva qu'un jeune homme de sa paroisse, plein d'orgueil, mais très-ignorant, voulut le sermonner. Il l'aborde donc et lui dit, avec ce ton de raillerie et de suffisance qui caractérise si bien le jeune fat : *Mon cher Curé, en retour de vos exhortations pathétiques, je vais vous faire ma profession de foi ; vous verrez qu'elle est vraiment philosophique. Que sommes-nous, sinon des machines bien organisées? Qu'est-ce que votre paroisse? un grand troupeau de bêtes qui se lèvent, dorment, mangent, boivent et meurent. — Jeune homme*, répondit le bon curé, faisant un pas en arrière de surprise et de douleur, *qu'est-ce que nous vous avons fait pour nous dégrader ainsi? Malheureux, mais vous avez encore trop d'esprit pour nous persuader que vous n'êtes qu'une bête !*

QUESTIONNAIRE.

Comment la considération de l'homme nous fait-elle admirer la puissance et la sagesse du Créateur? — Montrez que tout, dans le corps de l'homme, annonce sa supériorité sur le reste des êtres vivants. — Entre les parties visibles du corps, quelle est celle qui tient le premier rang, et pourquoi? — Faites ressortir les beautés que présente la structure intérieure du corps. — Pourquoi la beauté de l'âme est-elle supérieure à celle du corps ? — En quoi l'âme ressemble-t-elle à la Sainte-Trinité? — A quoi lui sert l'intelligence? — Que veut-on dire quand on dit qu'elle est sensible ? — Qu'est-ce que la liberté, et qu'en résulte-t-il? — Dans quel état se trouvaient l'âme et le corps avant le péché ? — Comment et pourquoi l'homme doit-il se respecter? — Quel est le sens de la réponse de ce Curé à son jeune paroissien ?

CHAPITRE VII.

CHUTE DE L'HOMME.

En sortant des mains du Créateur, l'homme était juste, saint, heureux, orné des dons les plus excellents de la nature et de la grâce. Son esprit était éclairé d'une lumière divine qui lui montrait tout ce qu'il devait connaître ; en sorte qu'il n'avait besoin pour s'instruire, ni de livres, ni de maîtres. Sa volonté était droite et sans aucun penchant vers le mal. Rien ne troublait la paix et la sérénité de son âme il ne ressentait dans son corps ni la douleur, ni la fatigue, ni la vieillesse, et il n'était pas sujet à la mort. Cet heureux état eût été le partage de tous les enfants d'Adam, s'il avait persévéré dans la justice.

Créé libre et par conséquent capable d'une obéissance qui fût volontaire et de choix, l'homme la devait à son créateur. Pour en fournir l'occasion à nos premiers parents, Dieu leur fit un commandement : c'était de ne pas toucher, sous peine de mort, aux fruits de l'arbre de la science du bien et du mal ; ils pouvaient user à leur gré de tous les autres. Ce commandement était juste, raisonnable et d'une observance facile ; néanmoins, Eve, trompée par le démon, mangea du fruit défendu et en fit manger aussi à Adam.

Le crime était consommé ; les coupables ne tardèrent pas à recevoir le châtiment qu'ils méritaient. La faute qu'ils venaient de commettre, bien qu'assez légère en apparence, était cependant énorme, parce qu'elle renfermait : 1° un péché *d'incrédulité* : ils aimèrent mieux croire le démon, qui leur dit : *Vous ne mourrez pas*, que Dieu, qui leur avait dit formellement : *Vous mourrez* ; 2° un péché *d'orgueil* ; le tentateur leur avait dit encore : *Vous deviendrez comme des dieux ;* et, non contents de l'excellence de leur nature et des priviléges qu'ils avaient reçus; ils s'arrêtèrent à la coupable pensée de s'élever à l'égal de Dieu ; 3° un péché de *désobéissance* : la défense était expresse, la volonté de Dieu leur était clairement connue ; ils la méprisèrent pour suivre la leur ; 4° un péché de *gourmandise* : car ce n'était pas le besoin qui les pressait, puisqu'ils avaient abondamment toute sorte d'autres fruits. D'ailleurs, leur esprit étant éclairé de vives lumières, ils connaissaient très-bien la grandeur du mal qu'ils allaient faire ; ils n'éprouvaient pas la concupiscence, qui, sans justifier le pécheur, diminue cependant quelquefois sa culpabilité devant Dieu. Leur faute était donc toute de malice, commise avec une entière connaissance et un plein consentement. Aussi la punition fut-elle terrible. Ils perdirent tous les glorieux priviléges que Dieu leur avait accordés en les créant ; d'épaisses ténèbres se répandirent dans leur esprit ; leurs penchants se corrompirent, leur volonté se déprava ; séparés de Dieu par le péché, ils devinrent sujets à la souffrance, aux maladies, à la mort et à la damnation éternelle.

Ces suites affreuses du péché de nos premiers parents ont passé à toute leur postérité avec leur péché même, dans lequel nous avons été conçus, dit le prophète. En désobéissant à Dieu, Adam ne s'est pas perdu seul : il a entraîné dans sa chute tout le genre humain, dont il est le père, et nous sommes héritiers de sa faute et de sa disgrâce, comme nous l'aurions été de son innocence et de son bonheur, s'il eût été fidèle. C'est ce qu'on appelle le *péché originel* : mystère incompréhensible, il est vrai, mais dont la foi ne permet pas de douter, et que la raison même rapproche, en quelque sorte, de nous, en nous montrant, tous les jours, des enfants qui subissent les conséquences des fautes et de l'inconduite de leurs parents.

Ce dogme est le fondement de tout le christianisme : car il explique seul la cause de nos maux et des luttes intérieures que nous éprouvons, ainsi que la nécessité d'un médiateur pour nous faire rentrer en grâce avec Dieu. Comment, en effet, concilier dans l'homme tant de grandeur et de bassesse tout à la fois, tant de lumière et tant de ténèbres, un penchant si vif pour le bonheur et une si profonde misère ? Il approuve le bien, et ne le fait pas ; il condamne le mal, et il le commet. Il n'y a que le péché originel qui puisse expliquer ces contradictions : ce qu'il y a de lumière et de bien dans l'homme est un esprit de la nature primitive ; l'ignorance et les vices viennent du péché, qui a gâté l'ouvrage de Dieu et a défiguré son image jusqu'à la rendre méconnaissable. De sorte que, suivant la belle pensée de Bossuet, l'homme peut être comparé à un édifice autrefois très régulier et magnifique, renversé maintenant et porté par terre, mais qui conserve encore dans sa ruine quelques vestiges de son ancienne grandeur et de la science de son architecte.

La vue des souffrances qui assiégent de toute part l'humanité nous fournit une preuve non moins convaincante du péché originel. L'homme vit peu de jours, et ce peu de jours est rempli de beaucoup de misères. De tant d'êtres vivants, nul autre n'est destiné à répandre plus de larmes, et ces larmes commencent avec la vie. « Un joug pesant, dit le prophète, « accable les enfants d'Adam depuis le jour où ils « sortent du sein de leur mère jusqu'à leur sépul-« cre. » Sous un Dieu infiniment bon, l'homme pourrait-il être aussi malheureux s'il n'était coupable? Non, sans doute. Aussi, l'écrivain sacré nous assure-t-il que c'est le péché qui a causé tous ces maux, qui les a introduits dans le monde; car il ajoute : « La mort, « le sang, les querelles, l'épée, la famine, les ruines « du pays et les autres fléaux, ont tous été créés pour « accabler les méchants. » L'homme est donc puni parce qu'il est coupable, et, puisque le châtiment qui lui est infligé par la justice divine est héréditaire, qu'il passe de génération en génération, il faut en conclure que la faute elle-même est héréditaire, qu'elle se transmet des pères aux enfants.

Ainsi, le péché originel explique les souffances de l'homme, comme il explique son ignorance et ses penchants au mal.

Qu'est-ce donc que le péché, ô mon Dieu ! puisqu'il a pu attirer sur l'homme des châtiments si terribles ! Dépouillés des priviléges reçus au jour de la création ; privés de la grâce sanctifiante, qui les rendait si beaux à vos yeux ; exclus du ciel, dont la porte devait leur être à jamais fermée ; couverts de la confusion de leur péché : tels étaient nos premiers parents après leur désobéissance dans le paradis terrestre. Tels nous sommes nous-mêmes au jour de notre naissance : enfants de colère, nous n'entrons dans le monde que comme des coupables qui viennent satisfaire à votre justice. Mais votre miséricorde ne nous a pas délaissés : le baptême, en nous purifiant, est venu nous rendre les biens que nous avions perdus. Faites, par votre grâce, ô mon Dieu ! que nous les conservions avec soin, et que nous ne consentions jamais à les perdre de nouveau par le péché.

Dieu avait planté, dès le commencement, un jardin délicieux où se trouvait une multitude d'arbres beaux à voir, et dont les fruits étaient agréables au goût ; au milieu était l'*arbre de vie*, ainsi appelé parce que son fruit devait conserver la vie à ceux qui en mangeraient, et celui qui fut appelé l'*arbre de la science du bien et du mal*, parce que le démon fit croire à nos premiers parents que s'ils en mangeaient, ils auraient la science du bien et du mal, comme Dieu lui-même la possédait. Dans ce lieu de délices, coulait un fleuve qui arrosait le jardin, et de là se divisait en quatre canaux.

C'est là que furent placés nos premiers parents après leur création : le paradis terrestre devait leur servir de demeure pendant le temps qu'ils auraient à passer sur la terre. Mais le bonheur dont ils jouissaient ne fut pas de longue durée : le démon, par jalousie, résolut de le leur ravir. Pour réussir dans son dessein, il prit la figure du serpent, qui était le plus rusé de tous les animaux que le Seigneur avait formés sur la terre, et, s'adressant à la femme, qui lui paraissait plus aisée à séduire : Pourquoi, lui dit-il, Dieu vous a-t-il commandé de ne pas manger du fruit de tous les arbres du jardin ? — La femme lui répondit : Nous mangeons du fruit des arbres de ce jardin ; mais, pour le fruit de l'arbre qui est au milieu du jardin, Dieu nous a commandé de n'en point manger et de n'y point toucher, de peur que nous ne mourrions. — Le serpent répondit à la femme : Assurément vous ne mourrez pas, et ce n'est pas pour cette raison que Dieu vous a fait cette défense ; mais c'est qu'il sait qu'aussitôt que vous aurez mangé de ce fruit, vos yeux seront ouverts, et vous serez comme des dieux, connaissant le bien et le mal ; et il ne veut pas que vous deveniez semblables à lui. — La femme, séduite par ces paroles, qui flattaient sa vanité, considéra que le fruit de cet arbre était bon à manger, puisqu'il était agréable à la vue, et désirable pour l'intelligence qu'il donnait. Elle en prit donc, et, en ayant mangé, elle en donna à son mari, qui, par une lâche complaisance pour elle, en mangea aussi. En même temps, les yeux de l'un et l'autre furent ouverts ; ils reconnurent le bien qu'ils venait de perdre par leur désobéissance, et le mal qu'elle leur avait attiré, et ils se sentirent tout couverts de la confusion de leur péché.

Ayant entendu la voix du Seigneur, qui s'avançait dans le jardin vers le soir, à l'heure du jour, où il s'élève un vent doux, troublés par les remords de leur conscience, ils se cachèrent parmi les arbres pour éviter la présence de Dieu. Mais le Seigneur appela Adam, et, voulant le porter à rentrer en lui-même, il lui dit : Où es-tu ? — Au lieu de répondre à ces avances par un humble aveu de sa faute, Adam essaya de se disculper et de faire retomber son péché sur Eve. « La femme que vous m'avez donnée pour compagne, dit-il à Dieu, m'a présenté du fruit de cet arbre, et j'en ai mangé. — Le Seigneur dit à la femme : Pourquoi as-tu fait cela ? — Et elle répondit : Le serpent m'a trompée, et j'ai mangé de ce fruit. — Le Seigneur dit alors au serpent : Parce que tu as fait cela, tu es maudit entre tous les animaux et toutes les bêtes de la terre ; tu ramperas sur le ventre et tu mangeras la poussière durant tous les jours de ta vie. Je mettrai une inimitié éternelle entre toi et la femme, entre ta race et la sienne ; elle te brisera la tête par le Sauveur qui naîtra d'elle, et tu tâcheras de la mordre par le talon et de la faire tomber dans les piéges que tu lui tendras. — Dieu dit aussi à la femme : Tu enfanteras dans la douleur ; et, pour te punir de n'avoir pas été soumise à ton Créateur, tu seras sous la puissance de ton mari, et il te dominera. Il dit ensuite à Adam : Parce que tu as écouté la voix de ton épouse plutôt que la mienne, et que tu as mangé du fruit dont je t'avais ordonné de ne pas manger, la terre est maudite à cause de toi ; je la rendrai stérile, et tu n'en tireras chaque jour ta nourriture qu'avec beaucoup de travail. Elle te produira des épines et des ronces, que tu seras obligé d'arracher, et tu te nourriras de l'herbe de la terre, qui ne viendra qu'à force de soins et de travaux de ta part. Ainsi tu mangeras ton pain à la sueur de ton front, jusqu'à ce que tu retournes dans la poussière, d'où tu as été tiré ; car tu es poussière, et tu retourneras en poussière. » Le Seigneur le fit sortir ensuite du jardin délicieux où il l'avait placé ; afin qu'il allât travailler à la culture de la terre, d'où il avait été tiré ; et l'en ayant chassé, il mit à l'entrée des chérubins qui faisaient étinceler une épée de feu pour garder le chemin qui conduisait à l'arbre de vie et empêcher l'homme d'y rentrer.

QUESTIONNAIRE.

Quels priviléges nos premiers parents avaient-ils reçus de Dieu lors de leur création ? — Quelle défense Dieu leur fit-il, et quel en était le but? — Pourquoi leur faute est-elle si énorme? — Quelles en furent les suites pour eux? — N'eût-elle pas aussi des conséquences pour nous? — Pourquoi le dogme du péché originel est-il le fondement de tout le christianisme? — Expliquez comment, sous un Dieu infiniment saint et infiniment bon, l'homme qui est son ouvrage, peut éprouver tant de penchants au mal, et être sujet à tant de souffrances et de misères. — Faites la description du paradis terrestre. — Racontez la chute de nos premiers parents. — Quelle sentence particulière Dieu prononça-t-il contre Ève? — contre Adam? — Quelle promesse fit-il en maudissant le démon et le serpent qui lui avait servi d'instrument?

CHAPITRE VIII.

NOTRE SEIGNEUR JÉSUS-CHRIST.

Au jour de sa colère, Dieu s'était souvenu de sa miséricorde, et il avait promis à nos premiers parents, sur le théâtre même de leur crime, qu'il leur enverrait un Sauveur. Mais, dans les desseins de sa providence, il voulut différer pendant quatre mille ans l'exécution de cette promesse, afin que les hommes eussent le temps de mieux sentir la grandeur du mal que leur avait fait le péché, et le besoin qu'ils avaient que Dieu lui-même vînt les tirer de l'abîme où ils étaient plongés. Toutefois, quoique vivant avant la venue du Sauveur, ils ne furent pas, pour cela, tous exclus du salut ; car Dieu, en considération des mérites du Libérateur futur, mettait à leur disposition toutes les grâces dont ils avaient besoin. Elles étaient, il est vrai, moins abondantes que maintenant ; néanmoins, elles suffisaient pour ceux qui voulurent en profiter. Mais elles ne leur étaient données, comme à nous, qu'en vertu des mérites du Rédempteur. Ainsi, soit avant, soit depuis sa venue sur la terre, Jésus-Christ est le salut pour tous, *parce que*, dit saint Pierre, *il n'y a point de salut par aucun autre, car aucun autre nom sous le ciel n'a été donné aux hommes par lequel nous devions être sauvés.*

Jésus-Christ, en sa qualité de Sauveur, est tout pour nous : c'est en lui que nous trouvons le remède à tous nos maux et la source de tous les biens ; il est la voie, la vérité et la vie. Combien donc nous devons avoir à cœur de le bien connaître, afin de pouvoir l'aimer de plus en plus et le suivre plus parfaitement ! Là est notre gloire, là est notre devoir, là aussi est notre bonheur.

I. — La gloire de l'homme consiste à aimer et à suivre Jésus-Christ. En effet, plus un personnage est éminent, plus il y a de gloire à s'attacher à lui. Or, qu'y a-t-il au ciel, si ce n'est Dieu, et sur la terre, qui puisse être comparé à Jésus-Christ ? Il est grand avant sa naissance ; il a été annoncé et attendu pendant quatre mille ans ; Dieu l'avait promis à Abraham, à Isaac et à Jacob ; il a formé un peuple exprès pour préparer sa venue ; tout ce qu'il y eut de plus grands et de plus saints personnages chez ce peuple l'ont prédit ou figuré ; toute la religion se rapportait à lui. Il est grand dans sa naissance ; selon la parole des prophètes il est né d'une vierge, et cette vierge était la plus sainte et la plus noble fille de Juda, issue du sang des patriarches et des rois ; des anges ont célébré par des cantiques son entrée dans le monde, et des rois sont venus adorer son berceau. Jésus-Christ est grand dans sa personne, puisqu'en lui l'humanité est unie à la divinité. Comme homme, il est de la race des rois de Juda ; comme Dieu, il est consubstanciel à son Père, éternel et puissant comme lui. Il est grand dans sa vie : les trente premières années sont remplies des vertus les plus solides ; l'humilité, l'obéissance, la piété, le travail et la prière ; les trois dernières ne sont qu'une suite de miracles et d'instructions sublimes. Il est grand dans sa mort : car il est mort parce qu'il l'a bien voulu, par dévouement et par amour pour nous, et en mourant, il a triomphé de la mort pour nous. Enfin, Jésus-Christ est grand dans sa résurrection, dans son ascension, dans la gloire dont il jouit au ciel et sur nos autels, où, malgré sa petitesse apparente, il reçoit les adorations des peuples et des rois. Quelle gloire donc pour le chrétien d'avoir un tel Maître à aimer et à servir, un tel modèle à imiter !

II. — Un autre motif doit encore nous attacher à Jésus-Christ : c'est le devoir. Il est notre roi, et à ce titre, il a droit à notre obéissance. *Toute puissance, dit-il, m'a été donnée au ciel et sur la terre.* Il parlait ainsi de son humanité sainte ; car, dans sa divinité, il n'a rien à recevoir, puisqu'il est en tout égal à son Père. Il a donc sur le monde entier une autorité pleine et absolue. Il ne l'exerce pas avec bruit, à la manière des princes et des monarques du monde ; il n'est pas roi dans le sens que le voulaient les Juifs : ils attendaient un Messie conquérant qui subjuguerait l'univers et le soumettrait à leur empire. Mais le royaume de Jésus-Christ est tout spirituel ; c'est au dedans de nous-mêmes qu'il veut l'établir : sur nos esprits, en les soumettant au joug de la foi ; sur nos cœurs, en les embrasant de son amour ; sur nos volontés en les rendant dociles à ses lois.

Si Jésus-Christ est notre roi parce qu'il a reçu de son Père la puissance, il l'est encore parce que nous sommes sa conquête ; car c'est lui qui nous a délivrés de la puissance des ténèbres et de la tyrannie du démon, pour régner sur nous par son amour. C'est pourquoi saint Pierre appelle les chrétiens un *peuple conquis.* Cette conquête doit être bien chère à Jésus-Christ, puisqu'elle lui a coûté tout son sang. *Sachez,* dit le même apôtre, *que ce n'a point été par des choses corruptibles, comme de l'or ou de l'argent, que vous avez été rachetés, mais par le précieux sang de Jésus-Christ.*

Enfin, Jésus-Christ est notre roi par le choix que nous avons fait solennellement de lui au saint baptême, et que nous avons depuis plusieurs fois renouvelé, lorsque nous lui avons promis de renoncer à Satan, à ses pompes, à ses œuvres, et de ne servir que lui. Heureux choix ! Le roi au service duquel nous nous sommes consacrés, possède, en tant qu'homme, toutes les grandeurs et les perfections créées; il concilie, dans sa personne divine, celles qui semblent les plus difficiles à accorder : la majesté avec la douceur, la grandeur avec l'affabilité, un pouvoir absolu avec une condescendance admirable. Il possède au plus haut degré toutes les vertus, les dons les plus excellents de la nature et de la grâce ; tous les trésors de la sagesse et de la science de Dieu reposent en lui. En tant que Dieu, il est infiniment grand, infiniment puissant, infiniment sage, infiniment bon, en un mot infiniment parfait. N'avons-nous donc pas lieu de nous applaudir et de nous glorifier de notre choix ?

III. — Ce choix, d'ailleurs, fait notre bonheur, car Jésus-Christ est aussi bon roi qu'il est grand. Il n'accable pas ses sujets d'impôts, mais il les comble de bienfaits; il ne les dépouille pas pour s'enrichir, mais c'est lui qui se dépouille pour eux ; il n'affermit pas son trône en répandant le sang de ses sujets, mais en versant le sien. Les lois qu'il leur impose sont justes et douces, il s'y soumet lui-même le premier ; tout ce qu'on fait pour lui, il le récompense largement, et il tient même compte d'un bon désir ; son règne est éternel, et les récompenses qu'il accorde n'auront jamais de fin. Quelle ardeur ne devons-nous pas avoir pour servir un si bon roi !

Quoi ! Seigneur, les rois ont des sujets qui les servent avec assiduité, qui les suivent avec empressement dans les combats, qui ne craignent pas d'exposer pour eux leur santé, leur vie, leur éternité même ; et moi je suis lâche, indifférent pour vous ; je crains de me gêner pour accomplir votre loi sainte ; je ne sais pas m'imposer le moindre sacrifice pour vous plaire et mériter vos récompenses ! Quel déplorable aveuglement ! Dissipez-le, ô mon Dieu, par la puissance de votre grâce, et rendez-moi fervent dans votre amour !

Histoire.

Dans le temps où les chrétiens les plus distingués par leur naissance et leur fortune se faisaient un devoir de témoigner leur amour pour Jésus-Christ en allant visiter les lieux où il avait accompli les mystères de notre rédemption, un jeune gentilhomme entreprit ce pèlerinage.

A peine arrivé sur la terre sanctifiée par les souffrances du Sauveur, il se rend à Nazareth. A la vue de cette petite bourgade si longtemps habitée par la sainte Vierge, et où s'opéra le mystère ineffable de l'incarnation du Verbe, le souvenir de la tendre charité de la Mère et du Fils excite en lui les sentiments les plus vifs de reconnaissance et d'amour. On lui montre à Bethléem, la grotte où son Sauveur est né. A cette vue, des larmes d'attendrissement coulent en abondance de ses yeux : il ne peut se lasser de coller ses lèvres sur cette enceinte sacrée qui a reçu les premières larmes de Jésus. Puis, pour contenter son amour, il visite chacun des lieux qui avaient été marqués par quelque circonstance de la vie et de la passion de son bon Maître. Après avoir employé plusieurs heures dans ces pieuses contemplations, il va au sépulcre, et du sépulcre il s'achemine vers ce lieu à jamais vénérable par les vestiges sacrés que le divin Sauveur y laissa en montant au ciel. Là, il se prosterne, baise mille fois la terre qui portait l'empreinte des pieds de Jésus-Christ ; puis, élevant les mains et les yeux vers le ciel : O Jésus, s'écrie-t-il, ô l'amour de mon cœur ! où voulez-vous que j'aille maintenant ? J'ai visité les lieux que vous avez daigné habiter durant votre vie mortelle, ceux où vous avez souffert : je vous ai suivi sur le Calvaire, je vous ai accompagné au sépulcre ; me voici, Seigneur, au lieu d'où vous êtes parti pour monter au ciel; où puis-je aller, Seigneur, si je ne vais après vous ? Faites donc, ô ma vie ! ô mon tout ! que je vous suive en paradis ! — A ces mots, il s'incline, son cœur s'ouvre, il expire, et son âme s'envole dans les cieux.

Heureuse mort ! Qu'elle est digne d'envie ! Oui, mais n'oublions pas que, pour mourir en aimant Jésus, il faut vivre en l'aimant.

QUESTIONNAIRE.

Quelle promesse fit Dieu à nos premiers parents, et pourquoi en différa-t-il l'accomplissement pendant quatre mille ans ? — Les hommes qui vécurent avant la venue du Sauveur furent-ils exclus du salut ? — Qu'est Jésus-Christ pour nous en sa qualité de Sauveur ? — Montrez qu'il y a de la gloire pour l'homme à s'attacher à Jésus-Christ. —

Dites comment Jésus-Christ est grand avant sa naissance, à sa naissance, pendant sa vie, à sa mort. — Pourquoi est-ce un devoir pour nous d'obéir à Jésus-Christ? — Quel pouvoir a-t-il sur nous et comment l'exerce-t-il? — Pourquoi sommes-nous sa conquête? — Comment l'avons-nous choisi pour notre maître et notre roi? — Quelles sont les qualités et les perfections qu'il possède? — Comment ce choix fait-il notre bonheur?

CHAPITRE IX.

DE LA DOCTRINE DE JÉSUS-CHRIST.

Je suis la vérité, a dit Jésus-Christ. C'est donc auprès de lui que nous devons aller la chercher ; il est venu nous l'apporter du Ciel. Ce n'est pas à dire qu'avant Jésus-Christ, Dieu ait laissé ignorer aux hommes ce qu'ils avaient besoin de savoir pour pouvoir arriver au salut ; mais le mensonge et les passions avaient tellement altéré les notions transmises par nos premiers parents à leur postérité, que la vérité était devenue comme méconnaissable. Aussi, les plus grands philosophes de l'antiquité païenne sentaient-ils le besoin que Dieu envoyât quelqu'un pour instruire les hommes de sa part. Ce Maître a paru, c'est Jésus-Christ. Pendant les trois dernières années de sa vie mortelle, il parcourut les villes et les bourgades de la Judée, annonçant partout le royaume de Dieu. Les peuples qui l'entendaient étaient dans l'admiration de sa doctrine, et ils disaient : « Jamais homme n'a parlé comme cet homme! » C'est qu'en effet jusqu'alors le monde n'avait eu que des hommes pour maîtres, et aujourd'hui il recueillait la vérité de la bouche même de Dieu. Il n'est donc pas étonnant que, dans l'enseignement de Notre Seigneur, tout soit beau, vrai, divin.

C'est lui qui nous a révélé les grands mystères qui sont l'objet de notre foi. « Allez, dit-il à ses apôtres, « instruisez tous les peuples, les baptisant au nom « du père, du fils et du Saint-Esprit. » Par ces dernières paroles, il nous fait connaître bien distinctement les trois personnes divines où le mystère de la Sainte Trinité. Il se présente lui-même tantôt comme Fils de Dieu, tantôt comme fils de l'homme, et nous montre ainsi la nature divine et la nature humaine intimement unies en lui pour ne former qu'une seule personne : c'est le mystère de l'Incarnation. — Il nous fait connaître aussi le mystère de la Rédemption quand il dit : « Dieu a tellement aimé le monde, « qu'il a donné son Fils unique, afin que le monde soit sauvé par lui. » Les autres vérités que l'Église nous propose à croire découlent de la même source. C'est à Jésus-Christ encore que nous devons cette morale si belle, si pure et si sainte de l'Évangile. Il nous trace les règles de conduite que nous avons à suivre pour parvenir au ciel, et nous enseigne nos devoirs envers Dieu, envers le prochain et envers nous-même.

I. *Envers Dieu.*— Il nous recommande de l'aimer: « Vous aimerez le Seigneur votre Dieu de tout votre « cœur, de toute votre âme et de tout votre esprit : c'est là le premier et le plus grand commandement; » de craindre sa justice : « Ne craignez pas ceux qui « tuent le corps et qui ne peuvent tuer l'âme ; mais « craignez celui qui peut précipiter l'âme et le corps « dans l'enfer. » Il veut que nous ayons une confiance entière en sa providence: « Ne vous inquiétez « point en disant : Que mangerons-nous? ou : Que « boirons-nous? ou : De quoi nous vêtirons-nous? « comme font les païens, qui recherchent toutes ces

« choses avec inquiétude ; car votre Père céleste sait
« que vous en avez besoin. Cherchez premièrement
« le royaume de Dieu et de sa justice, et le reste vous
« sera donné comme par surcroît. » Mais aussi, il
nous avertit que c'est Dieu seul que nous devons
servir, n'ayant que lui en vue dans toutes nos actions:
« Personne ne peut servir deux maîtres ; car, ou il
« haïra l'un et aimera l'autre, ou il s'attachera à l'un
« et méprisera l'autre. Vous ne pouvez servir tout
« ensemble Dieu et l'argent. Prenez garde de ne pas
« faire vos bonnes œuvres devant les hommes pour
« en être considérés ; autrement vous n'en recevrez
« pas de récompense de votre Père qui est dans le
« ciel. »

II. *Envers le prochain.* — La grande loi que pose
ici Jésus-Christ, c'est d'aimer le prochain, mais d'un
amour sincère qui ne soit pas stérile : « Le comman-
« dement que je vous donne, c'est que vous vous
« aimiez les uns les autres comme je vous ai aimés. »
Le second commandement est semblable au premier:
« Vous aimerez votre prochain comme vous-même. »
De là résulte l'obligation de se rendre mutuellement
service dans l'occasion : « Faites aux hommes tout ce
« que vous désirez qu'ils vous fassent. » Par le *prochain*, Jésus-Christ entend tous les hommes, même
nos ennemis : « Aimez vos ennemis, faites du bien à
« ceux qui vous haïssent, et priez pour ceux qui
« vous persécutent et qui vous calomnient, afin
« que vous soyez les enfants de votre Père qui est
« dans le ciel, qui fait lever son soleil sur les bons
« et sur les méchants. » Il nous ordonne de pardonner au prochain les offenses qu'il aura commises contre nous : « Pardonnez, et l'on vous par-
« donnera. » Il nous défend de nous mettre en co-

lère contre le prochain, et il menace du feu de l'enfer ceux qui lui disent des injures. Il ne veut pas que nous jugions ni que nous condamnions sur de simples apparences : « Ne jugez pas, et vous ne serez « pas jugés ; ne condamnez pas et vous ne serez pas « condamnés ; car vous serez jugés selon ce que vous « aurez jugé les autres, et l'on se servira envers vous « de la même mesure dont vous vous serez servi en- « vers eux. »

III. *Envers nous-mêmes.* — Jésus-Christ nous rappelle l'importance, pour chacun, de sauver son âme : « Car, que servirait à un homme de gagner tout le « monde s'il vient à perdre son âme ? Par quel « échange pourra-t-il la racheter ? » Mais il nous avertit, en même temps, que, pour obtenir ce salut, il faut savoir faire des efforts pour se vaincre soi-même et surmonter les obstacles : « Le royaume du « Ciel se prend comme d'assaut, et ceux qui em- « ploient une sainte violence le ravissent. » Ce n'est pas, en effet, sans de grands efforts qu'on peut corriger ses penchants mauvais et sortir victorieux des assauts que nous livre le démon. Mais Jésus-Christ encourage notre faiblesse à ne pas se rebuter des difficultés, par l'assurance qu'il nous donne que nous trouverons le repos et le bonheur dans notre fidélité à porter le joug qu'il nous impose : « Prenez « mon joug sur vous, et apprenez de moi que je suis « doux et humble de cœur, et vous trouverez le « repos de vos âmes ; car mon joug est doux et mon « fardeau est léger. » Il est vrai que, pour réussir dans ce travail de la vertu, nous avons besoin de son assistance : « Sans moi, dit-il, vous ne pouvez rien faire ; » mais nous avons dans la prière un moyen infaillible d'attirer la grâce à nous : « Demandez, et vous rece-

« vrez ; cherchez et vous trouverez ; frappez et l'on
« vous ouvrira. » Le but de nos efforts et des grâces
que nous recevons, c'est d'éviter le péché non-seulement dans nos paroles et dans nos actions, mais aussi
dans nos pensées et dans nos sentiments ; c'est encore
d'accomplir les commandements et de pratiquer les
vertus dont Jésus-Christ nous a laissé le précepte et
l'exemple. Le ciel sera ensuite notre éternelle récompense : « C'est bien, bon et fidèle serviteur, parce
« que vous avez été fidèle dans de petites choses, je
« vous établirai sur de beaucoup plus grandes ; entrez
« dans la joie de votre Seigneur. »

Quelle est admirable, ô mon Dieu, la loi sainte que
vous nous avez donnée par Jésus-Christ, votre Fils !
Elle réprime tous les vices, commande toutes les
vertus, et suffirait seule au bonheur de l'homme et
de la société, si elle était fidèlement observée. Elle
remédie à tous les maux, guérit toutes les misères,
et, nous élevant au-dessus de la faiblesse et de la
corruption de notre nature, elle nous fait marcher
de vertus en vertus. Qu'on est heureux de la suivre,
ô mon Dieu ? Une paix délicieuse remplit le cœur,
les espérances les plus sublimes inondent l'âme
d'une joie pure, et l'onction de votre grâce rend doux
et agréable ce qui est pénible à la nature. Faites,
Seigneur, que je l'étudie sans cesse, que je la goûte,
et surtout que je la mette en pratique.

Histoire.

Un roi avait des serviteurs auxquels il voulut faire
rendre compte. Comme il commençait à le faire, on
lui en présenta un qui lui devait dix mille talents ; mais
ce serviteur n'ayant pas le moyen de les lui rendre,
son maître commanda qu'on le vendît, lui, sa femme

et ses enfants, et tout ce qu'il avait, pour acquitter cette dette. Alors il se jeta à ses pieds et le conjurait en lui disant : Seigneur, ayez un peu de patience, et je vous rendrai tout. Le roi touché de compassion pour ce serviteur, le laissa aller et lui remit sa dette. Mais lui ne fut pas plus tôt sorti, que, trouvant un de ses compagnons qui lui devait cent deniers, il le prit à la gorge et l'étouffait presque en lui disant : Rends-moi ce que tu me dois. Et son compagnon, se jetant à ses pieds, le conjurait en lui disant : Ayez un peu de patience, et je vous rendrai tout. Mais il ne voulut pas l'écouter, et il le fit mettre en prison pour l'y tenir jusqu'à ce qu'il eut payé tout ce qu'il lui devait. Les autres serviteurs, ses compagnons, voyant ce qui se passait, en furent extrêmement affligés, et vinrent avertir leur maître commun de tout ce qui était arrivé. Alors, son maître, l'ayant fait venir, lui dit : Méchant serviteur, je vous avais remis tout ce que vous me deviez, parce que vous m'en aviez prié ; ne fallait-il donc pas que vous eussiez aussi pitié de votre compagnon comme j'ai eu pitié de vous ! et son maître, tout en colère, le livra entre les mains des bourreaux pour être tourmenté jusqu'à ce qu'il eût payé tout ce qu'il lui devait.

QUESTIONNAIRE.

Quel besoin les hommes avaient-ils d'être instruits par Jésus-Christ ? — Que pensaient de sa doctrine ceux qui avaient le bonheur de l'entendre ? — Comment Jésus-Christ nous a-t-il fait connaître les mystères de la Sainte-Trinité, de l'Incarnation et de la Rédemption ? — Quelles règles de conduite nous trace-t-il à l'égard de Dieu ? — Que nous commande-t-il envers le prochain ? — Que faut-il entendre par le prochain ? — Comment veut-il que nous nous conduisions à l'égard de nous-mêmes ? — Quelle as-

*surance nous donne-t-il pour encourager notre faiblesse?
— Quelles promesses nous fait-il? — Expliquez la parabole, et tirez-en la conséquence.*

CHAPITRE X.

DES VERTUS DE JÉSUS-CHRIST.

Jésus-Christ a pratiqué lui-même, dans le plus haut degré de perfection, la loi qu'il nous a enseignée, et toute sa vie n'a été qu'une fidèle expression de sa doctrine. Plus on médite ses actions, plus on est forcé d'admirer la sainteté qui éclate dans toute sa conduite.

Il a voulu passer par l'enfance pour donner l'exemple des vertus qui conviennent à cet âge, et se présenter comme modèle aux enfants. Il croissait en sagesse et en grâce à mesure qu'il avançait en âge, c'est-à-dire qu'il manifestait par degrés aux yeux des hommes la sagesse dont il possédait la plénitude dès le premier moment de son incarnation. L'Evangile rapporte qu'il était soumis à la sainte Vierge et à saint Joseph. Cette docilité renferme toutes les vertus d'un enfant : quand il est docile et soumis, il écoute et suit en tout les avis de ceux qui ont autorité sur lui ; et, par cette conduite, quels progrès ne fait-il pas dans la vertu et dans la science ! Si Notre Seigneur s'est laissé guider ainsi par ses parents, ce n'est pas qu'il en eût besoin, puisqu'il est la sagesse même ; mais il voulait nous apprendre l'obéissance et nous en faire sentir l'importance et le mérite.

Jésus-Christ est resté dans l'exercice de ces vertus paisibles et obscures jusqu'à l'âge de trente ans, où il commença son ministère public ; alors on vit briller en lui les vertus les plus sublimes. Sa douceur était admirable : jamais il ne rebuta personne ; les plus grands pécheurs mêmes, il les recevait avec bonté ; il ne faisait pas difficulté de manger avec eux, et quand on lui reprochait cette condescendance, il répondait : « Je ne suis pas venu chercher les justes, mais les « pécheurs ; ce ne sont pas ceux qui se portent bien « qui ont besoin du médecin, mais les malades. » Il s'est peint lui-même, dans la parabole de l'enfant prodigue, sous l'image d'un bon père qui court au-devant d'un fils ingrat, se jette à son cou, l'arrose de ses larmes, et se livre aux transports de la joie que lui inspire son retour. Jésus embrassait avec bonté les petits enfants, les bénissait en leur imposant les mains, et il disait à ses disciples : « Laissez-les venir « à moi, c'est à eux et à ceux qui leur ressemblent, « que le royaume des cieux appartient... » Partout, c'est un caractère de bonté qui charme et qui inspire la confiance ; mais cette douceur ne l'empêchait pas de reprendre avec force les pécheurs endurcis, et prin-cipalement les pharisiens, à qui il reprochait haute-ment leur orgueil et leur hypocrisie.

Jésus-Christ a montré une patience invincible dans toute sorte de maux. Suivons-le depuis l'étable où il est né, jusqu'au Calvaire, où il est mort ; partout nous le trouvons dans les travaux, les douleurs et les souf-frances. Il a enduré la faim, la soif, la fatigue des voyages, les privations de la pauvreté. Il n'a rien voulu posséder sur la terre, et il n'avait pas même où re-poser la tête ; il subsistait de ce que lui fournissaient volontairement ceux à qui il annonçait la parole divine. Il supportait sans se plaindre les embarras de la foule qui le pressait, les importunités des malades dont il était continuellement accablé. On lui disait des injures, on l'outrageait, et jamais il ne s'est vengé. C'est surtout dans les différentes circonstances de sa Passion qu'il a fait voir un patience vraiment divine. Au milieu des plus grandes douleurs et des supplices cruels qu'il a soufferts, il n'a laissé sortir de sa bouche aucune plainte, aucune menace, aucun reproche ; attaché à la croix, il priait pour ses bourreaux.

Remarquons qu'il pouvait se garantir de tous ces tourments, comme il l'a prouvé en renversant d'une seule parole ceux qui étaient venus pour se saisir de lui. S'il a tant souffert, ce n'est que parce qu'il l'a voulu, et il ne l'a voulu que parce qu'il nous aimait.

Toute la vie du divin Sauveur a été un exercice continuel d'humilité : il a voulu naître d'une mère pauvre, il a passé trente ans dans l'obscurité, et quand il s'est fait connaître, ça été d'une manière si éloignée de la grandeur et de la pompe du monde, qu'elle ne pouvait en inspirer le désir ni l'amour à personne. Jamais il n'a cherché sa propre gloire : il défendait de publier ses miracles. Le peuple qu'il avait miraculeusement guéri ayant voulu l'enlever pour le faire roi, il s'enfuit seul sur une montagne pour se dérober à ce pieux empressement. Après avoir passé la journée dans les travaux, il employait la nuit à la prière. Enfin, sa vie a été sans reproche ; aussi disait-il aux Juifs : « Qui de vous me convaincra de péché ? » et selon l'expression de l'Evangile, « il a passé en faisant le bien. »

Jésus-Christ s'est dépouillé de la gloire qui était due à son humanité sainte par suite de son union avec la Divinité, et il s'est revêtu de nos faiblesses et de nos misères ; il a embrassé l'humilité, l'obéissance, la pauvreté, la croix. Toutes ces choses ne lui convenaient pas, car elles sont ou des remèdes aux in-

firmités de nos âmes, ou des peines dues à nos péchés,
ou des préservatifs nécessaires contre la chute ; or,
Jésus-Christ est la sainteté, la perfection même. Mais
il connaissait notre faiblesse, il savait la répugnance
naturelle que nous avons pour la souffrance. Il a donc
voulu lui-même beaucoup souffrir, et pour expier nos
péchés, et pour nous apprendre à supporter patiemment les peines légères que la justice de Dieu nous
inflige, en échange des peines éternelles que nous
avons méritées par nos péchés. Pourrions-nous,
après cela, refuser de le suivre et de marcher sur ses
traces ?

Vous êtes, ô mon Sauveur, le modèle de toute sainteté ; vous nous avez donné l'exemple de toutes les
vertus, et votre vie est une instruction continuelle pour
le règlement de la nôtre. Vous avez voulu que nous
fussions vos imitateurs, et vous ne destinez une place
dans votre royaume céleste qu'à ceux qui auront été
semblables à vous sur la terre. Faites-nous bien comprendre, Seigneur, l'obligation que nous avons contractée, comme chrétiens, d'imiter vos vertus, et
accordez-nous la grâce de la remplir fidèlement.

Parabole.

Un roi aussi sage que vaillant et généreux, voulant
battre l'orgueil de ses ennemis, repousser leurs
attaques injustes et mettre ses États à couvert de l'in-
vasion dont ils le menaçaient sans cesse, rassemble
tous ceux de ses sujets qu'il croit capables de secon-
der ses desseins, et les invite à le suivre dans la
guerre qu'il médite. Pour les y engager plus efficacement, il leur propose des conditions, non-seulement
justes et faciles, mais encore très-avantageuses pour
eux. D'abord, il ne veut pas qu'aucun d'eux soit

moins bien traité que lui ; au contraire, leur cédant toujours le meilleur, il prendra le pire pour lui. Il ne prétend pas qu'ils aillent au combat ni qu'ils s'engagent dans aucune occasion s'ils ne le voient marcher à leur tête. Il s'offre à fournir à tous les frais de la guerre, et ne demande de tous ceux qui le suivront, que leurs personnes et un peu de bonne volonté. Il prend sur lui le succès de la bataille, et répond de la victoire pour tous ceux qui voudront combattre. Enfin, ne se réservant que la gloire de la victoire, il en abandonne tous les fruits à ses soldats, et leur promet, en outre, des récompenses qui surpasseront leur attente et leurs désirs. Tous, ce me semble, devaient accueillir avec empressement et reconnaissance des offres si avantageuses ; cependant la plupart les rejettent, et elles ne sont agréées que d'un petit nombre : il en est très-peu qui consentent à s'enrôler sous les drapeaux du prince.

QUESTIONNAIRE.

Pourquoi Jésus-Christ a-t-il voulu passer par l'enfance ? — Croissait-il vraiment en sagesse et en grâce ? — Qu'avez-vous à faire remarquer au sujet de l'obéissance de Jésus-Christ ? — A quel âge a-t-il commencé sa vie publique ? — Qu'avez-vous à dire de sa douceur, de sa prédilection pour les petits enfants ? — Citez des traits de la vie du Sauveur où brillent sa patience, son amour de la pauvreté, son humilité. — Pourquoi a-t-il voulu embrasser l'humilité, l'obéissance, la pauvreté, la croix, toutes choses qui lui convenaient si peu ? — Expliquez la parabole. — Quel est ce roi ? — Quels sont ses sujets ? — Quelles sont les conditions qu'il fait ? — Comment ces conditions sont-elles reçues de la plupart des sujets ?

CHAPITRE XI.

ABRÉGÉ DE LA VIE DE LA TRÈS-SAINTE VIERGE.

(Depuis sa naissance jusqu'à sa Visitation.)

La personne sans contredit la plus digne, après Jésus-Christ, d'être connue et aimée, c'est l'auguste Marie, sa sainte mère. C'est par elle que Jésus-Christ est venu à nous ; c'est par elle aussi que nous devons aller à lui, si nous voulons avoir un accès facile et sûr. Il nous importe donc beaucoup de la connaître.

Quoique infiniment inférieure à son divin Fils, la très-sainte Vierge a une grandeur qui l'élève au-dessus de tout ce qui n'est pas Dieu. Elle est grande avant sa naissance, car elle a été annoncée au monde en même temps que le Messie. C'est elle qu'ont figurée les saintes femmes du peuple de Dieu : Sara, Rebecca, Rachel, Judith, Esther ; c'est elle qu'Isaïe désignait quand il annonçait que le Messie naîtrait d'une Vierge. Elle se trouve cachée sous le voile des figures dont la sainte Écriture est remplie : le trône de Salomon, la toison de Gédéon, et surtout l'arche d'alliance.

Marie est grande dans sa naissance : issue du sang royal de David, elle se voit, dès le premier instant de son existence, ornée de grâces et de priviléges surnaturels, qui en font la plus excellente et la plus parfaite des créatures. Grande dans sa vie par l'honneur de la maternité divine et par l'éclat desplus sublimes vertus, elle est grande à sa mort par le bonheur d'une résurrection anticipée et d'une assomption glorieuse. Grande au ciel dont elle est la reine, sur la terre dont elle est l'espérance, aux enfers dont elle est la terreur, elle mérite à bien des titres nos hommages et votre amour.

Le simple récit de son incomparable vie suffit pour nous en convaincre.

Marie était fille de saint Joachim et de sainte Anne, tous les deux de la tribu de Juda, de la race de David. Sa pieuse mère avait été longtemps stérile. Dieu, sans doute, ne voulut accorder qu'à la ferveur de ses prières le fruit de bénédiction qui devait être la gloire d'Israël et la consolation de son peuple. Enfin, après de longues années de stérilité, elle devint mère. Le Seigneur, qui voulait que Marie fût toujours pure, parce qu'il la destinait à enfanter le Sauveur, la préserva dès le premier instant de son existence de la tache originelle ; et elle était encore dans le sein de sa mère, qu'elle se vit comblée de tous les dons du Saint-Esprit : aussi se montra-t-elle au monde pleine de beauté, de vertus et de grâce. Elle naquit à Nazareth, ville de Galilée, et reçut le nom de *Marie*. Quand le terme de quatre-vingts jours, fixé par la loi, fut expiré, ses parents l'apportèrent au temple de Jérusalem et l'offrirent au Seigneur. Mais, tandis qu'ils présentaient pour elle les victimes que Moïse avait prescrites, Marie, qui jouissait dès-lors, par privilége, de la plénitude de sa raison, se consacrait tout entière à Dieu, et, dans la ferveur de son amour, lui faisait hommage de son corps et de son âme. Après la cérémonie, on rapporta la jeune vierge à Nazareth où elle fut, durant trois ans, l'objet des soins, de la tendresse et aussi de l'admiration de son père et de sa mère, car on pouvait bien dire d'elle, comme de son divin Fils, qu'elle croissait en sagesse, en âge et en grâce devant Dieu et devant les hommes.

Elle avait atteint sa troisième année lorsque ses parents, pour acquitter la promesse qu'ils en avaient faite au Seigneur, voulurent vouer à son service, dans

le temple, l'enfant qu'ils ne devaient qu'à une attention particulière de sa providence. Marie va donc
échanger les douceurs de la maison paternelle contre
les rigueurs de la solitude; mais ce sacrifice coûte
peu à sa vertu, parce que, docile aux inspirations
de l'Esprit-Saint, qui la dirige, elle a compris qu'il
est bon de tout quitter pour Dieu. Depuis le jour de
sa présentation solennelle, la sainte enfant fut logée,
avec d'autres filles de Juda consacrées, comme elle, au
Seigneur, dans les appartements préparés autour du
temple. C'est là que, cachée à tous les regards, elle
croissait, comme un lis sans tache, à l'ombre des autels, et surpassait en vertu toutes les vierges ses compagnes. L'abondance des bénédictions célestes, des-
cendant sur ce cœur embrasé de l'amour le plus pur,
l'élevait à une perfection de jour en jour plus sublime.
La prière et le travail partageaient tous ses instants ;
ou plutôt sa vie n'était qu'une oraison continuelle,
parce que sans cesse elle demeurait unie à Dieu, qui
possédait toutes ses affections.

Ainsi vécut la jeune Marie, jusqu'à l'âge d'environ
quinze ans. Alors, les prêtres qui lui servaient de tu-
teurs, depuis la mort de ses parents, songèrent à la
marier, parce que la stérilité était un opprobre chez
les Juifs.

Marie, ayant reçu du ciel une secrète assurance
que le mariage qu'on lui proposait était dans les desseins de la Providence, consentit à prendre pour
époux Joseph, un de ses proches parents, comme
elle de la tribu de Juda et du sang royal de David ;
le Seigneur le destinait à être le protecteur de la mère
et le père nourricier de l'enfant. Ces deux chastes
époux vivaient ensemble, depuis deux mois environ,
dans la pratique des plus sublimes vertus, lorsqu'un

messager céleste, l'archange Gabriel, se présentant avec respect devant Marie, vient la saluer de la part du Très-Haut, et lui annoncer qu'elle a été choisie, entre toutes les vierges d'Israël, pour enfanter le Sauveur. Étonnée et confuse des éloges qu'elle reçoit, l'humble fille de David s'inquiète et se trouble ; mais l'ange la rassure en lui faisant connaître comment doit s'opérer le mystère de l'Incarnation. Marie alors donne un consentement attendu avec une égale impatience du ciel et de la terre ; et aussitôt le Verbe se fait chair dans son sein.

Cependant ayant appris de Gabriel la grossesse miraculeuse de sa cousine, elle court de Nazareth à Hébron, malgré la longueur et la difficulté du chemin, pour féliciter Elisabeth, pour célébrer avec elle les miséricordes du Seigneur, et surtout pour sanctifier, par la présence de Jésus, Jean-Baptiste encore renfermé dans le sein maternel. Elle demeura trois mois avec cette sainte famille, puis elle regagna sa solitude de Nazareth.

Elles sont bien admirables, Vierge sainte, les faveurs dont le Seigneur vous enrichit au premier moment de votre existence. Remplie de grâce, douée de l'usage de la raison, comblée de dons surnaturels, qui vous rendirent supérieure aux anges et vous élevèrent au-dessus de tout ce qui était déjà sorti des mains du Créateur, vous fûtes dès lors l'objet des complaisances de Dieu. Et moi, n'ai-je pas aussi à bénir son amour ? Que de grâces me furent accordées au jour du saint baptême ? Mon âme était couverte de la lèpre du péché originel : mais Dieu en effaça la souillure pour me revêtir d'innocence et m'honorer du beau titre de son enfant. Obtenez-moi, divine Marie, de bien apprécier la grâce de mon baptême, afin que j'en remercie Dieu avec toute la reconnaissance que mérite un si excellent bienfait, et que je remplisse fidèlement les obligations qu'il m'impose.

Histoire.

Tandis que saint Dominique prêchait à Carcasonne, on lui amena un hérétique albigeois qui avait été possédé du démon pour avoir publiquement décrié la dévotion envers Marie. Le saint ayant ordonné au démon, de la part de Dieu, de déclarer si tout ce qu'il disait de l'excellence de la dévotion envers la sainte Vierge était vrai, le démon répondit en hurlant d'une manière épouvantable : « Chrétiens, écoutez tout ce « que cet homme, qui est notre ennemi, vous dit de « Marie : tout est parfaitement vrai. » Et il ajouta qu'il n'avait aucun pouvoir sur les serviteurs de Marie ; que plusieurs, malgré leur peu de mérite, se sauvaient, à la mort, en invoquant son secours. Il finit en disant qu'il était forcé d'avouer que nul ne se damne de tous ceux qui persévèrent dans la dévotion à Marie, parce qu'elle obtient au pécheur la grâce de la conversion et une sincère pénitence.

QUESTIONNAIRE.

Montrez comment Marie a été grande avant sa naissance, — dans sa naissance, — dans sa vie et à sa mort. — Où et de quels parents naquit-elle ? — Quels priviléges Dieu lui accorda-t-il dès le premier moment de son existence ? — Quelle cérémonie eut lieu quatre-vingts jours après sa naissance ? — Que lui arriva-t-il à l'âge de trois ans ? — Où et comment se passa sa jeunesse ? — A quel âge et à qui fut-elle mariée ? — Que se passa-t-il deux mois environ après son mariage ? — Quelle fut le but de la visite qu'elle rendit à sainte Élisabeth, sa cousine ?

CHAPITRE XII.

ABRÉGÉ DE LA VIE DE LA SAINTE VIERGE *(suite).*

(Depuis la Visitation jusqu'au commencement de la Vie publique de Jésus-Christ.)

Marie approchait de son terme, et elle était encore à Nazareth ; cependant les prophéties annonçaient que le Messie devait naître à Bethléem de Juda. L'Empereur Auguste en procura, sans le savoir, l'accomplissement entier. Par suite d'un dénombrement qu'il ordonna dans l'empire, Marie fut obligée d'aller, avec Joseph, se faire inscrire à Bethléem, parce que David était né et avait été élevé dans cette ville. La foule des voyageurs, et sans doute aussi sa pauvreté, furent cause qu'elle ne trouva pas de place dans les hôtelleries. Elle fut donc réduite à chercher un asile dans une étable abandonnée. C'est là que, le 25 décembre de l'an du monde 4004, vers le milieu de la nuit, elle enfanta Jésus-Christ, qu'elle déposa sur un peu de paille, dans une crèche. Pauvre, elle n'avait que son lait pour le nourrir, son haleine pour le réchauffer et quelques langes pour le couvrir. Mais, tranquille et pleine de foi, elle adorait les desseins d'un Dieu qui venait ainsi apprendre aux hommes à mépriser les richesses. Cependant, bientôt après, les adorations des bergers et des mages consolèrent un peu sa tendresse de l'état de misère et d'abandon où elle voyait le Roi de l'Univers. Au bout de huit jours, elle fit circoncire son fils, selon la loi, et lui donna, d'après l'ordre de l'ange, le nom de *Jésus*, qui signifie *Sauveur*. Sans doute, après que la foule eut un peu diminué, elle put trouver un logement moins pauvre que l'étable. Quand le temps fixé par la loi fut écoulé, elle entreprit le voyage de Jérusalem pour aller se purifier, comme Moïse le prescrivait aux femmes après leurs couches. Elle satisfit pour elle-même à tout ce qui était marqué dans la loi ; elle offrit aussi l'enfant Jésus au Seigneur, et le racheta en présentant les dons ordonnés aux pauvres.

Lorsqu'elle consentit à devenir la Mère du Sauveur, Marie se dévouait à un martyre, qui ne devait finir qu'avec sa vie. Car, quand elle n'eût pas connu par révélation les souffrances réservées à Jésus-Christ, la prophétie du saint vieillard Siméon, qui vint en ce jour au temple, fut pour elle comme un glaive de douleur qui, dès ce moment, s'enfonça profondément dans son âme pour remplir tous ses jours d'amertume. Ainsi le Seigneur en agit avec ses élus ; il les fait boire à longs traits dans le calice que Jésus a épuisé jusqu'à la lie. La Vierge sainte ne tarda pas, en effet, à sentir son cœur déchiré par la souffrance (1). Car à peine était-elle de retour à Nazareth, qu'un ange vint commander à Joseph de fuir en Egypte pour soustraire l'Enfant aux persécutions d'Hérode. Il faut donc qu'au milieu même de la nuit, une femme jeune et délicate se mette en route pour aller, avec son enfant au berceau, chercher un peu de repos dans une terre étrangère, au milieu d'un peuple idolâtre ! La sainte famille resta environ une année en Egypte ; elle revint ensuite à Nazareth où l'enfance de Jésus se passa dans l'obscurité de la retraite et dans une humble soumission à Marie et à Joseph. Il fallait un tel exemple pour engager l'homme à vaincre, par l'obéissance, l'orgueil de sa volonté.

(1) Nous avons placé la Présentation au Temple comme elle semble se présenter naturellement dans l'Evangile, quoiqu'il se trouve des interprètes qui la mettent après le retour d'Egypte.

La fête de Pâques appelait les Juifs à Jérusalem ; Marie ne manqua pas de s'y rendre avec son époux et son fils, âgé pour lors de douze ans. Mais, au retour, elle s'aperçut que Jésus n'était pas avec eux ni avec leurs autres parents : il semble que le Seigneur se plût à mêler toujours au bonheur de Marie quelque douleur amère. Enfin, après trois jours de recherches et d'angoisses, elle retrouva l'Enfant divin dans le temple, au milieu des docteurs. Il revint avec eux, et dix-huit années se passèrent encore sous l'obscurité du toit de Nazareth, et dans des occupations petites et grossières aux yeux des hommes. Tant il est vrai que la sublimité de la perfection consiste moins à faire de grandes choses qu'à bien faire les plus communes !

O Marie ! c'est de vous que le Seigneur est né ; c'est vous qui l'avez élevé, qui avez formé son enfance. Daignez aussi prendre soin de nous, et nous former vous-mêmes à la vertu ; car nous aussi nous sommes vos enfants. Apprenez-nous, ô notre tendre Mère, à aimer et à imiter Jésus, le fruit béni de vos entrailles, afin que nous méritions de le posséder un jour dans le ciel.

Histoire.

Le père Bernard, si célèbre par sa charité envers les prisonniers et par sa dévotion pour la sainte Vierge, fut appelé auprès d'un homme qui avait été condamné à être rompu vif. Ce malheureux, loin de songer à se repentir, ajoutait à tous ses autres crimes d'horribles blasphèmes contre Dieu. Le père Bernard le presse avec tout le zèle que peut suggérer la charité la plus tendre ; il essaie tour à tour de l'exciter à la confiance et de lui inspirer la crainte des jugements de Dieu ;

mais rien ne fait impression sur ce cœur endurci. Le bon prêtre le prie de vouloir au moins réciter avec lui une courte prière à la sainte Vierge, qu'il proteste n'avoir jamais récitée sans avoir été exaucé ; le malheureux refuse avec un geste de mépris. Le père Bernard ne laissa pas de la réciter d'un bout à l'autre ; mais, voyant que ce pécheur obstiné n'avait pas seulement voulu desserrer les dents, inspiré par son zèle, il porte à la bouche de l'endurci un exemplaire de cette petite prière et s'efforce de l'y faire entrer en disant : *Puisque tu ne veux pas la dire, tu la mangeras.* Pour se délivrer des importunités du bon père, le criminel consent à faire ce qu'on lui demande. Mais à peine a-t-il commencé les premières paroles du *Memorare*, qu'il se sent entièrement changé. Un torrent de larmes coule de ses yeux ; il demande quelque temps pour se disposer à la confession : et comme il se rappelait, dans l'amertume de son âme, les égarements de sa vie passée, il fut si touché de la vue de ses crimes et de la grandeur des miséricordes divines à son égard, qu'à l'heure même il expira de douleur. Apprenons, par son exemple, combien la protection de celle que l'église appelle le *Refuge des pécheurs* peut être utile à ceux qui la réclament avec confiance.

QUESTIONNAIRE.

Comment Marie fut-elle obligée d'aller de Nazareth à Bethléem ? — Où logea-t-elle ? — Que se passa-t-il le 25 décembre et les jours suivants ? — Pourquoi, quarante jours après la naissance de Jésus-Christ, Marie entreprit-elle le voyage de Jérusalem ? — Que lui fut-il dit dans le temple lorsqu'elle présentait son divin Fils à Dieu ? — De retour à Nazareth, la sainte famille put-elle y vivre en paix ? — Combien de temps demeura-t-elle en Egypte, et où se retira-t-elle à son retour ? — Quelle peine éprouva Marie au sujet de l'enfant Jésus ? — Quelle instruction pourrons-nous tirer, pour notre conduite, des dix-huit années passées à Nazareth dans des occupations petites aux yeux des hommes.

CHAPITRE XIII.

ABRÉGÉ DE LA VIE DE LA SAINTE VIERGE *(suite)*.

(Depuis le commencement de la Vie publique de Jésus-Christ jusqu'à l'Assomption de la Sainte Vierge.)

Cependant, les moments étaient arrivés où Jésus devait annoncer au monde l'heureuse nouvelle du salut : il commença donc à paraître en public. Voulant, par sa présence, sanctifier le mariage, il se rendit avec sa Mère à des noces où on l'avait invité, et ce fut là que, pour montrer quel pouvoir Marie aurait toujours sur son cœur, il devança, sur sa prière, par le changement de l'eau en vin, le temps qu'il avait fixé pour ses miracles. Le Sauveur avait jugé à propos d'établir sa principale demeure à Capharnaüm ; la sainte Vierge, qui ne le quittait guère, vint y demeurer. Il est probable qu'elle l'accompagnait dans ses courses évangéliques pour entendre les instructions qui sortaient de sa bouche divine et pour prendre soin de lui pendant ses voyages. Les Saints Pères disent qu'elle reçut le baptême des mains de son Fils, non par besoin, puisqu'elle avait été préservée du péché originel, mais pour accomplir la loi dans toute sa perfection. A la vue des miracles de Jésus-Christ et de la multitude qui se pressait autour de lui, son cœur, sans doute, aurait été rempli d'une douce joie si elle n'avait eu sans cesse présentes à l'esprit l'ignominie de sa passion et les angoisses de ses tourments.

...ce la rendit la plus affligée des mères;
...omme elle vit dans la mort de Jésus la gloire
...eu et le salut des hommes, elle fit généreusement
...crifice de sa tendresse, et voulut assister au spec-
...sanglant du Calvaire. Elle se présenta donc au
...veur lorsqu'il marchait au supplice, chargé du
...infâme, et gravit avec lui la montagne des dou-
...Là, debout au pied de la croix et surmontant
...la charité l'excès de sa tristesse, elle présentait à
...le prix du rachat du monde; là aussi elle se vit
...mmander par Jésus au disciple bien-aimé, et elle
...tendit de la bouche de son fils mourant, que, nou-
...Ève, elle ferait désormais pour tous les chré-
...le doux office de mère. La Vierge désolée passa
...jours qui suivirent la mort du Sauveur dans
...contemplation sublime des douloureux mystères
...venaient de s'opérer sous ses yeux. Jésus, res-
...té, la consola par sa présence; et souvent, sans
...pendant les quarante jours qu'il passa encore
...la terre, il eut avec elle des communications in-
...mes, lui révélant d'ineffables secrets, lui découvrant
...conomie de son Église, et la dédommageant, par
...célestes douceurs, de ses souffrances passées.
...près l'ascension de Jésus-Christ, la sainte Vierge
...tra avec les Apôtres dans le cénacle, et reçut
...eux, mais plus qu'eux, la surabondance des dons
...Esprit-Saint. Dieu voulut la conserver encore
...que temps au monde, pour qu'elle fut la mère de
...lise naissante, le modèle, le guide et la consolation
...apôtres et des disciples. Elle demeura donc à
...salem; mais quand la persécution força les apôtres
...uitter cette ville ingrate et déicide, saint Jean,
...l'eût prise chez lui, la conduisit à Éphèse. On
...pas précisément le temps qu'elle resta dans

cette ville ; mais il est certain qu'elle revint à Jérusalem un peu avant sa mort.

La vie de Marie, depuis la glorieuse ascension du
Sauveur, se passa dans une douce retraite. Toute à
Dieu, qu'elle glorifiait par sa ferveur, et au prochain,
qu'elle aidait de ses conseils et de ses prières, elle
soupirait après l'heureux moment qui devait la réunir
pour jamais à son Fils. Chaque jour, elle recevait,
par la communion, la chair divine qui s'était formée
dans son sein, et chaque communion apportait à son
cœur un accroissement d'amour, jusqu'à ce qu'enfin
les ardeurs célestes qui la consumaient rompirent les
liens qui tenaient sa bienheureuse âme unie au corps.
Elle mourut à Jérusalem, âgée d'environ soixante-
douze ans, au milieu des Apôtres, miraculeusement
rassemblés auprès d'elle. Mais le Seigneur ne permit
pas qu'un corps si pur vît la corruption du tombeau :
comme Jésus, Marie ressuscita, probablement aussi
trois jours après sa mort, et, transportée triomphante
au ciel, elle règne sur un trône de gloire, d'où elle
abaisse sur ses enfants les regards de sa miséricorde.

O Marie ! reine des anges et des saints, souveraine
du ciel et de la terre, je vénère profondément votre
grandeur ; je me réjouis de votre triomphe, mais
aussi j'implore votre secours. Du haut du trône de
gloire où vous êtes assise à la droite de votre divin
Fils, daignez abaisser sur nous un regard de bonté ;
ayez pitié de notre misère ; couvrez-nous de votre
protection puissante, et attirez-nous tous à vous.

Histoire.

Un convoi de dix ou douze barques, qui allaient
à Venise, se trouva en mer à quelques lieues de Notre
Dame de Lorette, la veille d'une fête de la sainte Vierge.

Tout l'équipage désira d'y aller entendre la messe le lendemain ; le patron s'y opposait, dans la crainte des corsaires turcs. Un matelot nommé Antonio, plein de confiance en la sainte Vierge, dit qu'il se faisait fort de garder tout seul le convoi, sous la protection de la Mère de Dieu. Sa confiance en inspira à tous les autres, au patron même, qui consentit à tout. On partit donc de grand matin ; Antonio resta seul. Au bout de quelque temps, il aperçut de gros bâtiments qui s'approchaient à pleines voiles ; il reconnut que c'étaient des Turcs qui venaient pour enlever les barques, dont il était le seul gardien. Il se recommanda à la sainte Vierge, lui représentant que c'était pour aller l'honorer qu'on avait tout quitté ; puis se met à la tête du pont, dans la barque la plus exposée, se couche le long du bordage et se tapit tenant une hache à la main. Quelques moments après, il sent la barque ébranlée : c'était un Turc qui avait mis la main sur le bord. Antonio se lève aussitôt sur ses genoux, et d'un grand coup de hache coupe le poignet au Turc, dont la main tomba dans la barque. Antonio se tapit de nouveau ; mais le Turc mutilé poussa un cri si effroyable, qu'il jeta l'épouvante parmi tous ses compagnons. « C'est un piége s'écrie-t-il, qu'on nous tend ici ; ces « barques sont pleines de gens armés qui se cachent « pour nous surprendre. » A ces paroles, tous les Turcs prennent la fuite ; Antonio, levant la tête au bout de quelque temps, les voit déjà bien loin en pleine mer ; il se jette aussitôt à genoux pour remercier sa puissante libératrice d'une protection si marquée.

Cependant, ses compagnons, qui revenaient de Lorette, apercevant de loin la flotte turque qui se retirait, furent consternés ; ils ne doutaient pas qu'elle n'emmenât Antonio avec toutes leurs barques. Mais quelle fut leur agréable surprise quand ils le virent venir au-devant d'eux avec sa hache élevée, d'où pendait la main du Turc ! Il leur raconta ce qui venait de se passer ; alors tous ensemble se mirent à chanter les litanies de la sainte Vierge en action de grâce d'une si éclatante victoire.

QUESTIONNAIRE.

Que fit Jésus-Christ dès le commencement de sa vie publique pour montrer quel pouvoir Marie aurait toujours sur son cœur ? — Que faisait la sainte Vierge pendant les courses évangéliques de son fils ? — Par qui et pourquoi fut-elle baptisée ? — Quelle pensée était habituellement présente à son esprit et la rendait la plus affligée des mères ? — Pourquoi, malgré sa douleur, voulut-elle assister au sacrifice sanglant du calvaire ? — Quelle recommandation lui fit Jésus mourant ? Où demeura-t-elle ensuite ? — Comment se passa le reste de sa vie ? — Comment, où et à quel âge mourut-elle ? — Demeura-t-elle longtemps dans le tombeau ?

CHAPITRE XIV.

DE LA FORMATION ET DE L'ÉTABLISSEMENT DE L'ÉGLISE.

« Le temps vient, et il est déjà venu, disait Jésus-« Christ à la Samaritaine, où les vrais adorateurs ado-« reront le Père en esprit et en vérité. » Il est descendu lui-même sur la terre pour former cette société d'adorateurs parfaits : c'est l'Eglise.

Pendant les jours de sa vie mortelle, ses prédications et ses miracles réunirent autour de lui un certain nombre de disciples. Ils furent d'abord assez peu nombreux, il est vrai ; mais c'était le grain de senevé qui, quoique petit, allait croître bientôt et devenir un arbre, de sorte que les oiseaux du ciel pourraient venir se reposer sur ses branches.

Parmi ses disciples, il en choisit douze auxquels il donna le nom d'*Apôtres*, et qu'il destinait à gouverner l'Eglise naissante après qu'il serait remonté au ciel. Il les forma et les instruisit avec un soin tout particulier, afin de les rendre capables de remplir dignement l'importante mission qu'il allait leur confier.

Il voulut que l'un d'eux fût placé à la tête non-seulement des disciples, mais aussi de tous les autres Apôtres et qu'il se montrât au monde avec les titres augustes de vicaire et de représentant du Christ auprès des peuples. Son choix, pour cette éminente dignité, tomba sur saint Pierre. Il lui en fit d'abord la promesse avant sa Passion, lorsque, pour le récompenser de la foi vive avec laquelle il l'avait reconnu comme Fils de Dieu, il lui dit : « Vous êtes Pierre, et sur « cette pierre je bâtirai mon Eglise, et les portes de « l'Enfer ne prévaudront point contre elle. Je vous « donnerai les clefs du royaume des Cieux ; tout ce « que vous lierez sur la terre sera aussi lié dans le « ciel ; et tout ce que vous délierez sur la terre sera « aussi délié dans le ciel. » Cette magnifique promesse fut accomplie après la résurrection. Dans sa troisième apparition à ses disciples, Jésus-Christ, avant d'investir saint Pierre de la plénitude de sa puissance sur l'Eglise, voulut qu'il réparât par une protestation solennelle la faute qu'il avait commise en le reniant trois fois. Il l'interrogea donc et lui dit : « Simon, fils de Jean, « m'aimez-vous plus que ne font ceux-ci ? — Il lui « répondit : Oui, Seigneur, vous savez que je vous « aime. — Jésus lui dit : Paissez mes agneaux. Il « lui demanda de nouveau : Simon, fils de Jean, « m'aimez-vous ? — Pierre lui répondit : Oui, Sei- « gneur, vous savez que je vous aime. — Jésus lui « dit : Paissez mes agneaux. Il lui demanda pour la

« troisième fois : Simon, fils de Jean, m'aimez-
« vou s? — Pierre fut contristé de ce qu'il lui de-
« mandait pour la troisième fois : M'aimez-vous ? il
« lui dit : Seigneur, vous connaissez tout : vous savez
« que je vous aime. — Jésus lui dit : Paissez mes
« brebis. »

Par ces paroles, saint Pierre est donc placé à la tête
de tout le troupeau dont Jésus-Christ est le pasteur
suprême. Agneaux et brebis, tout est confié à sa
garde, c'est-à-dire que tout lui est soumis dans l'Eglise,
les chefs aussi bien que les simples fidèles.

Quoique placés sous la dépendance de saint Pierre,
à qui ils devront respect et soumission comme à leur
chef, et à qui est remise la plénitude de la puissance
apostolique, les Apôtres, néanmoins, reçurent directement de Jésus-Christ les pouvoirs nécessaires à
l'exercice de leurs fonctions.

Il les envoie donc, en vertu de la toute-puissance
qui lui a été donnée, pour continuer auprès des
hommes la mission qu'il a reçue lui-même de son
Père : « Toute puissance, leur dit-il, m'a été donnée
« dans le ciel et sur la terre ; allez donc. Comme mon
« Père m'a envoyé, je vous envoie. » Il leur confère
les trois grands pouvoirs nécessaires pour la forma-
tion, l'administration spirituelle et la sanctification de
la société chrétienne qu'il veut établir dans le monde :
1° celui d'évangéliser et de baptiser tous les peuples :
« Instruisez toutes les nations, les baptisant au nom
« du Père, du Fils, et du Saint-Esprit, et leur appre-
« nant à observer toutes les choses que je vous ai
« commandées ; » 2° le pouvoir de gouverner l'Eglise
et de faire toutes les lois qu'ils jugeront convenables
pour le bien et la sanctification des fidèles : « En vérité,
« je vous le dis, tout ce que vous aurez lié sur la terre

« sera lié dans le ciel, et tout ce que vous aurez délié
« sur la terre sera délié dans le ciel. Celui qui vous
« écoute m'écoute et celui qui vous méprise me mé-
« prise ; mais celui qui me méprise méprise Celui
« qui m'a envoyé ; » 3° le pouvoir de pardonner les
péchés : « Recevez le Saint-Esprit ; les péchés seront
« remis à ceux à qui vous les remettrez, et ils seront
« retenus à ceux à qui vous les retiendrez. »

Afin de rassurer les Apôtres contre la crainte que
devaient naturellement leur inspirer la vue de leur
faiblesse et la grandeur de l'entreprise dont il les
chargeait, Jésus-Christ leur promet une assistance
continuelle : « Voilà que je suis avec vous tous les
« jours, jusqu'à la consommation des siècles. » Mais
il leur recommande de ne commencer leur mission
que lorsqu'ils auront reçu le Saint-Esprit : « Je vais
« vous envoyer le don que mon Père vous a promis
« par ma bouche : cependant, demeurez dans la ville
« jusqu'à ce que vous soyez revêtus de la force d'en
« haut. »

Dociles aux ordres qu'ils avaient reçus de leur Maître, les Apôtres se renfermèrent dans le cénacle, et
dix jours après l'Ascension de Jésus-Christ, le Saint-
Esprit descendit sur eux en forme de langues de feu.
Ils sortirent alors, tout changés en des hommes nouveaux, et commencèrent à prêcher. Deux prédications
de saint Pierre convertirent huit mille personnes, et
bientôt Jérusalem fut remplie des miracles et des
conversions que les Apôtres opéraient partout. Les
magistrats et le gros de la nation voulurent s'opposer
aux progrès de l'Evangile, mais ce fut en vain. Les
Apôtres, après avoir prêché avec le même succès dans
la Judée, la Galilée, la Samarie, passèrent dans la
Syrie, dans les provinces de l'Asie mineure, dans la

Macédoine et dans la Grèce, annonçant à tous l'Evangile, c'est-à-dire la bonne nouvelle de la rédemption du genre humain par Jésus-Christ. Saint Pierre, le chef du collége apostolique, porta la foi à Rome, alors la capitale du monde. Le Seigneur bénissant les efforts et les travaux de leur zèle, les conversions étaient nombreuses, et en peu de temps le monde se trouva rempli de chrétiens ; il y en avait même dans le palais des empereurs.

Le démon ne pouvait que s'alarmer des progrès, effrayants pour lui, de la nouvelle doctrine, qui venait détrôner les idoles et renverser leurs autels ; aussi mit-il tout en œuvre pour essayer de la détruire. Il arma donc l'empire romain contre l'Eglise naissante : le sang des martyrs commença pour lors à couler, et les Apôtres scellèrent du leur la vérité de leur témoignage ; saint Pierre et saint Paul furent martyrisés à Rome. La mort de ces généreux défenseurs de la foi n'arrêta pas les progrès du christianisme ; car ils laissaient des successeurs et héritiers de leurs pouvoirs, de leur zèle et de leur courage, à qui ils avaient confié le précieux dépôt de la foi, à la charge de le conserver avec soin et de le transmettre intact à ceux qui devraient les remplacer à leur tour. La prédication de l'Evangile n'était donc pas interrompue, et « le nombre de ceux qui croyaient au Seigneur, hom-« mes et femmes se multipliait de plus en plus. » De cette multitude de peuple, si différents de génie, de mœurs et de langage, le christianisme avait formé en peu de temps un peuple nouveau, une société de saints, unis par la profession d'une même foi, par la participation aux mêmes sacrements, par la communication des mêmes biens spirituels et par la soumission à un même chef invisible, Jésus-Christ, à un même chef visible, saint Pierre, évêque de Rome. Tous ces fidèles, vivant entre eux dans la plus grande charité, n'avaient qu'un cœur et qu'une âme.

Cependant, le feu de la persécution ne se ralentissait pas; il continua de dévorer l'Eglise durant trois cents ans. Pendant cet intervalle de temps, une multitude innombrable de chrétiens de toute condition, de tout sexe et de tout âge, ont souffert les tourments et la mort pour rendre témoignage à Jésus-Christ. La fureur des tyrans inventait contre eux les supplices les plus cruels. Ainsi, on les étendait sur un chevalet avec des cordes aux pieds et aux mains; on les suspendait par les mains, après leur avoir attaché des poids aux pieds et, en cet état, on les battait de verges et de fouets garnis de pointes de fer; on les déchirait avec des peignes de fer, jusqu'à découvrir les côtes et les entrailles. Quand ils n'expiraient pas dans ces tourments, pour rendre leurs plaies plus sensibles, on y jetait du sel et du vinaigre, et on les rouvrait lorsqu'elles commençaient à se fermer; puis, on renvoyait les martyrs dans la prison pour les éprouver plus longtemps et pour les tourmenter à diverses reprises. Le supplice qui terminait toutes ces tortures, c'était d'avoir la tête tranchée, ou d'être brûlé vif, ou d'être précipité dans la mer ou du haut des rochers, ou d'être dévoré par les bêtes. Au milieu de ces tourments, dont la pensée seule fait frémir, les martyrs étaient calmes, contents, pleins de joie; ils souffraient sans murmurer et sans se plaindre de leurs bourreaux. Ce n'étaient pas seulement des hommes qui montraient une constance si admirable, c'étaient des femmes délicates, de faibles enfants; tant était puissante la grâce de Jésus-Christ, qui les fortifiait intérieurement !

Le christianisme, ce semble, aurait dû succomber puisqu'il avait contre lui toute la force et toute la colère des empereurs. Le contraire arriva cependant : non-seulement il ne succomba pas, mais il se développait même prodigieusement au milieu des persécutions ; car selon la remarque de Tertullien, le sang des martyrs était comme une semence de chrétiens. Or, pourrait-on méconnaître ici le doigt de Dieu ? Qui pouvait inspirer à tant de martyrs ce courage invincible pour braver les tourments et la mort ? Comment une religion si opposée aux préjugés et aux passions, prêchée par douze pauvres pêcheurs, attaquée par tout ce qu'il y avait de plus fort et de plus puissant, a-t-elle pu survivre à tant d'orages et s'établir dans le monde malgré le monde lui-même ? C'est que la main puissante de Dieu la soutenait et la protégeait contre des attaques si violentes et si multipliées. Cette religion est donc évidemment l'œuvre de Dieu.

Oui, elle est divine, ô mon Dieu, la religion que votre Fils est venu nous apporter du Ciel, que les Apôtres ont confirmée du témoignage de leur sang, qui s'est affermie au milieu des orages et des tempêtes de la persécution. Mais c'est à l'Eglise que vous en avez remis le dépôt sacré : c'est elle que vous avez chargée de l'enseigner aux peuples ; elle seule peut la transmettre dans toute sa pureté, sans altération comme sans mélange d'aucune erreur ; elle seule peut nous apprendre à observer toutes les choses que vous avez commandées. C'est donc un devoir pour tout chrétien de recevoir avec respect et soumission les enseignements et les préceptes de l'Eglise, et vous voulez qu'on regarde comme un païen et un publicain celui qui refuse de l'écouter. Accordez-moi la grâce,

Seigneur, d'être toujours un enfant docile de l'Eglise et de l'écouter en toute occasion comme je vous écouterais vous-même.

Histoire.

Avant d'épouser Charles d'Autriche, qui fut depuis l'empereur Charles VI, la princesse Elisabeth-Christine, engagée jusqu'alors dans les erreurs de Luther, crut devoir, pour la tranquillité de sa conscience, consulter les ministres de sa secte. Les docteurs protestants assemblés à Helmstad répondirent que *les catholiques ne sont pas dans l'erreur pour le fond de la doctrine, et qu'on peut se sauver dans leur religion.* — *Dès que cela est ainsi,* dit la princesse en apprenant cette décision, *il n'y a plus lieu d'hésiter, et dès demain j'embrasse la foi de l'Eglise romaine ; car le parti le plus sûr, dans une matière si importante, est toujours le parti le plus sage.* Le père de la princesse tint le même langage, et s'attacha comme elle à la religion catholique.

QUESTIONNAIRE.

Quelle société Jésus-Christ a-t-il établie sur la terre ?— A quoi peut-on comparer l'Eglise dans ses commencements? — A quoi les apôtres étaient-ils destinés ? — Qu'est-ce que Jésus-Christ voulut faire de saint Pierre? — Quelle promesse lui fit-il? — Quand et comment l'établit-il chef de toute l'Eglise ? — Quels sont les trois grands pouvoirs que les apôtres reçurent de Jésus-Christ? — Quelle promesse leur fit-il pour les rassurer sur le succès de l'entreprise dont il les chargeait ? — Que firent les apôtres après avoir reçu le Saint-Esprit, et quel fut le succès de leurs prédications, en particulier de celle de saint Pierre? — Que fit le démon pour essayer de détruire le christianisme? —

Dites quelque chose des tourments que l'on faisait endurer aux martyrs. — La persécution ralentit-elle les progrès de l'Evangile? — Quel changement la religion chrétienne opéra-t-elle en peu de temps dans le monde? — Montrez comment le développement du christianisme au milieu même des persécutions ne peut être que l'œuvre de Dieu.— Pourquoi sommes-nous obligés d'écouter l'Eglise?

CHAPITRE XV.

DES VERTUS THÉOLOGALES.

On appelle *théologales* les vertus qui .ont Dieu immédiatement pour objet et pour motif ; il y en a trois, qui sont : la *Foi*, l'*Espérance* et la *Charité*. Ces vertus se rapportent immédiatement à Dieu ; car, par la foi, nous croyons en Dieu ; par l'espérance, nous avons une ferme confiance que nous le posséderons un jour ; et par la charité, nous l'aimons.

I. *La Foi.* — La Foi est le premier devoir que Dieu impose à l'homme. Ce devoir est renfermé dans le premier commandement : « Vous adorerez le Seigneur votre Dieu, et vous ne servirez que lui seul ; » *car pour s'approcher de Dieu*, dit saint Paul, *il faut croire.* La Foi consiste à croire fermement, c'est-à-dire sans hésiter, toutes les vérités que Dieu a révélées à son Eglise et qu'elle nous propose de croire de sa part. Ces vérités sont contenues dans l'Ecriture et dans la Tradition, et c'est à l'Eglise que le dépôt en a été confié ; c'est elle qui en fixe le vrai sens par un jugement infaillible, et qui en propose la croyance aux fidèles avec une souveraine autorité. C'est Dieu lui-même qui lui a donné ce pouvoir : « Allez, enseignez toutes les nations ; » et qui lui a promis de la préserver de toute erreur : « Voilà que je suis avec vous

tous les jours, jusqu'à la consommation des siècles. »
Nous devons donc croire tout ce que l'Eglise nous
enseigne, et il n'y a point de salut à espérer pour
celui qui ne le croit pas, c'est-à-dire qui n'a point la
Foi. La parole de Notre-Seigneur est formelle : « Celui
qui croira et sera baptisé, sera sauvé ; et celui qui
ne croira pas sera condamné. » — « Sans la Foi,
dit l'Apôtre, il est impossible de plaire à Dieu. » Le
Concile de Trente l'appelle *le commencement du salut,
la racine et le fondement de la justification.*

La Foi honore Dieu et l'homme. Par la Foi, nous
honorons la souveraine véracité de Dieu ; elle est,
comme parle saint Paul, un sacrifice et une offrande
que nous lui faisons, en soumettant notre esprit à sa
parole infaillible ; car la Foi est fondée sur la parole
de Dieu. La Foi honore l'homme ; car, en croyant
sur la parole de Dieu, il fait de sa raison l'usage le
plus légitime, le plus honorable, puisqu'il l'associe à
celle de Dieu même, en entrant en communauté de
pensées, de lumières et de science avec lui. Les vérités les plus belles de la Foi sont presque toutes au-
dessus de la portée de la raison ; en sorte que celui
qui refuserait de les croire se priverait des connaissances sublimes qu'elles apportent et des consolations
qu'elles procurent à l'homme ici-bas. Nous sommes
assurés que les vérités de la Foi nous viennent de
Dieu, parce qu'il l'a montré par les miracles nombreux qu'il a opérés pour les confirmer. Les miracles
sont la voix, le témoignage de Dieu.

II. *L'Espérance.* — Si l'homme doit croire avec
certitude toutes les vérités que Dieu a révélées à son
Eglise, il ne doit pas moins espérer en lui, c'est-à-dire
attendre avec une ferme confiance, de sa bonté infinie, les biens qu'il nous a promis. Ces biens sont le

salut éternel et les grâces dont nous avons besoin
pour y arriver ; c'est la possession éternelle de Dieu
et les moyens de l'obtenir sûrement. Ce bonheur est
infiniment au-dessus de nous et de tous nos efforts ;
aussi est-ce par pure bonté et tout à fait gratuitement
que Dieu nous en a fait la promesse. Nous ne pourrions mériter ce bonheur par nous-mêmes ; mais Dieu,
qui nous aime, nous promet tous les secours dont
nous avons besoin pour y arriver ; car c'est pour
cela qu'il nous a donné son Fils unique, afin que quiconque croit en lui ne périsse point, mais qu'il ait la
vie éternelle. La vue de nos misères ne doit pas nous
empêcher d'espérer en Dieu ni d'attendre les biens
qu'il nous a promis. Sa toute-puissance, à laquelle
rien n'est impossible, sa miséricorde infinie, les mérites de la mort et de la passion de Notre Seigneur, le
commandement qu'il nous fait d'espérer en lui :
voilà le fondement de l'Espérance chrétienne, et cette
espérance n'est jamais confondue quand elle est humble, sincère et persévérante. « Le ciel et la terre pas-
« seront, dit le Seigneur, mais mes paroles ne pas-
« seront point. » Il est vrai pourtant que, dans cette
vie, l'Espérance est toujours mêlée de crainte. Dieu
le permet ainsi, afin de nous tenir dans l'humilité et
dans une salutaire défiance de nous-mêmes. Mais ce
qui produit en nous cette crainte, ne vient pas du
côté de Dieu, qui ne peut jamais être infidèle à ses
promesses, mais du côté de nous-mêmes, parce que
nous pouvons mettre des obstacles à la grâce et nous
la rendre inutile.

III. *La Charité.* — La Foi et l'Espérance chrétiennes nous sont données en vue de la Charité, et y
conduisent. « Vous aimerez le Seigneur votre Dieu
« de tout votre cœur, de toute votre âme, de tout

« votre esprit et de toutes vos forces, dit Jésus-
« Christ; voilà le premier et le plus grand comman-
« dement. » Etait-il donc nécessaire que Dieu nous
commandât de l'aimer? N'est-il pas de lui-même sou-
verainement aimable? Ses perfections infinies, sa
bonté pour nous, les bienfaits dont il nous comble,
les avantages que l'on trouve à s'attacher à lui, tout
ne nous engage-t-il pas à l'aimer? Il nous a créé, il
nous conserve, il nous nourrit; le ciel, la terre, toutes les créatures qu'il a formées pour notre usage,
tout ne nous crie-t-il pas de l'aimer? Cependant, Dieu
a fait bien plus encore pour nous, dans l'ordre du salut: il nous a donné son propre Fils; il l'a sacrifié
pour nous racheter; il a bien voulu nous admettre
au nombre de ses enfants; à chaque instant, il nous
soutient par sa grâce, et il nous destine, après cette
vie, une félicité éternelle dans le séjour de la gloire.
N'est-ce donc pas assez pour gagner notre cœur? Et
c'est, en effet, tout ce qu'il nous demande en retour
de tant de bienfaits : « Mon fils, nous dit-il, donnez-
moi votre cœur. » Comment résister à cette tendre
invitation du plus tendre des pères?

Pourrions-nous bien, d'ailleurs, refuser notre cœur
à Dieu? C'est lui qui l'a créé ; et pourquoi nous a-t-il
faits capables d'aimer, si ce n'est pour que nous diri-
gions sans cesse vers lui la pure flamme de notre
amour?

Si l'amour de Dieu est le plus grand de nos devoirs, c'est aussi le plus pressant de nos besoins ; car
il peut seul apporter à notre âme cette joie pure,
cette paix délicieuse, qui font son bonheur et que ne
sauraient lui donner les richesses, la gloire et les
plaisirs. « Seigneur, disait saint Augustin, vous nous
« avez faits pour vous, et notre cœur est dans le
« trouble, jusqu'à ce qu'il se repose en vous. »

Mais l'amour que Dieu demande de nous, doit être véritable et sincère, et se manifester par les œuvres. « Si vous m'aimez, dit Jésus-Christ, gardez mes « commandements. » En effet, on cherche à plaire à celui qu'on aime. Nous montrerons donc à Dieu que nous l'aimons en faisant sa volonté et en accomplissant fidèlement sa loi sainte.

Je crois, Seigneur, toutes les vérités qu'il vous a plu de révéler aux hommes ; quelque mystérieuses et incompréhensibles qu'elles puissent être, ma foi les embrasse toutes sans hésiter. Votre parole suffit pour dissiper mes incertitudes et soumettre ma raison ; et c'est de la bouche de l'Eglise que je recueille avec respect cette parole divine.

C'est parce que je crois en vous, mon Dieu, que j'attends, avec une ferme confiance, de votre infinie bonté les biens que vous m'avez promis. Oui, malgré mon indignité, j'espère en vous, et je ne serai pas confondu !

La Foi et l'Espérance sont belles à vos yeux ; mais la Charité vous plaît encore davantage. Donnez-moi donc votre saint amour, mon Dieu ; faites que mon cœur soit tout à vous, qu'il vous aime de toutes ses forces et par-dessus toutes les créatures.

Histoire.

— Un homme vraiment religieux se trouva un jour, sans avoir pu le prévoir, dans une société où l'on agitait des controverses sur la foi. Quelques jeunes gens, sans doute pour essayer de l'embarrasser, se permirent en sa présence des railleries contre nos vérités saintes. Pour lui, il ne pouvait comprendre qu'on osât attaquer une religion qu'il trouvait si consolante et si conforme aux vœux de son cœur vertueux. Il parut navré de douleur, et les traits de son visage, qui étaient ceux de la paix et du bonheur, furent altérés. Ces jeunes gens lui ayant demandé la cause de sa tristesse : « Messieurs, leur dit-il, vous « n'avez pas ébranlé ma foi ; elle est le bien de mon « cœur ; vous ne me l'avez pas ravie. Je n'entrepren- « drai pas de réfuter toutes vos objections ; je me « bornerai à ce simple raisonnement, auquel je vous « défie de répondre : Je suis heureux : la connais- z sance et la pratique de la religion ont fait mon « bonheur : qui de vous peut en dire autant ? »

— Un homme couvert d'ulcères s'était retiré dans une forêt loin des regards de ses semblables, qui ne pouvaient plus supporter sa vue. Sa chair tombait en lambeaux ; il souffrait de vives douleurs, et cependant il faisait retentir les bois de saints cantiques. Un voyageur, attiré par la douceur de sa voix, vint à lui, et, le voyant dans ce pitoyable état, lui témoigna sa surprise de l'entendre chanter au milieu de tant de souffrances. Le malade lui fit cette réponse : « Je sens « s'écrouler cette muraille de boue qui me sépare « de Dieu, et je chante le cantique de ma déli- « vrance. »

— Pendant la persécution de l'empereur Marc-Aurèle, saint Polycarpe, disciple de l'apôtre saint Jean, fut arraché à son Eglise de Smyrne, dont il était évêque depuis environ soixante-dix ans, et traîné devant le proconsul. Il était odieux aux juifs et aux païens, qui le regardaient comme le docteur de l'Asie, le père des chrétiens, le destructeur des dieux. Le proconsul essaya, par des promesses et par des menaces, de lui faire abandonner la religion de Jésus-Christ ; mais tout fut inutile : le généreux confesseur demeura inébranlable dans sa foi. — Maudis le Christ, lui disait le juge impie. — Il y a quatre-vingt-six ans que je le sers, répondit saint Polycarpe, et il ne m'a jamais fait de mal ; comment pourrais-je dire des blasphèmes contre mon roi, qui m'a sauvé ? — Comme on vit qu'il n'y avait pas d'espoir d'ébranler sa constance, on le condamna au feu. Le saint s'avança plein de joie vers le bûcher, s'estimant heureux de pouvoir témoigner son amour à Dieu par le sacrifice de sa vie.

QUESTIONNAIRE.

Pourquoi la Foi, l'Espérance et la Charité sont-elles appelées des vertus théologales ? — En quoi consiste la foi ? — A qui appartient-il de nous faire connaître les vérités révélées par Dieu ? — Quelle est la nécessité de la Foi ? — Comment, par la Foi, l'homme honore-t-il Dieu et s'honore-t-il lui-même ? — Comment sommes-nous assurés que les vérités de la Foi nous viennent de Dieu ? — En quoi consiste l'Espérance chrétienne ? — Quels sont les biens que nous devons attendre de Dieu ? — Quels motifs avons-nous d'espérer en Dieu ? — D'où vient que l'espérance est toujours mêlée de crainte ? — Quel est le premier et le plus grand de tous les commandements ? — Quels motifs avons-nous d'aimer Dieu ? — Qu'est-ce que Dieu nous demande en retour de tous ses bienfaits ? — Où l'homme peut-il trouver ici-bas le vrai bonheur ? — Comment montrerons-nous à Dieu que nous l'aimons véritablement ?

CHAPITRE XVI.

DES VERTUS CARDINALES.

Outre les trois vertus dont il a été parlé dans le chapitre précédent, on doit encore pratiquer les vertus *morales*, ainsi appelées parce qu'elles ont pour objet de régler nos mœurs, de nous porter au bien et de nous donner de la facilité pour de bonnes actions.

Le nombre des vertus morales est assez grand ; mais il en est quatre qui tiennent le premier rang, parce qu'elles sont regardées comme la source, le fondement et l'appui de toutes les autres : on leur donne, pour cette raison, le nom de *cardinales*. Ces vertus sont la *Prudence*, la *Justice*, la *Force*, la *Tempérance*.

I. *La Prudence*. — La Prudence est une vertu qui nous fait connaître et pratiquer ce qui convient dans la conduite de la vie. Elle fait choisir le temps, le lieu, les moyens pour arriver sûrement au but ; elle règle tout dans l'homme, jusqu'à ses paroles, et elle fait éviter les fausses démarches, les indiscrétions, qui pourraient avoir des suites fâcheuses. La prudence rend prévoyant, circonspect et défiant de soi-même ; elle fait éviter la légèreté, la précipitation, ainsi que la ruse, la fourberie et la fraude, qu'elle rejette comme des moyens coupables ; car elle ne regarde comme possible que ce que l'on peut exécuter par des moyens légitimes. La Prudence est nécessaire à tous les hommes ; aussi Jésus-Christ nous la recommande-t-il dans l'Evangile en ces termes : *Soyez prudents comme des serpents.*

II. *La Justice*. — La Justice est une vertu qui nous porte à rendre fidèlement à Dieu et au prochain tout ce que nous leur devons. C'est ce que Jésus-Christ nous rappelle par ces belles paroles : « Rendez à César ce qui appartient à César, et à Dieu ce qui appartient à Dieu. » La Justice comprend donc essentiellement : 1° la vertu de religion par laquelle nous rendons à Dieu, à la sainte Vierge, aux anges et aux saints, le culte que nous leur devons ; 2° la piété filiale, qui nous fait un devoir de respecter et d'aimer nos parents, de leur obéir en tout ce qui n'est pas contraire à la loi de Dieu, et de les assister dans leurs besoins spirituels et temporels, et de prier pour eux. C'est encore à la vertu de Justice que se rapportent : 1° l'obéissance, qui nous rend soumis à l'autorité de nos maîtres, de nos supérieurs et de tous ceux que la providence a placés au-dessus de nous, soit dans l'ordre spirituel, soit dans l'ordre temporel ; 2° la probité, qui nous fait respecter la personne, les biens et la réputation du prochain.

La Justice produit encore une autre vertu dont l'effet est de nous régler par rapport à nous-mêmes : c'est l'humilité, qui nous apprend à nous connaître, à ne pas nous apprécier au-delà de notre valeur et à nous traiter en conséquence. Vertu bien rare, mais cependant bien nécessaire au salut, puisque Jésus-Christ nous dit : « Si vous ne devenez semblables à de « petits enfants, vous n'entrerez pas dans le royaume « des cieux. »

III. *La Force.* — La Force est une vertu par laquelle nous surmontons les difficultés qui se présentent dans la pratique du bien et supportons avec courage les travaux, les fatigues et les épreuves de la vie. Cette vertu est pour chacun de nous d'une grande nécessité ; sans elle nous ne pouvons espérer le salut, car Jésus-Christ nous dit : « Le Royaume « des cieux se prend comme d'assaut, et ceux qui « emploient une sainte violence, le ravissent. » Il faut donc agir avec force et courage, dans l'affaire du salut.

Les vertus qui se rattachent à la Force comme à leur principe, sont : 1° la patience, qui nous soutient au milieu des souffrances et des tribulations, nous les faisant supporter à l'imitation de Jésus-Christ, avec une soumission entière à la volonté de Dieu ; 2° la persévérance, qui nous rend fermes et constants dans la pratique du bien ; 3° la magnanimité, qui élève l'âme, rend généreux, désintéressé, capable des plus grands actes de vertu.

Comme toutes les autres vertus, la Force tient un juste milieu entre deux extrêmes. Ainsi elle condamne également la témérité, qui pèche par excès en s'exposant au danger sans aucune nécessité, et la lâcheté qui pèche par défaut, reculant devant l'accomplissement d'un devoir par la crainte des efforts qu'il demande ou des privations qu'il impose.

IV. *La Tempérance*. — La tempérance est une vertu qui réprime notre inclination déréglée pour les plaisirs des sens, et nous porte à n'user qu'avec modération de ceux qui nous sont permis. Elle comprend : 1° l'abstinence, qui prémunit contre tout excès ; 2° la sobriété, qui modère dans l'usage du boire et du manger ; 3° la pudeur, qui inspire de l'horreur pour tout ce qui est contre la décence et l'honnêteté ; 4° la modestie, qui règle tout l'extérieur de l'homme, son maintien, sa démarche, ses paroles, ses gestes. De la Tempérance, vient encore la douceur, qui conserve l'âme dans le calme et dans la tranquillité, en arrêtant ou en réprimant les mouvements intérieurs qui pourraient la troubler, et qui souvent se manifestent au dehors par la brusquerie et la dureté dans les paroles et les manières. C'est, avec l'humilité, la vertu que Jésus-Christ veut que nous apprenions particulièrement de lui : « Apprenez de moi que je suis doux et « humble de cœur. »

La gourmandise, l'ivresse, la colère, sont des vices opposés à la Tempérance et réprouvés par la loi de Dieu. « Les ivrognes, dit saint Paul, ne seront point

« héritiers du royaume de Dieu ; » et Jésus-Christ condamne, dans l'Evangile, quiconque se met en colère contre son frère.

C'est de vous, Seigneur, que descend toute grâce excellente, tout don parfait. C'est donc vous qui avez mis en nous non-seulement les vertus surnaturelles du chrétien, mais encore les vertus morales, afin que les unes et les autres servent à régler notre conduite et à nous guider dans le chemin qui conduit au ciel, en nous facilitant la pratique du bien. Ne permettez pas, mon Dieu ! que nous rendions tous ces dons inutiles par de coupables résistances ; faites plutôt, par votre grâce, que nous suivions toujours les inspirations de la vertu, afin d'y conformer en tout notre conduite.

Histoire.

Parabole. — Le royaume des cieux, dit Jésus-Christ, sera semblable à dix vierges qui, ayant pris leurs lampes, s'en allèrent au-devant de l'Epoux et de l'épouse. Il y en avait cinq d'entre elles qui étaient folles et cinq qui étaient sages. Les cinq qui étaient folles, ayant pris leurs lampes, ne prirent pas d'huile avec elles ; les sages, au contraire, prirent de l'huile dans leurs vases avec leurs lampes. Et comme l'Epoux tardait à venir, elles s'assoupirent toutes et s'endormirent. Mais, vers le milieu de la nuit, on entendit un grand cri : Voici l'Epoux qui vient, allez au-devant de lui ! Aussitôt, toutes ces vierges se levèrent et préparèrent leurs lampes. Mais, les folles dirent aux sages: Donnez-nous de votre huile, parce que nos lampes s'éteignent. Les sages leur répondirent : De peur que ce que nous en avons, ne suffise pas pour vous et pour nous, allez plutôt à ceux qui en vendent, et achetez-en ce qu'il vous en faut. Mais, pendant qu'elles allaient en acheter, l'Epoux vint ; et celles qui étaient prêtes, entrèrent avec lui aux noces, et la porte fut fermée. Enfin, les autres vierges vinrent aussi et lui dirent : Seigneur, Seigneur, ouvrez-nous. Mais il leur répondit : Je vous dis, en vérité, que je ne vous connais pas.

— Les jours de la Révolution française, qui furent témoins de tant d'horreurs, virent aussi, plus d'une fois, de beaux dévouements ; le trait suivant en offre un touchant exemple :

M. Delleglaie, envoyé d'un cachot de Lyon à la Conciergerie, partait pour Paris. Sa fille ne l'avait pas quitté. Elle demanda au conducteur d'être admise dans la même voiture, elle ne put l'obtenir. Mais le cœur connaît-il des obstacles ? Quoiqu'elle fût d'une constitution très-faible, elle fit le chemin à pied ; elle suivit, pendant plus de cent lieues, le chariot où son père était traîné, et elle ne s'en éloignait que pour aller, dans chaque ville, lui préparer des aliments. Le soir, elle mendiait une couverture qui facilitât un peu de sommeil au captif dans les différents cachots qui l'attendaient. Elle ne cessa pas un moment de l'accompagner et de veiller sur tous ses besoins, jusqu'à ce que la Conciergerie les eût séparés. Elle ne pouvait plus demeurer auprès de son père, qui était renfermé dans les prisons ; mais elle cherchait à se dédommager de cette privation douloureuse par les démarches qu'elle ne cessait de faire pour obtenir la délivrance du captif si cher à son cœur. Pendant trois mois, elle implora tous les matins les membres les plus influents du Comité de salut public. Elle finit par vaincre leur résistance : son père lui fut rendu. Elle le reconduisait à Lyon, heureuse et fière du triomphe de sa pitié filiale ; mais le Ciel ne lui permit pas de jouir de son ouvrage ici-bas. Le suprême Rémunérateur de la vertu et de la piété, qui furent le principe de son généreux dévouement, voulut l'en récompenser dans un monde meilleur : elle tomba malade dans la route, épuisée de l'excès des fatigues auxquelles elle s'était livrée, et perdit la vie après l'avoir sauvée à l'auteur de ses jours.

— Pendant la persécution que suscita en Afrique le cruel Hunéric, prince arien, des catholiques de tout âge et de tout sexe se firent remarquer par leur courage et leur fermeté inébranlable. Mais rien n'excita autant l'admiration que la constance héroïque de douze enfants de cœur distingués entre tous les autres par la beauté de leurs voix, et qui suivaient les confesseurs de la foi bannis par le tyran. Leur talent les faisaient regretter des ariens, qui coururent sur leurs pas afin de les ramener. Mais ces généreux enfants ne voulaient pas quitter leurs saints maîtres : ils s'attachaient à leurs vêtements ; ils se laissaient frapper de coups de bâton, et bravaient les épées nues dont on les menaçait. Enfin, on les détacha de force, et on les ramena dans la ville de Carthage ; mais on n'en put jamais séduire un seul par les caresses ni par les mauvais traitements, qu'on employa tour à tour. Longtemps après la persécution, ils faisaient encore la consolation et la gloire de l'Eglise d'Afrique, demeurant ensemble à Carthage, mangeant ensemble, chantant ensemble les louanges de Dieu. Toute la province les révérait comme autant d'apôtres qui, par le souvenir de leur inébranlable constance, apprenaient à tous les infidèles que le chrétien doit tout sacrifier, tout souffrir, plutôt que de trahir sa foi et de se séparer de ses véritables pasteurs.

— Le jeune Cyrus, fils de Cambyse, roi de Perse,

avait douze ans lorsque sa mère Mandane le mena en Médie, chez le roi Astyage, son grand-père, à qui tout le bien qu'il entendait dire de ce jeune prince avait donné une grande envie de le voir. Il trouva dans cette cour des mœurs bien différentes de celles de son pays. Le faste, le luxe, la magnificence y régnaient partout : les Mèdes affectaient de vivre dans la mollesse, de se vêtir d'écarlate, de porter des colliers et des bracelets, au lieu que les Perses étaient vêtus fort simplement. Cyrus ne fut point ébloui de tout cet éclat, et, sans rien critiquer ni condamner, il sut se maintenir dans les principes qu'il avait reçus dès son enfance. Il charmait son grand-père par des saillies pleines d'esprit et de vivacité, et gagnait tous les cœurs par des manières nobles et engageantes.

Astyage, voulant faire perdre à son petit-fils l'envie de retourner en son pays, fit préparer un repas somptueux dans lequel tout fut prodigué, soit pour la quantité, soit pour la qualité et la délicatesse des mets. Cyrus regardait avec des yeux assez indifférents tout ce fastueux appareil. Et comme Astyage en paraissait surpris :

« Les Perses, dit-il, au lieu de tant de détours et « de circuits pour apaiser la faim, prennent un che- « min bien plus court pour arriver au même but : « un peu de pain et de cresson les y conduisent. » Son grand-père lui ayant permis de disposer à son gré de tous les mets qu'on avait servis, il les distribua sur le champ aux officiers du roi qui se trouvèrent présents : à l'un, parce qu'il lui apprenait à monter à cheval ; à l'autre parce qu'il servait bien Astyage ; à un autre parce qu'il prenait grand soin de sa mère. Sacas, échanson d'Astyage, fut le seul à qui il ne donna rien. Cet officier, outre la charge d'échanson, avait celle d'introduire chez le roi ceux qui devaient être admis à son audience ; et comme il ne lui était pas possible d'accorder cette faveur à Cyrus aussi souvent qu'il la demandait, il eut le malheur de déplaire à ce jeune prince, qui lui en marqua, dans cette occasion, son ressentiment. Astyage témoignant quelque peine qu'on eût fait cet affront à un officier pour qui il avait une considération particulière, et qui la méritait par l'adresse merveilleuse avec laquelle il lui servait à boire : « Ne faut-il que « cela, mon papa, reprit Cyrus, pour mériter vos « bonnes grâces ? Je les aurai bientôt gagnées, car je « me fais fort de vous servir mieux que lui. »

Aussitôt on équipe le petit Cyrus en échanson. Il s'avance gravement, d'un air sérieux, la serviette sur l'épaule, et, tenant la coupe délicatement de trois doigts, il la présente au roi avec une dextérité et une grâce qui charmèrent Astyage et Mandane. Quand cela fut fait, il se jeta au cou de son grand-père, et, en le baisant, il s'écria, plein de joie : *O Sacas ! pauvre Sacas ! te voilà perdu, j'aurai ta charge.* Astyage lui témoigna beaucoup d'amitié : « Je suis très-content, « mon fils, lui dit-il ; on ne peut pas mieux servir, « vous avez cependant oublié une cérémonie qui est « essentielle : c'est de faire l'essai. » En effet, l'échanson avait coutume de verser de la liqueur dans sa main gauche et d'en goûter avant de présenter la coupe au prince. « Ce n'est pas du tout par oubli, « reprit Cyrus, que j'en ai usé ainsi. — Et pourquoi « donc ? dit Astyage. — C'est que j'ai appréhendé que « cette liqueur ne fût du poison. — Du poison ! Et « comment cela ? — Oui, mon papa ; car il n'y a pas « longtemps que, dans un repas que vous donniez « aux grands seigneurs de votre cour, je m'aperçus

« qu'après qu'on eut un peu bu de cette liqueur, la
« tête tourna à tous les convives. On criait, on chan-
« tait, on parlait à tort et à travers. Vous paraissiez
« avoir oublié, vous que vous étiez roi, et eux qu'ils
« étaient vos sujets. Enfin, quand vous vouliez mar-
« cher, vous ne pouviez pas vous soutenir. — Com-
« ment ! reprit Astyage, n'arrive-t-il pas la même
« chose à votre père ? — Jamais, répondit Cyrus. —
« Eh ! quoi donc ? — Quand il a bu, il cesse d'avoir
« soif, et voilà tout ce qui lui arrive. »

Cyrus passa plusieurs années à la cour d'Astyage,
se faisant aimer et estimer de tous ; car il était doux,
affable, officieux, bienfaisant, libéral. Il revint ensuite
en Perse, auprès de Cambyse, son père.

QUESTIONNAIRE.

*Qu'est-ce qu'une vertu morale? — Quelles sont les ver-
tus cardinales, et pourquoi leur donne-t-on ce nom? —
Qu'est-ce que la Prudence? — Que fait-elle choisir? —
Que fait-elle éviter? — Qu'en dit Jésus-Christ dans l'E-
vangile? — En quoi consiste la Justice? — Quelles sont
les vertus qui se rapportent à la Justice? — Comment la
Justice produit-elle l'humilité chrétienne? — A quelle vertu
cardinale appartient la patience, la persévérance, la magnanimité? — Qu'est-ce que la Force? — Quels sont les
deux extrêmes que cette vertu condamme? — Qu'est-ce
que la Tempérance? — Quelles vertus comprend-elle? —
Que fait la douceur et quelle est l'importance de cette
vertu? — Quels sont les principaux vices opposés à la
Tempérance? — Expliquez la parabole. — Dites à quelles
vertus appartiennent les belles actions rapportées dans les
histoires?*

CHAPITRE XVII.

DE LA NÉCESSITÉ DE LA GRACE ET DES MOYENS DE L'OBTENIR.

Nous avons un besoin absolu de la grâce pour pratiquer la vertu, accomplir les commandements de Dieu et nous sauver. Sans ce secours divin, nous ne pouvons rien dans l'ordre du salut ; Jésus-Christ lui-même nous l'assure par ces paroles : « Sans moi vous « ne pouvez rien faire ; » et saint Paul, par ces autres : « Nous ne sommes pas capables d'avoir par « nous-mêmes aucune bonne pensée, comme de nous « mêmes ; mais c'est Dieu qui nous en rend capables. » La grâce est un don surnaturel que Dieu nous fait, par sa pure miséricorde, et en considération des mérites de Jésus-Christ, pour nous conduire au salut. Il y a deux sortes de grâces : la grâce habituelle ou sanctifiante et la grâce actuelle. La première nous justifie, c'est-à-dire nous fait passer de l'état du péché à l'état de justice, nous rend agréables aux yeux de Dieu et nous donne droit au ciel. La grâce actuelle consiste dans une sainte pensée qui éclaire notre esprit, dans un bon mouvement qui prévient, excite et aide notre volonté pour éviter le mal et pour faire le bien.

Le péché originel a répandu d'épaisses ténèbres dans notre esprit et une profonde corruption dans notre cœur ; et nous naissons ainsi sujets à l'ignorance et à la concupiscence, double source de tous nos péchés ; car nous ne péchons que parce que nous ignorons nos devoirs ; ou parce que, les connaissant, nous aimons mieux suivre nos mauvais penchants que la conscience. La grâce remédie à ces deux plaies que le péché a faites à notre âme : elle nous montre le bien, nous en inspire le désir et nous donne la force de le pratiquer. Elle nous soutient aussi contre les attaques qui nous viennent du dehors : contre le démon et ses tentations ; contre le monde et la séduction de ses scandales, de ses maximes et de ses plaisirs. Abandonné à lui-même, au milieu de tant de dangers, l'homme pourrait bien s'écrier avec désespoir, comme les disciples dont parle l'Evangile : « Qui pourra donc « être sauvé ? » Mais il n'est pas d'obstacles qu'il ne puisse surmonter avec la grâce, car elle est toute-puissante ; et Dieu peut dire à chacun de nous, comme à saint Paul : « Ma grâce te suffit. » Toutefois, quelle que soit sa force, elle n'agit pas seule en nous et ne nous contraint pas au bien ; il faut que notre volonté consente à faire ce que la grâce inspire et suggère ; car Dieu ne veut pas que nous le servions en esclaves : il demande l'hommage libre de nos cœurs et de nos vertus.

La grâce ne nous est pas due, autrement ce ne serait pas un don ; et si elle est accordée à l'homme pécheur, c'est en considération des mérites de Jésus-Christ. Par ses souffrances et sa mort, le Sauveur a mérité, pour tous les hommes, jusqu'à la fin des temps, toutes les grâces nécessaires à leur sanctification ; il les a déposées dans les sacrements et la prière, qui sont comme les canaux par lesquels il les fait découler sur nous. Les sacrements et la prière sont donc les deux moyens que nous avons de nous procurer la grâce.

I. *Les Sacrements*. — Les Sacrements sont certains signes extérieurs et sensibles auxquels Jésus-Christ a bien voulu attacher le don inestimable de la justification. Ces signes, par la vertu divine qu'ils renferment, non-seulement signifient, mais produisent en nous la vie spirituelle, l'entretiennent et l'augmentent. Il y a donc deux choses dans chaque Sacrement : l'une qui frappe les sens, c'est l'action extérieure, comme l'eau dans le baptême ; l'autre qui est invisible et cachée, c'est l'opération par laquelle Dieu sanctifie l'âme en lui communiquant la grâce.

L'Eglise catholique, fondée sur l'Ecriture sainte et sur la Tradition, a toujours reconnu sept Sacrements: le Baptême, la Confirmation, la Pénitence, l'Eucharistie, l'Extrême-Onction, l'Ordre et le Mariage, tous institués par Jésus-Christ. Il est à remarquer que ce petit nombre de Sacrements suffit pour tous les besoins de notre âme, qui se réduisent à sept, comme dans l'ordre de la nature. Dans l'ordre naturel, il faut naître, croître, se nourrir ; lorsqu'on est malade, il faut des remèdes ; après la guérison même, des secours particuliers deviennent nécessaires pour réparer ce qui reste d'infirmité et pour rétablir parfaitement la santé. De plus, la société a besoin de princes et de magistrats qui la gouvernent ; et comme les hommes meurent, il faut un moyen pour la perpétuer. Ce sont précisément les mêmes besoins dans l'ordre de la grâce, et Notre Seigneur y a pourvu par les Sacrements. Le Baptême nous donne une nouvelle naissance et une nouvelle vie ; la Confirmation la fortifie et la fait croître en nous ; l'Eucharistie nourrit notre âme ; la Pénitence guérit les maladies spirituelles ; l'Extrême-Onction nous délivre des restes de la faiblesse que le péché a causée ; l'Ordre fournit à l'Eglise des ministres et des chefs, et le Mariage lui donne des enfants qui la renouvellent et perpétuent sa durée. Ces effets salutaires des Sacrements nous sont appliqués toutes les fois que nous les recevons avec de bonnes dispositions.

II. *La Prière.* — Le second moyen que nous avons pour obtenir la grâce, c'est la Prière. Elle consiste dans une élévation de l'âme vers Dieu pour lui rendre nos hommages et lui demander les secours qui nous sont nécessaires. La Prière est pour nous un devoir et un besoin ; car c'est la condition ordinaire à laquelle la grâce est attachée. Aussi, Jésus-Christ nous la commande-t-il en termes formels, nous assurant qu'elle sera exaucée, pourvu toutefois qu'elle soit bien faite : « Demandez, et vous recevrez ; cherchez, « et vous trouverez ; frappez, et l'on vous ouvrira. « En vérité, en vérité, je vous le dis, tout ce que « vous demanderez à mon Père en mon nom, il vous « l'accordera. Y a-t-il parmi vous un père qui donne « une pierre à son fils quand il lui demande du pain ? « Et s'il lui demande un poisson, lui donnera-t-il « un serpent ? Si donc, tout méchant que vous êtes, « vous savez donner de bonnes choses à vos enfants, « combien plus votre Père céleste donnera-t-il les « vrais biens à ceux qui les demandent !... Il faut « toujours prier et ne pas se lasser de le faire. » Ces paroles du divin Sauveur sont plus que suffisantes pous nous faire sentir combien il importe de nous appliquer à la Prière. Mais prenons garde de ne pas être du nombre de ceux à qui l'apôtre saint Jacques disait : « Vous demandez et vous ne recevez pas, parce que vous demandez mal. » La prière mal faite, loin d'attirer la grâce, ne peut qu'indisposer Dieu contre nous, parce que c'est lui manquer de respect que de le prier sans dévotion.

La grâce vient de Dieu seul ; c'est donc à lui que doit s'adresser la prière. Mais il nous est utile de nous ménager dans le ciel des intercesseurs dont les supplications se joignent aux nôtres, afin d'obtenir plus facilement ce que nous demandons. C'est le but des prières que nous adressons à la sainte Vierge, aux anges et aux saints.

Je ne peux rien sans votre grâce, ô mon Dieu? mais avec elle tout me devient possible et même facile ; je puis me corriger de mes défauts, résister à mes mauvais penchants, vaincre mes tentations, remplir tous mes devoirs : en un mot, vous plaire et me sauver. Je vous remercie, Seigneur, de mettre ainsi à ma disposition un secours si puissant, que, dans votre bonté, vous proportionnerez toujours à mes besoins. Dès lors, qu'ai-je à craindre? Je dirai, avec l'apôtre saint Paul : « Je peux tout en Celui qui me fortifie. » Oui, mon Dieu, pourvu que j'aille fidèlement chercher la grâce dans des sacrements bien reçus, dans des prières bien faites ; pourvu que j'en suive avec docilité les salutaires inspirations, il n'y aura point de difficultés insurmontables pour moi, point d'obstacle capable de m'arrêter dans le chemin du ciel.

Histoire.

Conversion de saint Paul.

Saul étant encore *plein de menaces* et ne respirant que le sang des disciples du Seigneur, vint trouver le grand-prêtre, et lui demanda des lettres pour les synagogues de Damas, afin que, s'il trouvait quelques personnes de la nouvelle religion, hommes ou femmes, il les amenât prisonniers à Jérusalem. On lui donna ces lettres et il partit. Mais lorsqu'il était en chemin et qu'il approchait déjà de Damas, il fut tout à coup environnné d'une lumière qui venait du ciel ; et tombant par terre, il entendit une voix qui lui disait : Saul, Saul, pourquoi me persécutez-vous ? Il répondit : Qui êtes-vous, Seigneur ? — Et le Seigneur lui dit : Je suis Jésus que vous persécutez ; il vous est dur de regimber contre l'aiguillon et de résister à ma volonté. — Alors, tout tremblant et tout effrayé, il dit : Seigneur, que voulez-vous que je fasse ? — Le Seigneur lui répondit : Levez-vous et entrez dans la ville ; on vous dira là ce qu'il faut que vous fassiez. — Or, les hommes qui l'accompagnaient demeurèrent tout étonnés ; car ils entendaient le son d'une voix, mais ils ne voyaient personne et ne distinguaient pas ce que la voix disait. Saul se leva donc de terre, et ayant les yeux ouverts, il ne voyait pas : le grand éclat de la lumière dont il avait été frappé lui avait ôté la vue. Ses satellites le conduisirent donc par la main et le menèrent à Damas, où il fut trois jours sans voir, sans boire et sans manger. Or, il y avait à Damas un disciple nommé Ananie. Le Seigneur l'ayant appelé dans une vision : Ananie.... Il répondit : Me voici Seigneur. — Le seigneur ajouta : Levez-vous et allez dans la rue qu'on appelle *Droite* ; cherchez, en la maison de Judas, un nommé Saul, de Tarse, car il est en prière. — Ananie lui répondit : Seigneur j'ai entendu dire à plusieurs combien cet homme a fait de mal à vos saints dans Jérusalem ; et même il est venu en cette ville avec un pouvoir des princes des prêtres pour emmener prisonniers tous ceux qui invoquent votre nom. — Le Seigneur lui répondit : Allez le trouver sans rien craindre, parce que cet homme est un instrument que j'ai choisi pour porter mon nom devant les Gentils, devant les rois et devant les enfants d'Israël ; et il sera bien éloigné de persécuter mes disciples ; car je lui montrerai combien il faudra qu'il souffre lui-même pour mon nom. — Ananie s'en alla donc, et, étant entré dans la maison où était Saul, il lui imposa les mains et lui dit : Saul, mon frère, le Seigneur Jésus, qui vous est apparu dans le chemin par où vous veniez, m'a envoyé afin que vous recouvriez la vue et que vous soyiez rempli du Saint-Esprit. Aussitôt, il tomba de ses yeux comme des écailles, et il recouvra la vue et s'étant levé, il fut baptisé. Ayant ensuite mangé, il reprit des forces et il demeura durant quelques jours avec les disciples qui étaient à Damas ; et il se mit aussitôt à prêcher dans les synagogues, assurant que Jésus était le Fils de Dieu.

QUESTIONNAIRE.

Qu'est-ce que la grâce? — Quel besoin en avons-nous ? — Qu'est-ce que la grâce sanctifiante ? — En quoi consiste la grâce actuelle ? — Quelles sont les deux plaies que le péché a faites à notre âme, et comment la grâce y remédie-t-elle ? — La grâce agit-elle seule en nous ? — Qui nous l'a méritée? — Par quels moyens nous est-elle donnée ? — Qu'est-ce qu'un sacrement? — Combien de choses dans un sacrement ? — Combien y a-t-il de Sacrements ? — Montrez que les sept Sacrements suffisent à tous les besoins spirituels de l'homme. A qui les Sacrements donnent-ils la grâce? — Qu'est-ce que la prière ? — Quelle en est l'importance et l'efficacité ? — Toute prière attire-t-elle la grâce? — A qui s'adresse la prière ? — Montrez comment il est utile d'invoquer la sainte Vierge, les anges et les saints.

DEUXIÈME PARTIE.

INSTRUCTIONS MORALES OU DEVOIRS DE L'HOMME.

I. — DEVOIRS DE L'HOMME ENVERS DIEU.

Une partie de ces devoirs a déjà été expliquée dans le chapitre de la *Nécessité de la religion* et dans celui des *Vertus théologales*. Nous y avons vu que l'homme doit à Dieu un culte intérieur, extérieur et public ; qu'il doit croire, espérer en lui et l'aimer de tout son cœur. Les autres devoirs dont il nous reste à parler ne sont qu'une conséquence de ceux-là.

CHAPITRE PREMIER.

PREMIER DEVOIR : ACCOMPLIR FIDÈLEMENT LES COMMANDEMENTS DE DIEU.

Nous ne pouvons aimer véritablement Dieu sans observer sa loi. C'est la conséquence qui découle de ces paroles de Jésus-Christ dans l'Evangile : « Si vous « m'aimez, gardez mes commandements. » La raison seule suffit pour faire comprendre que l'affection se mesure sur le soin qu'on prend de plaire à la personne qu'on aime.

Dieu, d'ailleurs, n'a-t-il pas droit d'exiger l'hommage de notre volonté, puisqu'elle lui appartient ? C'est lui qui l'a créée ; et quand il nous la donnait, était-ce avec l'intention qu'elle se révoltât contre lui ? Or, c'est se révolter contre Dieu que de ne pas vouloir accomplir ses commandements ; c'est lui dire, sinon par ses paroles, du moins par ses actions : Je ne vous servirai pas.

L'homme, il est vrai, a été créé libre, mai non pas indépendant. Il est libre, parce qu'il n'est pas contraint d'agir à la façon d'un automate ou d'une machine, qui ne font que suivre l'impulsion irrésistible du ressort qui les met en mouvement ; il est libre, parce que, tout en faisant une chose, il a le sentiment et la conscience qu'il pourrait faire le contraire. C'est précisément ce qui donne de la moralité à ses actions, ce qui le rend digne de récompense ou de châtiment, selon qu'il agit bien ou mal. Mais il n'est pas indépendant, parce qu'il a au-dessus de lui des autorités auxquelles il doit se soumettre et dont il doit suivre la direction. Or, la première de ces autorités est sans contredit, celle de Dieu ; on serait insensé de vouloir le contester. C'est cependant ce qu'on fait tous les jours, quand on met sa conduite en opposition avec la règle que Dieu lui-même nous trace dans ses commandements. On s'exclut par là même du ciel ; car, nous dit Jésus-Christ : « Ceux qui me disent : Sei-« gneur ! Seigneur ! n'entreront pas tous dans le « royaume des cieux ; mais celui-là seulement y entre-« ra, qui fait la volonté de mon Père qui est dans les « cieux. » Or, la volonté de Dieu nous est exprimée par les commandements qu'il nous a faits. De là, cet autre parole de Notre-Seigneur à un jeune homme qui lui demandait ce qu'il devait faire pour acquérir la vie éternelle : « Si vous voulez entrer dans la vie, gardez les commandements. »

Ces commandements sont d'abord ceux qui furent donnés aux Israélites sur la montagne de Sinaï, par le ministère de Moïse, et qu'on appelle *Décalogue*, parce qu'ils sont au nombre de dix. Afin de rendre sa loi plus respectable et d'engager plus puissamment les hommes à l'observer, Dieu en accompagna la promulgation de l'appareil le plus majestueux et le plus effrayant. Il dit à Moïse d'avertir les Israélites de se purifier, et que, dans trois jours, il leur parlerait du haut de la montagne de Sinaï. Dès le matin du troisième jour, on entendit des tonnerres et l'on vit briller des éclairs ; une nuée épaisse couvrit la montagne, une trompette sonna avec grand bruit, et le peuple, qui était dans le camp, fut saisi de frayeur. Une voix terrible sortant du nuage fit entendre ces paroles : *Je suis le Seigneur ton Dieu*, et elle proclama les dix commandements devant tout le peuple. Dieu les grava ensuite sur deux tables de pierre, et les donna à Moïse.

A l'exception de la loi du sabbat, le Décalogue n'impose pas d'obligations nouvelles ou différentes de celles que la loi naturelle prescrit ; il ne fait que commander extérieurement ce qu'elle ordonne intérieurement. Par conséquent, il oblige non-seulement les Juifs et les chrétiens, mais encore tous les hommes en général.

Il faut mettre au rang des commandements de Dieu les préceptes que Jésus-Christ nous a donnés. Ils se trouvent dans tout l'Evangile, mais particulièrement dans l'admirable discours qu'on appelle le *Sermon sur la montagne*, parce que, dans cette circonstance, Jésus-Christ était monté sur une montagne pour instruire la multitude du peuple qui le suivait. Ce fut alors qu'il publia la loi nouvelle, non pas au milieu des tonnerres et des éclairs, comme il était arrivé autrefois au Sinaï, mais avec la bonté d'un père qui converse familièrement avec ses enfants ; montrant, par cette différence d'appareil, que le chrétien ne recevait pas l'esprit de servitude pour se conduire par la crainte, comme les juifs, mais l'esprit d'adoption, qui porte vers Dieu par la confiance et l'amour. Dans ce *Sermon*, qui remplit les chapitres v, vi et vii de saint Mathieu, le Sauveur présente l'abrégé de sa doctrine ; il perfectionne la loi ancienne, et trace la règle de conduite que devra suivre quiconque voudra être son disciple. C'est là ce qu'il appelle son joug ; il nous commande de le porter, mais il nous promet en même temps que, loin d'en être accablés nous le trouverons plein de « douceur. « Prenez mon joug sur vous, et apprenez de « moi que je suis doux et humble de cœur ; et vous « trouverez le repos de vos âmes ; car mon joug est « doux et mon fardeau est léger. »

Oui, Seigneur, je veux prendre sur moi votre joug je veux observer votre loi sainte et l'observer tout entière, non-seulement dans les préceptes généraux contenus dans le Décalogue, mais encore dans les devoirs particuliers tracés par l'Evangile. Car je sais qu'on ne saurait être véritablement chrétiens si l'on ne pratique la doctrine que vous nous avez fait enseigner par votre divin Fils. Accordez-moi la grâce d'une fidélité constante et généreuse, qui me mette dans la disposition de pouvoir dire, comme Jésus-Christ : « Tout ce qui est dans la loi sera parfaitement accompli, jusqu'à un seul iota et un seul point. »

Histoire.

Parmi les légions qui composaient les armées romaines du temps des empereurs Maximien et Dioclétien, il y en avait une nommée la *Thébéenne*, toute composée de chrétiens, quoiqu'elle fût, comme les autres, de six mille six cents hommes. Ce qu'il y a de plus étonnant et de plus admirable, c'est que non-seulement tous, officiers et soldats, avaient le bonheur d'être chrétiens, mais tous étaient des chrétiens fidèles et fervents, et, au milieu de la dissipation qui semble inséparable des fonctions militaires, ils menaient une vie modeste et mortifiée.

L'Empire n'avait pas de meilleures troupes ; car le soldat qui sert le mieux son Dieu est aussi celui qui sert le mieux son roi. Cette légion avait pour capitaine un saint officier nommé Maurice, qui avait vieilli sous le poids des armes, et dont l'amour et la foi pour Jésus-Christ égalaient le courage et l'expérience dans la guerre.

Lorsque l'empereur Maximien passa dans les Gaules pour apaiser des troubles qui s'y étaient élevés, il fit venir d'Orient la légion Thébéenne, et voulut s'en servir pour anéantir le christianisme dans ces contrées ; mais elle refusa d'obéir. L'Empereur, irrité de sa résistance, ordonna qu'elle fut décimée, afin que la crainte l'obligeât à se soumettre. L'ordre cruel fut exécuté, et le dixième des soldats, selon que le sort désignait, fut mis à mort. Mais les autres n'en demeurèrent pas moins inébranlables, protestant qu'ils étaient prêts à mourir plutôt que de prendre aucune part au crime qu'on voulait leur fait commettre. Cette première décimation fut suivie d'une seconde, qui ne produisit pas plus d'effet. Maximien fit dire alors à la légion qu'elle périrait tout entière si elle persistait dans sa désobéissance. Ces généreux soldats, animés par Maurice, Exupère et Candide, leurs principaux officiers, envoyèrent à l'empereur une réponse dans laquelle ils lui disaient : « Nous sommes vos soldats, « seigneur, mais nous sommes en même temps ser- « viteurs de Dieu ; nous le confessons volontiers et « nous nous en faisons gloire. Nous vous devons le

« service militaire, mais nous devons à Dieu l'inno-
« cence ; nous recevons de vous la paie ; il nous a donné
« la vie. Nous ne pouvons vous obéir en renonçant à
« Dieu, notre Créateur, notre Maître et le vôtre. Si l'on
« ne nous demande rien qui l'offense, nous vous obéi-
« rons comme nous avons fait jusqu'à présent : autre-
« ment nous lui obéirons plutôt qu'à vous. Nous avons
« fait serment à Dieu avant de le faire à l'empereur, et
« vous devriez vous défier de nous et de notre fidélité
« si nous violions la promesse que nous avons faite à
« Dieu. »

Cette courageuse remontrance ne fit qu'irriter Maximien, et il en devint plus furieux contre ceux qui
avaient osé la lui faire. Désespérant d'ébranler leur
constance, il les fit investir par son armée, qui les
massacra. On n'en vit pas un seul faire la moindre
résistance : tous mirent bas les armes, et se laissèrent tranquillement immoler par les soldats païens.
Cependant, ils étaient assez nombreux et assez bien
armés pour pouvoir, du moins, vendre chèrement
leur vie ; mais ils savaient qu'en rendant à Dieu ce
qui est à Dieu, il faut aussi rendre à César ce qui est
à César ; et, fidèles aux maximes de leur religion,
ils se firent un devoir de préférer le martyre au crime
de rébellion.

— Un indien très-attaché au culte des idoles comprit enfin qu'il était dans l'erreur, et, s'étant fait instruire des mystères de notre sainte religion, il demanda et reçut le baptême. Sa conversion fut si parfaite qu'il ne s'occupa plus que des œuvres de piété.
Quelques mois après son baptême, le missionnaire le
fit venir pour le disposer à faire sa première confession. Le néophyte parut extrêmement surpris lorsqu'on lui expliqua la manière dont il devait se con-

fesser. « Mon père, dit-il, lorsque dans les instruc-
« tions que j'ai reçues, vous m'avez parlé de la con-
« fession de mes péchés, j'ai compris qu'il s'agissait
« de ceux que j'avais commis avant le baptême, afin
« d'en concevoir plus d'horreur. Mais vous me dites
« maintenant qu'il faut déclarer encore ceux qu'on a
« commis après le baptême. Eh quoi ! mon père,
« est-il donc possible qu'un homme régénéré dans
« ces eaux salutaires soit capable de violer la loi
« de Dieu ? Est-il possible qu'après avoir reçu une
« si grande grâce, il soit assez malheureux que de la
« perdre, et assez ingrat pour offenser Celui de qui
« il l'a reçue ? »

L'idée que ce néophyte indien se formait de la
sainteté du Christianisme est bien capable de confon-
dre une infinité de chrétiens d'Europe, qui, ayant
comme sucé avec le lait les maximes de la loi de
Dieu, l'observent néanmoins si mal.

*Montrez que l'observance fidèle de la loi de Dieu est la
meilleure preuve que nous l'aimons. — Pourquoi la volonté
de l'homme doit-elle être soumise à Dieu? — Pourquoi
dites-vous que l'homme est libre? — Quelle conséquence
découle de la liberté? — Pourquoi dites-vous que l'homme
n'est pas indépendant? — Où se trouve contenue la loi de
Dieu? — A qui et comment fut donné le Décalogue? —
Les dix commandements obligent-ils tous les hommes, et
pourquoi? — La loi de Dieu ne comprend-elle que les dix
commandements? — Comment s'appelle le discours de Jésus-
Christ rapporté dans les chapitres V, VI et VII de saint
Mathieu? — Pourquoi lui a-t-on donné ce nom? — Que
fait Notre-Seigneur dans ce discours? — Que concluez-
vous de la manière dont la loi nouvelle fut publiée sur la
montagne? — Qu'est-ce que J.-C. entend par son joug, et*

que nous promet-il pour nous engager à le porter? — Quelles instructions pouvons-nous tirer de l'histoire de la légion Thébéenne et de celle de l'Indien converti?

CHAPITRE II.

SECOND DEVOIR : RESPECTER LE SAINT NOM DE DIEU.

« Vous ne prendrez pas en vain le Nom du Sei-
« gneur votre Dieu ; car le Seigneur ne tiendra pas
« pour innocent celui qui aura pris son Nom en vain.»
Ce sont les paroles que Dieu prononça sur la montagne du Sinaï, et par lesquelles il nous fait assez
comprendre le respect qu'il exige pour son saint Nom.
Et afin que nous soyions moins exposés à y manquer,
il nous avertit, par la bouche du Sage, de ne pas
mêler trop facilement son Nom à nos conversations
ordinaires : « Que le Nom de Dieu ne soit pas sans
« cesse dans votre bouche ; car, comme un esclave
« qu'on met sans cesse à la torture en porte toujours
« les marques, ainsi tout homme qui jure et qui
« nomme sans cesse le Nom de Dieu, ne sera point
« pur ni exempt du péché. »
Si nous voulons connaître la raison de ce respect,
nous la trouvons dans ces paroles de l'Esprit-Saint:
« Le Nom du Seigneur est saint et terrible ; il est
« grand parmi les nations, depuis le lever du soleil
« jusqu'au couchant ; il est admirable dans toute la
« terre ; il mérite d'être béni et loué dès maintenant
« et dans tous les siècles.» Aussi le prophète invite-t-
« il les rois de la terre et tous les peuples, les princes
« et tous les juges de la terre, les jeunes hommes
« et les jeunes filles, les vieillards et les enfants, à
« louer le Nom du Seigneur, parce qu'il n'y a que
« lui dont le Nom soit vraiment grand et élevé.»

Le respect pour le saint Nom de Dieu demande que nous évitions de le répéter souvent et sans raison, et que nous ne le prononcions pas avec légèreté, mais d'un air qui montre que nous savons le distinguer d'un nom vulgaire. On rapporte de Newton, l'un des plus grands génies du siècle dernier, qu'il n'entendait jamais prononcer le nom de Dieu sans faire une inclination profonde. Ce serait se rendre coupable d'irrévérence que de proférer ce saint Nom par colère, comme il n'arrive que trop souvent ; surtout si on l'accompagnait de quelque expression injurieuse, si on l'invoquait pour assurer le mensonge ou des bagatelles, pour faire des imprécations contre soi-même ou contre les autres, pour promettre une chose mauvaise ou qu'on n'aurait pas l'intention de faire.

Ce que nous venons de dire s'applique naturellement au Nom sacré de Jésus, Nom digne à tous égards de nos respects et de notre vénération ; car c'est le plus auguste et le plus admirable qui ait jamais été donné. « Dieu, dit saint Paul, a donné à « Jésus-Christ un Nom qui est au dessus de tout « nom, afin qu'au Nom de Jésus, tout genou flé- « chisse dans le ciel, sur la terre et dans les en- « fers. » C'est aussi le Nom le plus doux et le plus consolant pour nous, puisque, par sa signification, il rappelle le mystère auguste de la Rédemption ; et saint Pierre nous avertit que « nul autre Nom sous « le ciel n'a été donné aux hommes par lequel nous « devions être sauvés. » C'est donc dans ce Nom divin, apporté du ciel par un ange, que repose toute notre espérance de salut. Aussi l'Église l'environne-t-elle de tant d'hommages et d'amour, qu'elle en fait l'objet d'une fête particulière, montrant par sa conduite à ses enfants ce qu'ils doivent sentir eux-mêmes pour le saint Nom de Jésus.

Notre Père, qui êtes au cieux, que votre Nom soit sanctifié ! C'est la prière que je vous adresse tous les jours, Seigneur ; c'est le vœu que je forme pour votre gloire. Oui, mon désir sincère est que votre Nom soit connu par toute la terre, qu'il soit béni et glorifié ; que tous le prononcent avec le respect et l'invoquent avec confiance. Mais cette prière serait une insulte dans ma bouche si je faisais le contraire de ce que je vous demande, si j'outrageais votre saint Nom par une conduite ou des discours qui le déshonorent, si je le blasphémais ou faisais blasphémer par les autres. Ne le permettez pas, ô mon Dieu ! Faites, au contraire, que mes paroles et mes actions tendent toujours à sanctifier votre Nom en moi, comme je désire le voir sanctifier par les autres. Daignez aussi graver profondément dans mon cœur le doux Nom de Jésus ; que je l'invoque souvent avec foi, afin qu'il soit ma consolation dans mes peines, ma force au milieu des combats de la vie, mon espérance au moment de la mort.

Histoire.

— Sennachérib, roi d'Assyrie, ayant formé le projet de s'emparer de Jérusalem, essaya d'intimider par la menace le roi Ezéchias, afin de l'engager à se soumettre. Il lui écrivit, en conséquence, des lettres pleines de blasphèmes contre Dieu, dans lesquelles il lui disait : « Prenez garde de vous laisser séduire par « votre Dieu, en qui vous mettez votre confiance, et « ne dites pas : Jérusalem ne sera point livrée entre « les mains du roi d'Assyrie ; car vous avez appris « vous-même ce que les rois des Assyriens ont fait à « toutes les nations, et de quelle manière ils les ont « ruinées ; serez-vous donc le seul qui pourrez vous

« en sauver ? Les dieux des nations ont-ils délivré
« les peuples que nos pères ont ravagés ? » Ézéchias,
ayant reçu la lettre de Sennachérib de la main des
ambassadeurs, la lut, vint dans le temple, étendit la
lettre devant le Seigneur, et fit sa prière devant lui
en ces termes : « Seigneur des armées, Dieu d'Israël,
« qui êtes assis sur les chérubins, c'est vous seul qui
« êtes le Dieu de tous les rois du monde ; c'est vous
« qui avez fait le ciel et la terre. Prêtez l'oreille et
« écoutez ; ouvrez les yeux, Seigneur, et considérez :
« écoutez toutes les paroles de Sennachérib, qui a en-
« voyé ses ambassadeurs pour blasphémer devant
« nous le Dieu vivant. Il est vrai, Seigneur, que les rois
« des Assyriens ont détruit les nations, qu'ils ont ra-
« vagé toutes leurs terres, et qu'ils ont jeté leurs dieux
« dans le feu et les ont exterminés, parce que ce
« n'étaient pas des dieux, mais des images de bois
« et de pierre faites par la main des hommes. Sau-
« vez-nous donc maintenant, Seigneur, notre Dieu,
« des mains de ce roi, afin que tous les royaumes de
« la terre sachent que c'est vous seul qui êtes le Sei-
« gneur Dieu. »
Alors Isaïe, fils d'Amos, envoya dire à Ezéchias :
« Voici ce que dit le Seigneur, le Dieu d'Israël : J'ai
« entendu la prière que vous m'avez faite touchant
« Sennachérib, roi des Assyriens. Voici ce que le
« Seigneur a dit de lui : Qui penses-tu avoir insulté ?
« Contre qui crois-tu avoir blasphémé ? Contre qui
« as-tu haussé la voix et élevé tes yeux insolents ?
« C'est contre le saint d'Israël. Tu as blasphémé le
« Seigneur par tes serviteurs ; tu m'as attaqué par
« ton insolence, et le bruit de ton orgueil est monté
« jusqu'à mes oreilles. Je te mettrai donc un cercle
« au nez et un mors à la bouche, et je te ferai retour-

« ner par le même chemin par lequel tu es venu. »
Cette même nuit, l'ange du Seigneur vint dans le camp des Assyriens et y tua cent quatre-vingt-cinq mille hommes ; Sennachérib, roi des Assyriens, s'étant levé au point du jour, vit tous ces corps morts, et il s'en retourna aussitôt. Il se retira en son pays et se rendit à Ninive. Un jour qu'il adorait Nesroch, son Dieu, dans son temple, deux de ses fils, Adramélech et Sarazar, le tuèrent à coups d'épée. Ils s'enfuirent en Arménie, et Asarhabdon, un autre de ses fils, régna en sa place.

— Un enfant de la ville de Namur donna, dans une circonstance, une preuve bien touchante de sa foi. Un jour qu'il rentrait un peu tard après la classe, son père, tout en colère, l'en reprit vivement en jurant le nom de Dieu. Le pauvre enfant, déconcerté d'avoir donné lieu à ces blasphèmes, se jeta à ses genoux et lui dit : « Mon papa, battez-moi, mais ne jurez plus. » Le père, interdit en voyant l'horreur que son enfant témoignait de la profanation du saint Nom de Dieu, profita de la leçon et n'osa plus blasphémer. — Que de fautes des enfants chrétiens pourraient faire éviter à leurs parents !

— Il existe en Angleterre un monument qui éternise le souvenir d'un parjure puni subitement et d'une manière éclatante. Une femme avait acheté des légumes ; comme on vit qu'elle ne payait pas, on lui demanda la modique somme qu'elle devait : « Que Dieu me donne la mort, dit-elle, si je n'ai pas payé ! » Et tout à coup elle fut frappée de mort. Les magistrats arrivent : on trouve dans la main de cette malheureuse femme l'argent qu'elle avait juré avoir donné. Le gouvernement fit élever un monument dans le lieu même, et ce fut pour la postérité une grande leçon contre le parjure.

— Un jour, saint Pierre et saint Jean montèrent
au temple pour assister à la prière de la neuvième
heure. Et il y avait un homme boiteux dès le sein de
sa mère que l'on portait et que l'on mettait tous les
jours à la porte du temple qu'on appelle la *Belle Porte*
afin qu'il demandât l'aumône à ceux qui y entraient.
Cet homme, voyant Pierre et Jean qui allaient entrer
dans le temple, les priait de lui donner quelque chose.
Et Pierre, qui était accompagné de Jean, arrêtant sa
vue sur ce pauvre, lui dit : « Regardez-nous. » Il les
regardait donc attentivement, espérant qu'il allait
recevoir quelque chose d'eux. Alors Pierre lui dit :
« Je n'ai ni or ni argent, mais ce que j'ai je vous le
« donne : au Nom de Jésus-Christ de Nazareth, levez-
« vous et marchez. » Et l'ayant pris, en même temps,
par la main droite, il le leva ; et aussitôt ses jambes
et ses pieds s'affermirent, et, faisant un saut, il se tint
debout et marcha ; en sorte qu'il entra avec eux dans
le temple, marchant, sautant et louant Dieu. Tout le
peuple le vit marcher et louer Dieu de sa guérison ;
et, reconnaissant tous que c'était celui-là même qui
avait coutume d'être assis à la *Porte* du temple, dite
la *Belle*, pour demander l'aumône, ils furent remplis
d'étonnement et d'admiration de ce qui lui était arrivé.
Et comme il tenait par la main Pierre et Jean tout le
peuple, étonné du prodige qu'ils venaient d'opérer,
courut vers eux à la galerie qu'on nomme *Galerie de
Salomon*. Ce que Pierre voyant, il dit au peuple :
« O Israélites ! pourquoi vous étonnez-vous de ceci,
« et pourquoi nous regardez-vous avec admiration,
« comme si c'était par notre puissance ou par notre
« vertu que nous eussions fait marcher ce boiteux ?
« Le Dieu d'Abraham, le Dieu d'Isaac et le Dieu de
« Jacob a glorifié, dans cette occasion, son fils Jésus,

« que vous avez livré et renoncé devant Pilate, lors-
« que ce gouverneur avait jugé qu'il devait le ren-
« voyer absous. C'est par la puissance de son Nom,
« c'est par la foi en son Nom qu'ont été raffermis les
« pieds de cet homme que vous avez vu boiteux et que
« vous connaissez ; et c'est cette foi qu'on a en lui
« et qui vient de lui, qui a opéré devant vous tous
« le miracle d'une si parfaite guérison. »

A la suite de ce miracle et de la prédication de saint Pierre, cinq mille hommes se convertirent.

QUESTIONNAIRE.

Qu'est-ce que Dieu nous commande par rapport à son saint Nom ? — Quelle est la raison de ce respect? — Qu'exige de nous le respect dû au Nom de Dieu? — Qu'est-ce que l'histoire rapporte de Newton ? — Comment peut-on manquer de respect au Nom de Dieu? — Pourquoi le nom de Jésus est-il digne de toute notre vénération? — Pourquoi est-il si consolant pour nous? — Qu'a fait l'église en témoignage de son respect pour le Nom de Jésus ? — En quoi consiste l'outrage fait par Sennachérib au nom de Dieu? — Comment le père de l'enfant dont il est parlé dans la seconde histoire manquait-il de respect au Nom de Dieu? — Comment la femme frappée de mort subite s'était-elle rendue coupable de parjure? — Que faut-il conclure du miracle opéré par saint Pierre à la porte du temple de Jérusalem.

CHAPITRE III.

TROISIÈME DEVOIR : SANCTIFIER LE JOUR DU SEIGNEUR.

Tous les jours appartiennent au Seigneur, parce qu'il les a tous faits ; par conséquent, il n'en est aucun que nous ne devions rapporter à sa gloire. Mais il s'en est réservé spécialement un chaque semaine,

et il veut que nous le consacrions d'une manière plus
particulière à son service. Les autres jours, nous devons travailler pour le Seigneur ; mais ce jour-là,
nous devons nous reposer dans le Seigneur.

La loi naturelle ordonne de réserver un certain
temps pour des exercices religieux, afin de renouveler et de ranimer en nous les sentiments d'adoration,
d'amour et de reconnaissance dont nous devons être
pénétrés envers Dieu. Aussi voyons-nous que tous les
peuples ont eu des jours consacrés au culte des divi-
nités qu'ils adoraient. Mais la loi naturelle ne déter-
mine pas un moment plutôt qu'un autre ; c'est Dieu
qui, par un commandement positif, a réglé que ce
serait le dernier jour de la semaine, appelé *sabbat*.
Il a béni et sanctifié ce jour, pour consacrer dans
l'esprit des hommes la mémoire du grand ouvrage de
la création et du repos mystérieux dans lequel il est
entré après la production de toutes les créatures, et
pour leur faire honorer ce saint repos. Ce précepte
de la sanctification du septième jour fut promulgué
aussitôt après la création de l'univers, et il est aussi
ancien que le monde. Quand Dieu publia la loi sur le
mont Sinaï, il n'a donc fait que le renouveler ; aussi
ne l'a-t-il pas annoncé comme un précepte nouveau
qu'il établissait pour la première fois, mais comme le
renouvellement d'un précepte ancien, connu et observé de tout temps, et qui déjà peut-être commençait à s'oublier, au moins dans la pratique. C'est
ce que semblent indiquer ces paroles : *Souvenez-vous
de sanctifier le jour du sabbat.*

Les Apôtres, usant de la plénitude du pouvoir qui
leur avait été donné par Jésus-Christ, et se confor-
mant à son intention et aux ordres qu'ils en avaient
reçu, ont transféré le culte et la solennité du sabbat

au premier jour de la semaine, qu'ils ont appelé le *jour du Seigneur* par excellence, et qui est devenu pour le peuple chrétien plus mémorable et plus précieux que le sabbat antique, parce que c'est en ce jour que Jésus-Christ, après les travaux et les souffrances de sa vie mortelle, est entré par sa résurrection dans son repos éternel, et que l'Eglise chrétienne a été formée par la descente du Saint-Esprit. Il faut donc, en ce saint jour, s'abstenir de toute œuvre servile, et vaquer au service de Dieu, en s'appliquant à des exercices de piété et de religion.

En ordonnant ainsi la sanctification d'un jour par semaine, Dieu, sans doute, s'est proposé sa gloire, qui est la fin première de toutes ses œuvres ; mais il avait aussi en vue le bien de l'homme, tant pour le corps que pour l'âme.

Premièrement pour le corps. — Dans le paradis terrestre, le travail était un agréable passe-temps ; mais après le péché, il est devenu une punition. Adam coupable entendit la voix de Dieu prononcer contre lui cet arrêt : *Tu mangeras ton pain à la sueur de ton front !* Toutefois, en punissant l'homme, Dieu n'a pas voulu l'accabler ni le soumettre à des fatigues trop grandes pour sa faiblesse ; il sait que les forces ordinaires de la nature permettent un travail d'une certaine durée, mais qu'ensuite elles ont besoin de se réparer par le repos, parce qu'un exercice trop prolongé finirait par les épuiser avant le temps. C'est pourquoi il a bien voulu, dans sa bonté, accorder un jour de relâche par semaine ; il a même fait de ce repos une obligation rigoureuse ; et pour que la crainte de manquer du nécessaire ne portât jamais l'homme à enfreindre la loi sur ce point, il a montré, par des exemples frappants, qu'il bénirait le travail de six jours, afin qu'il pût suffire à tous les besoins de la vie pour les sept jours de la semaine. Ces exemples nous sont fournis par l'histoire du peuple juif. Ainsi la manne ne tombait pas dans le désert le jour du sabbat ; il fallait en recueillir la veille une quantité suffisante pour deux jours, et elle ne se corrompait pas pendant ce temps, tandis qu'elle se gâtait les autres jours si on la gardait jusque au lendemain. Une fois entrés dans la terre promise, les Juifs, d'après l'ordre de Dieu, devaient observer l'année sabbatique, c'est-à-dire que chaque septième année ils devaient laisser la terre se reposer, ne cultivant ni leurs champs, ni leurs vignes, ni leurs plants d'oliviers. Ils vivaient, pendant cette année, des provisions faites les années précédentes, et nous ne voyons pas que le repos de la septième année ait jamais amené de disette chez ce peuple.

C'est donc à tort qu'on chercherait à excuser l'infraction de la loi divine en disant qu'il faut manger le dimanche aussi bien que les autres jours. Dieu le savait bien quand il défendait le travail ; aussi se proposait-il de répandre une bénédiction particulière sur ceux qui observeraient sa loi. En effet, on ne pourrait pas citer une famille, un individu qui se soit appauvri par suite de sa fidélité à garder le repos du dimanche. Il est facile, au contraire, de prouver et de comprendre combien une conduite opposée peut attirer de calamités et de revers ; car que produira le travail de l'homme si Dieu ne le bénit pas ? C'est lui qui tient entre ses mains la nature et tous ses secrets ; c'est lui qui est le maître du soleil et de la pluie : il peut, à son gré, envoyer le calme ou la tempête, faire germer le grain dans le sein de la terre ou le laisser périr, détruire en un instant par la grêle, par

des inondations, par des insectes, par mille autres
accidents qu'il tient comme en réserve dans les trésors
de sa justice, des récoltes qui, peu auparavant, donnaient de si belles espérances. D'autres fois ce seront
des pertes, des maladies qui auront bientôt absorbé
des épargnes produites par un travail qu'il réprouvait.
Aussi nous ne voyons pas que le travail du dimanche,
malheureusement si commun de nos jours, ait amené
plus d'aisance dans les familles ni dans la société.

D'ailleurs, ceux qui repoussent le repos consacré
par la loi divine sont, pour la plupart, en contradiction avec eux-mêmes. Car, s'ils veulent travailler le
dimanche sous prétexte qu'il faut vivre et se nourrir
ce jour-là comme le reste de la semaine, ils ne veulent pas moins un jour de repos, et c'est ordinairement le lundi qu'ils choisissent. Ils trouvent bien dans
le travail des jours précédents, de quoi subvenir à
leurs besoins et à leurs plaisirs pendant ce jour qu'ils
donnent au repos. Puisqu'ils sentent le besoin d'un
temps de relâche, pourquoi ne suivent-ils pas l'ordre
que la sagesse de Dieu a cru devoir établir ? On ne
les verrait pas du moins, après avoir scandalisé, le
dimanche, par leur travail, scandaliser encore, le
lundi, par des orgies dans lesquelles ils dépensent en
débauches et en excès ce qu'ils ont pu gagner pendant la semaine.

Le repos du dimanche est donc utile à l'homme
pour son corps ; il ne l'est pas moins pour son âme.

Le travail fournit, il est vrai, de la nourriture et des
vêtements ; mais l'homme ne vit pas seulement de
pain : il faut à son âme un aliment qui soit plus en
rapport avec sa nature et avec ses sublimes destinées.
L'âme est faite pour connaître, aimer et servir Dieu sur
la terre, afin de le posséder un jour éternellement

dans le ciel : et le salut est pour elle le *seul nécessaire*, auquel il lui importe de s'appliquer d'autant plus sérieusement, que, si elle vient à le manquer, elle ne trouvera rien qui puisse en réparer la perte. Or, pendant le cours de la semaine, absorbée par les sollicitudes de la vie, toute remplie des soins d'ici-bas, elle oublierait bientôt sa fin dernière s'il n'y avait pas un jour de repos qui vînt la rappeler à elle-même, la porter vers Dieu par quelque pratique religieuse qui l'élève au-dessus de la terre et ravive en elle le souvenir et l'amour des choses de l'autre vie. Aussi, l'expérience nous montre que les individus ou les peuples qui cessent de sanctifier le dimanche vont en se dégradant ; que la foi et la piété se perdent chez eux, et qu'ils deviennent bientôt semblables aux païens, tout concentrés dans les biens du temps, et n'ayant plus d'autre règle de conduite que l'ambition, l'avarice et la volupté.

C'est par bonté, Seigneur, que vous avez dispensé l'homme un jour par semaine, du travail auquel vous l'avez condamné en punition de son péché. Pourquoi donc se trouve-t-il tant d'ingrats qui repoussent le bienfait que vous leur présentez, que vous les obligez même à recevoir par un commandement si formel ? Ne permettez pas que je sois jamais du nombre de ces aveugles qui méconnaissent leurs véritables intérêts du temps et de l'éternité. Toute ma vie je garderai le saint repos du dimanche, et je le ferai garder par tous ceux qui pourront dépendre de moi. Après avoir pourvu, pendant six jours de la semaine, aux besoins de la vie présente, il est bien juste, ô mon Dieu ! que je consacre le dimanche à vous honorer plus particulièrement et à m'occuper plus sérieusement de la grande affaire de mon salut éternel.

Histoires.

— Les enfants d'Israël étant dans le désert, il arriva qu'ils trouvèrent un homme qui ramassait du bois le jour du sabbat ; et, l'ayant présenté à Moïse, à Araon et à tout le peuple, ils le firent mettre en prison, ne sachant ce qu'ils devaient en faire, jusqu'à ce que Moïse eût consulté le Seigneur. Alors le Seigneur dit à Moïse : « Que cet homme soit puni de mort, et que tout le peuple le lapide hors du camp. » Ils le firent donc sortir du camp et le lapidèrent ; et il mourut, selon que le Seigneur l'avait commandé, parce qu'il avait profané le sabbat.

— Un meunier de la paroisse de Saint-Jean-de-Corcoué, dans la Vendée, qui avait donné dans tous les excès de la Révolution, et qui de plus était possédé du démon de l'avarice, ne manquait presque jamais de travailler le dimanche ; souvent pendant la grand'-messe et les offices, il faisait aller son moulin. Un jour de fête solennelle, au lieu d'aller à l'église, il était encore à travailler à midi ; mais ce fut pour la dernière fois qu'il profana le jour du Seigneur, car il trouva la mort dans son péché. En sortant de chez lui, le matin, il s'était plaint de ce qu'il ne faisait pas de vent, et avait ajouté : « Je m'en vais toujours mettre notre moulin en état de tourner et de profiter de la première brise. » Il attendit là plusieurs heures ; il vit les paysans se rendre à l'église et se cacha, car il savait qu'il faisait mal. Quand ils furent tous passés, il descendit ; debout, près de la butte, il regardait les nuages. Tout-à-coup le vent s'éleva ; il ne servit qu'à faire tourner une fois les ailes du moulin, dont les extrémités vinrent frapper le meunier ; et le souffle subit s'arrêta aussitôt que le transgresseur de la loi divine eut été jeté expirant à vingt pas. Sa femme, étonnée et inquiète de ne pas le voir revenir, alla le chercher vers le soir, et le trouva mort, étendu par terre, ayant tout un côté du corps enfoncé par les ailes du moulin. Cette mort produisit un grand effet dans le pays, et tout le monde la regarda comme une punition du Ciel.

— Pendant sa vie mortelle, Jésus-Christ a observé le sabbat avec la fidélité la plus scrupuleuse, pour nous servir de modèle. Voici ce qu'il faisait à cet égard : Dans les jours de son enfance, il se rendait, avec la sainte Vierge et saint Joseph, au temple de Jérusalem. Il conserva cette pieuse coutume pendant tout le reste de sa vie, et il se conformait avec exactitude à tout ce que prescrivait la loi : il priait, faisait des offrandes, et ne se permettait rien qui eût pu avoir l'air de la plus légère transgression. N'étant encore âgé que de 12 ans, il s'entretenait déjà avec les docteurs et leur proposait diverses questions. C'est ainsi qu'il sanctifiait le sabbat dès son enfance. Lorsqu'il fut plus avancé en âge, il se rendait, les jours de sabbat, dans les synagogues. Là, il lisait l'Ecriture sainte, l'expliquait aux juifs, et leur faisait des instructions dont ils ne pouvaient s'empêcher d'admirer la sagesse. Il guérissait aussi les malades, les boiteux, les paralytiques, les aveugles, et soulageait tous ceux qui avaient recours à lui. C'est dans la pratique de ces bonnes œuvres qu'il passait la journée du sabbat.

— Les persécutions n'empêchaient pas toujours les chrétiens de se rendre, les jours de dimanche, aux assemblées des fidèles. Une vierge chrétienne, nommée Anysie, s'y rendait lorsqu'un garde de l'empereur Dioclétien, l'apercevant, alla au-devant d'elle et lui dit « Demeure là ; où vas-tu ? » Anysie, craignant qu'il ne l'insultât, fit sur son front le signe de la croix pour se recommander à Dieu. Le soldat se trouva offensé de ce qu'elle ne répondait que par un tel signe à la question qu'il lui faisait. Il mit la main sur elle et lui dit avec colère : « Réponds ; qui es-tu et où vas-tu ? » Elle lui répondit courageusement : « Je suis servante de Jésus-Christ, et je vais à l'assemblée du Seigneur. » — « Je t'empêcherai bien d'y aller, repartit le soldat ; je t'emmènerai sacrifier aux dieux : nous adorons aujourd'hui le soleil. » En disant ces mots, il lui arracha le voile dont son visage, était couvert. Anysie tâcha de l'empêcher, et, lui soufflant au visage, elle lui dit : « Va, misérable ! Jésus-Christ te punira. » Le soldat devint alors si furieux, qu'il la perça de son épée. Elle tomba par terre, son corps fut baigné dans son sang, mais son âme fut couronnée de gloire dans le ciel.

QUESTIONNAIRE.

Est-ce la loi naturelle qui nous ordonne de consacrer au Seigneur un jour de chaque semaine? — Quand Dieu a-t-il fait ce précepte? — Quand l'a-t-il renouvelé solennellement? — Pourquoi a-t-il désigné le dernier jour de la semaine, appelé sabbat, de préférence à tout autre?— Pour quelle raison les Apôtres ont-ils remplacé ce jour par le dimanche? — En avaient-ils le pouvoir? — Que faut-il faire pour sanctifier ce saint jour? — Montrez que ce jour de repos est un bienfait de Dieu. — Mais l'homme n'a-t-il pas à craindre de manquer du nécessaire s'il reste chaque semaine un jour sans travailler? — A quoi s'exposent ceux qui ne veulent pas garder le saint repos du dimanche, sous prétexte qu'il faut manger ce jour-là comme le reste de la semaine?— Montrez comment ils sont souvent en contradiction avec eux-mêmes. — En quoi le repos du dimanche est-il utile pour l'âme? — Que voit-on chez les individus

*et chez les peuples qui cessent de sanctifier le dimanche?
— Que devons-nous conclure de l'histoire du juif qui ramassait du bois le jour du sabbat; et de celle du meunier?
— Quelles résolutions doit nous inspirer la manière dont Notre-Seigneur sanctifiait les jours du sabbat? — Que nous apprend le courage de la vierge Anysie se rendant, le dimanche, aux assemblées des fidèles, malgré la persécution?*

CHAPITRE IV.

QUATRIÈME DEVOIR : RESPECTER LES PERSONNES ET LES CHOSES CONSACRÉES AU CULTE DE DIEU.

Rendre un culte à Dieu, c'est pour l'homme un devoir sacré. Mais il ne suffit pas, avons-nous dit, que ce culte soit intérieur ; il doit être extérieur et public.

Il devra donc être manifesté en dehors par des signes et par des pratiques religieuses, telles par exemple, que le saint sacrifice de la messe, les sacrements et les différents offices en usage dans l'Eglise. Mais ces pratiques et ces offices exigent d'abord des lieux de réunion où les fidèles puissent s'assembler pour y adorer Dieu en commun : ce sont les églises. Il faut, de plus, qu'il y ait des personnes spécialement chargées de rendre à Dieu ces hommages publics ; car, si chacun peut et doit prier, chacun ne peut pas venir invoquer Dieu solennellement au nom de tous, à moins qu'il n'ait reçu mission à cet effet. Or, cette mission est confiée aux prêtres, que leur vocation sainte place auprès de Dieu afin qu'ils lui offrent des dons et des sacrifices pour les hommes. Les besoins ou les convenances du culte nécessitent, en outre, l'emploi d'ornements, de linges et de vases sacrés, et d'autres objets qui, par l'usage habituel qu'on en fait, se trouvent spécialement affectés au service divin. Enfin, il est nécessaire que le culte soit accompagné d'un certain appareil qui en règle la forme, en inspire le respect et en relève la majesté aux yeux des peuples : c'est ce que font les cérémonies.

Ainsi, nous pouvons rattacher au culte extérieur non-seulement la sainte messe, les sacrements et les prières publiques, qui en sont la partie essentielle, mais encore les églises, qui en sont le siége principal, les prêtres qui en sont les ministres, les vases sacrés, qui en sont la règle et la forme. En nous présentant le culte dû à Dieu comme notre premier devoir, comme un objet digne de toute notre vénération, la religion nous recommande en même temps de respecter tout ce qui se rapporte à ce culte.

Elle veut donc 1° que nous respections les églises. C'est là que s'opèrent les redoutables mystères auxquels les anges n'assistent qu'en tremblant ; c'est là que s'administrent les sacrements, que se distribue le pain de la parole divine ; c'est là, enfin, que Jésus-Christ s'est choisi une demeure pour habiter parmi nous. Ainsi, ne confondons pas la maison de Dieu avec les maisons des hommes, dans lesquelles il est permis de parler, de manger et de rire. Il faut, dans l'église, le respect intérieur du recueillement et de la piété, et le respect extérieur de la modestie et de la prière. C'est une irrévérence d'apporter dans le lieu saint un air dissipé, des regards errants de côté et d'autre, un maintien peu modeste, à plus forte raison d'y rire, d'y causer, de scandaliser et de troubler ceux qui prient, d'y venir pour voir et pour être vu, dans d'autres intentions plus coupables encore. En approchant d'une église, nous devrions nous rappeler ces paroles du Seigneur : « Tremblez devant mon sanctuaire. »

2° S'il faut respecter les églises à cause de leur destination toute sainte, de quelle vénération ne doit-on pas environner les prêtres à cause de leur caractère sacré et de leurs sublimes fonctions ! Ils sont auprès des peuples les ambassadeurs et les ministres de Jésus-Christ, les dispensateurs des mystères de Dieu. C'est entre leurs mains que Jésus-Christ s'incarne de nouveau tous les jours sur l'autel : c'est par leur entremise que Dieu répand ses grâces sur les hommes ; c'est par leur ministère que l'enfer est fermé et le ciel ouvert pour les pécheurs. Aussi Dieu ne peut-il supporter les insultes faites à ses prêtres ; il les ressent et les punit comme si elles s'adressaient directement à lui-même. « Celui qui vous méprise me méprise, di-« sait Jésus-Christ à ses Apôtres ; et celui qui me « méprise méprise Celui qui m'a envoyé. »

3° La conduite de l'Eglise, notre mère, est bien propre à nous inspirer un respect profond pour les différents objets destinés au culte. Ainsi elle veut qu'avant d'être employés au service divin, ils soient consacrés à cet usage par des prières et des bénédictions qui sont réservées à l'évêque ; car un prêtre, à moins qu'il n'en ait reçu le pouvoir spécial, ne peut bénir les ornements sacerdotaux, ni les nappes et les linges sacrés. Quant aux pierres d'autel et aux calices, l'évêque seul les consacre. De plus, elle défend à quiconque n'est pas dans les ordres sacrés de porter la main sur les vases et les linges qui touchent immédiatement les saintes espèces : tant est grand le respect qu'elle désire inspirer à ses enfants pour tout ce qui tient au culte de Dieu !

4° Les cérémonies ont pour but de régler le culte extérieur et de lui donner cette pompe qui est souvent nécessaire pour pouvoir parvenir jusqu'à l'âme en frappant les sens. Elles ne sont pas arbitraires, c'est l'Eglise qui les a établies, et elles ont pour la plupart une signification spirituelle ou morale : ainsi, le baisement du livre à la fin de l'évangile est un témoignage de la foi et de l'amour du prêtre pour les paroles saintes qu'il vient de lire. Alors même que les fidèles n'en comprennent pas le sens, il suffit qu'elles aient été réglées par l'Eglise pour mériter tout leur respect. Or, ce serait manquer à ce respect que de parler en plaisantant des cérémonies du culte, de les tourner en ridicule ou d'en faire des divertissements et des jeux.

Vous êtes grand, Seigneur, vous êtes saint ; et quelque chose de votre grandeur et de votre sainteté semble se répandre sur tout ce qui vous est consacré, et le rend par là digne de nos respects. Faites, ô mon Dieu! que la foi affermisse et rende de jour en jour plus vifs en moi les sentiments que votre grâce m'a déjà inspirés, afin qu'en toute rencontre je témoigne par ma conduite, par mes manières et par mes paroles, le respect le plus profond pour vos saints temples, pour vos ministres et pour tous les objets destinés à votre culte.

Histoires.

Jésus étant revenu à Jérusalem, entra dans le temple, d'où il chassa ceux qui y vendaient et qui y achetaient ; et il renversa les tables des changeurs et les bancs de ceux qui vendaient des colombes ; et il ne permettait pas que personne transportât aucun ustensile par le temple. Il les instruisait aussi en leur disant : « N'est-il pas écrit : Ma maison sera appelée la « maison de prière pour toutes les nations ? Et cependant vous en avez fait une caverne de voleurs ? »

— La princesse Hélène ayant miraculeusement retrouvé la croix de Jésus-Christ, enfouie depuis plus de trois cents ans, l'empereur Constantin, son fils, fut si comblé de joie par la découverte de ce riche trésor, qu'il fit aussitôt bâtir une superbe basilique dans le lieu même où elle avait été trouvée ; et il donna ordre à l'évêque Macaire de ne rien épargner pour en faire le plus bel édifice de l'univers. Il chargea Dracilien, vicaire des préfets et gouverneur de Palestine, de fournir tous les ouvriers et les matériaux que demanderait le prélat. Il envoya lui-même les pierreries, l'or et les plus beaux marbres. Voici la description de ce temple magnifique :

La façade, richement ornée, s'élevait sur un large parvis, et donnait entrée dans une vaste cour bordée de portiques à droite et à gauche. On entrait dans le temple par trois portes du côté de l'occident. Le bâtiment se divisait en trois corps, celui du milieu, que nous appelons la *nef*, et qu'on nommait proprement la *basilique*, était très-étendu dans ses dimensions et fort exhaussé. L'intérieur était incrusté des marbres les plus précieux ; au dehors, les pierres étaient si bien liées et d'un si beau poli, qu'elles rendaient l'éclat du marbre. Le plafond formé de planches exactement jointes, décoré de sculptures et revêtu entièrement d'un or très-éclatant et très-pur, semblait un océan de lumière suspendu sur toute la basilique. Le toit était couvert de plomb. Vers l'extrémité s'élevait un dôme soutenu sur douze colonnes, dont le nombre représentait celui des Apôtres ; sur les chapiteaux étaient placés autant de grands vases d'argent. De chaque côté de la basilique, s'étendait un portique dont la voûte était enrichie d'or. On avait pratiqué sous terre un autre portique qui répondait au supérieur dans toutes ses dimensions. De l'église, on passait dans une seconde cour pavée de belles pierres polies, autour de laquelle régnaient, des trois côtés, de longs portiques. Au bout de cette cour, était la chapelle du Saint-Sépulcre, où l'empereur s'était efforcé d'imiter, par l'éclat de l'or et des pierres précieuses, la splendeur dont avait brillé ce saint lieu au moment de la résurrection. Cet édifice, commencé sous les yeux d'Hélène, ne fut achevé et dédié que huit ans après. Il n'en reste plus de vestige, parce qu'il a été plusieurs fois ruiné.

— Un vieillard chinois vint un jour trouver le missionnaire qui était dans son village, pour lui témoigner l'extrême désir qu'il avait qu'on y construisît une église. « Votre zèle est louable, lui dit le Père, mais « je n'ai pas maintenant de quoi fournir à une pa- « reille dépense. — Je prétends bien la faire moi- « même, repartit le villageois. » Le missionnaire, accoutumé à le voir depuis plusieurs années mener une vie très-pauvre, le crut hors d'état d'accomplir ce qu'il promettait. Il loua de nouveau ses bonnes intentions, mais lui représenta que son village étant considérable, il y fallait bâtir une église aussi grande que celle qui était dans la ville voisine ; que, dans la suite, il pourrait y contribuer selon ses forces, mais que seul il ne pourrait suffire à de si grands frais. « Excusez-moi, reprit le paysan, je me crois à « même de faire ce que je me propose. — Mais sa- « vez-vous, répliqua le Père, que pour une pareille « entreprise, il faut au moins deux mille écus ? — « Je les ai tout prêts, répondit le vieillard, et si je ne « les avais pas, je n'aurais garde de vous importu- « ner par une semblable demande. » Le Père fût charmé d'apprendre que ce bonhomme, qu'il avait cru fort pauvre, se trouvât néanmoins avoir tant d'argent comptant et qu'il voulût l'employer si utilement. Mais il voulut savoir comment il avait pu se procurer cette somme, et le villageois lui répondit ingénument que, depuis quarante ans qu'il avait conçu ce dessein, il retranchait de sa nourriture et de son vêtement tout ce qui n'était pas absolument nécessaire, afin d'avoir la consolation, avant de mourir, de laisser dans son village une église élevée à la gloire du vrai Dieu. Puisse ce bel exemple animer les fidèles à contribuer, selon leurs forces, à la réparation et à l'ornement des églises.

— Vers l'an 1690, il y avait dans une paroisse du diocèse de Besançon deux libertins qui scandalisaient tous les habitants par leurs désordres. Le curé en avertit leurs pères, qui reçurent mal l'avis de leur pasteur. L'un d'eux poussa même l'insolence jusqu'à lui dire : « Monsieur le curé, mêlez-vous de dire vo-
« tre bréviaire, et ne vous mêlez pas de ce qui se fait
« chez moi ; il faut bien que *jeunesse se passe.* — Si
« je vous avertis des désordres de votre famille, lui
« dit le curé, c'est que mon devoir m'y oblige. Je
« suis chargé de l'âme de votre fils aussi bien que de
« la vôtre, et, par conséquent, je dois veiller sur sa
« conduite et vous avertir. Je vous parle en pasteur,
« et vous ne me parlez pas en chrétien ; prenez garde
« que Dieu ne vous punisse, ainsi que vos enfants,
« dont vous autorisez les désordres. »

Cet homme, loin de profiter de l'avis de son pasteur, publia dans la paroisse qu'il avait si bien répondu à son curé, que celui-ci ne s'aviserait plus de lui faire des réprimandes. C'était un samedi, et comme la chose devenait publique, le curé crut qu'il était de la prudence de donner, le lendemain, au prône, un avis à ce sujet. Il le fit avec beaucoup de modération, et dit dans son instruction qu'il estimait tous ses paroissiens ; que lorsqu'il était obligé de leur donner quelque avis en public ou en particulier, il les priait de croire que ce n'était pas pour leur faire de la peine, mais par charité et pour leur salut ; qu'au reste, quand on méprisait les avis d'un pasteur, Dieu en était très-offensé et punissait de tels mépris. Après la grand'messe, celui qui, la veille, avait si mal reçu les avis de son pasteur recommença ses invectives, disant que les prêtres n'avaient que des reproches à faire, mais qu'il s'en moquait. Les deux libertins passèrent le reste du jour au cabaret, du consentement de leurs pères ; et, pour braver le curé, ils firent plus de scandale que les autres fois. Mais Dieu mit fin à leur vie désordonnée par un châtiment exemplaire.

Le lendemain, le ciel menaçait d'un orage. Ces deux libertins, avec deux autres jeunes gens qui étaient très-sages, coururent à la tour de l'église pour sonner les cloches. Il se fit, dans le moment, un si grand coup de tonnerre, que tous les quatre, saisis de frayeur, se hâtèrent de quitter le clocher. Pendant qu'ils descendaient, le tonnerre tua les deux libertins, mais d'une manière qui fit comprendre que c'était une punition de Dieu. Voici comment la chose arriva. Le tonnerre, en tombant, après avoir fait plusieurs circuits, dans la tour, suivit les quatre jeunes gens le long de l'escalier : il épargna le premier, qui était sage, et frappa le second, qui était un des libertins ; il ne fit aucun mal au troisième, et vint tuer le quatrième, qui était l'autre libertin. Ensuite il entra dans l'église, où était la mère d'un de ces malheureux ; il enleva cette femme, la jeta contre le mur, et ne fit aucun mal aux autres personnes qui se trouvaient dans le lieu saint. A la vue d'un accident si extraordinaire, on reconnut la justice de Dieu, et les pères de ces libertins vinrent, fondant en larmes, demander pardon à leur pasteur.

— A l'une des époques les plus désastreuses de la révolution française, tous les prêtres du département de Seine-et-Oise furent arrêtés, entassés sur des chariots et conduits à Versailles. Renfermés dans des prisons, dénués de toute ressource, ils ne voyaient devant eux que la mort. Mais Dieu dont la providence nourrit les oiseaux du ciel, ne les abandonna pas : il inspira aux âmes fidèles de Versailles la charité qui crée des ressources ; les enfants surtout se distinguèrent par leurs soins touchants pour les confesseurs de la foi. Ils redemandaient à grands cris ceux qui les instruisaient, ceux qui depuis quelque temps les préparaient à la première communion. On les vit partager leur pain avec leurs pères spirituels et leur distribuer les assignats dont ils pouvaient disposer. Une jeune fille de dix à onze ans, n'ayant rien à offrir, imagina une ressource qui lui fournît le moyen de joindre son offrande à celle de ses compagnes. Elle avait de très-beaux cheveux ; suivant le premier mouvement de son cœur, elle entre chez un perruquier et lui propose de les lui vendre. Celui-ci, moins frappé de la beauté de ces cheveux et de l'avantage d'un pareil marché, que du sacrifice que veut en faire cette enfant : « Votre mère, lui dit-il, approuvera-t-elle « votre dessein ? — Ces cheveux sont ma propriété ; « n'ayez aucun scrupule : ma mère est si bonne!... « L'œuvre à laquelle j'en destine le prix m'ob- « tiendra mon pardon. » A ces mots, le perruquier n'insiste plus ; les cheveux sont coupés, et la jeune enfant, toute joyeuse, court en porter le prix aux prêtres emprisonnés.

— Balthasar, roi de Babylone, fit un grand festin à mille des plus grands de sa cour, et chacun y buvait selon son âge et selon ses forces. Le roi, étant donc déjà plein de vin et joignant l'impiété à la débauche, commanda qu'on apportât les vases d'or et d'argent que Nabuchodonosor, son grand-père, avait emportés du temple de Jérusalem, et qu'il avait consacrés au culte de Bélus, son Dieu. On apporta donc aussitôt les vases, et le roi but dedans, ainsi que ses femmes et les grands de sa cour. Ils buvaient du vin dans ces vases, et ils louaient leurs dieux d'or et d'argent, d'airain et de fer, de bois et de pierre, comme les vainqueurs du Dieu des juifs, à qui ils les avaient enlevés. Au même moment, on vit paraître des doigts et comme la main d'un homme qui écrivait près d'un flambeau, sur la muraille de la salle du roi ; et le roi voyait le mouvement des doigts de la main qui écrivait. Alors le visage du roi se bouleversa, son esprit fut saisi d'un grand trouble, ses reins défaillirent et ses genoux tremblants se choquaient l'un contre l'autre. Il poussa un grand cri, et ordonna qu'on fit venir les mages, les astrologues les plus habiles d'entre les Chaldéens et les augures ; mais aucun d'eux ne put ni lire cette écriture ni en dire l'interprétation. Alors, on appela le prophète Daniel, qui était du nombre des Juifs retenus captifs à Babylone, et le roi lui fit de magnifiques promesses pour l'engager à lire et à interpréter ce qui était écrit sur la muraille. Daniel répondit : « Gardez pour vous, ô roi, vos présents, et faites part à un autre des honneurs de votre maison ; je ne laisserai pas de vous lire cette écriture et de vous dire ce qu'elle signifie. Vous vous êtes élevé contre le Dominateur du ciel ; vous avez fait apporter devant vous les vases de sa mai-

« son sainte, et vous avez bu dedans, vous, vos
« femmes et les grands de votre cour. Vous avez loué,
« en même temps, vos dieux d'argent et d'or, d'airain
« et de fer, de bois et de pierre, qui ne voient pas,
« qui n'entendent pas et qui ne sentent pas ; et vous
« n'avez pas rendu gloire au Dieu qui tient dans sa
« main votre âme et tous les instants de votre vie.
« C'est pourquoi Dieu a envoyé les doigts de cette
« main qui a écrit ce qui est marqué sur la mu-
« raille. Or, voici ce qui est écrit : MANE, THECEL,
« PHARÈS. Et en voici l'interprétation : MANE, *nombre*:
« Dieu a compté les jours de votre règne, et il en a
« marqué l'accomplissement ; THECEL, *poids* : vous
« avez été pesé dans la balance, et on vous a trouvé
« trop léger ; PHARÈS *division* : votre royaume a été
« divisé, et il a été donné aux Mèdes et aux Perses. »
Cette même nuit, l'armée des Perses et des Mèdes
étant entrée dans Babylone, Balthasar, roi des Chaldéens, fut tué, et Darius, roi des Mèdes, lui succéda.

— Un jour que Philippe II, roi d'Espagne, était
sorti de Madrid pour se promener en voiture, il rencontra le vicaire d'une petite paroisse de campagne
qui, précédé d'un enfant, portait le saint Viatique à un
malade. Il descendit aussitôt de son carosse, et y fit
monter le prêtre, qu'il accompagna tête nue et la
main à la portière, jusqu'à ce qu'il fut arrivé chez le
malade. C'était un pauvre jardinier. Le prince assista
avec la plus grande dévotion à toute la cérémonie. Il
fit ensuite une aumône considérale à celui qu'on venait d'administrer, et, remontant dans son carosse
avec le prêtre, qu'il fit mettre, à la place la plus honorable, il le ramena jusqu'à l'église, imitant en cela
l'exemple d'un de ses illustres ancêtres, Rodolphe de
Habsbourg, tige de la maison d'Autriche. Ce prince,

étant à la chasse, rencontra un curé qui portait le Viatique. Il descendit de cheval, y fit monter le prêtre et conduisit lui-même le cheval par la bride.

QUESTIONNAIRE.

Combien de choses sont nécessaires pour les besoins ou les convenances du culte extérieur? — Pourquoi devons-nous respecter les églises? — En quoi consiste le respect qui leur est dû, et comment peut-on y manquer? — Comment la Religion nous fait-elle envisager les prêtres? — Qu'exigent de nous leur caractère sacré et leurs sublimes fonctions? — Sur qui retomberait le mépris qu'on aurait pour eux en leur qualité de prêtre? — Comment la conduite de l'Eglise est-elle propre à nous inspirer un respect profond pour les différents objets destinés au culte? — Quel est le but des cérémonies? — Pourquoi devons-nous les respecter? — Comment pourrions-nous manquer à ce respect? — Que faut-il conclure de la conduite de Jésus-Christ à l'égard des profanateurs du temple de Jérusalem? — Comment pouvons-nous imiter le zèle du bon vieillard chinois pour la maison de Dieu? — Que nous apprend la punition terrible de l'impie Balthasar? — En quoi l'action du roi d'Espagne, Philippe II, peut-elle nous servir de modèle?

II. — DEVOIRS DE L'HOMME ENVERS LUI-MÊME.

CHAPITRE V.

PREMIER DEVOIR : S'AIMER D'UN AMOUR BIEN RÉGLÉ.

Il est inutile de recommander à l'homme de s'aimer : l'amour de soi est un sentiment si profondément imprimé dans chacun de nous, que nous ne saurions nous en défaire. Mais ce sentiment a besoin d'être réglé, autrement il dégénérerait en abus et en vice.

Car il y a deux amours de soi : l'un bon et louable, l'autre mauvais et répréhensible.

L'amour que nous avons pour nous sera bon si, le réglant par la sagesse, nous le portons de préférence sur ce qui doit être aimé davantage. Ainsi l'âme, qui est toute spirituelle et faite à l'image de Dieu, est sans contredit préférable au corps, qui n'est que matière. Elle mérite donc d'être aimée davantage. Par conséquent il ne peut jamais être permis de préférer le bien du corps à celui de l'âme. Dès lors, que penser de ceux qui, tout entiers à leur corps, semblent ne vivre que pour lui, ne songent qu'à lui procurer de la nourriture, des vêtements, des plaisirs et toutes les jouissances qu'il désire, sans s'inquiéter du dommage qui peut en résulter pour leur âme ? Ils s'aiment, sans doute, mais d'un amour bien coupable, puisqu'il les porte à négliger, à sacrifier même ce qu'il y a de meilleur en eux.

Si nous nous aimions véritablement, nous nous appliquerions de tout notre pouvoir à ce qui peut nous rendre heureux ; car on ne saurait aimer quelqu'un sans lui désirer et sans chercher à lui procurer le bonheur. Mais la vertu seule peut nous rendre heureux dans ce monde en nous apportant la tranquillité d'une bonne conscience et dans l'autre en nous méritant les récompenses éternelles du ciel. Le péché, au contraire, fait naître dans l'âme le remords, qui la ronge et l'expose à des tourments qui ne doivent jamais finir. Le pécheur ne s'aime donc pas, puisqu'il se prépare un avenir si effrayant. C'est pourquoi l'ange Raphaël disait à Tobie : « Ceux qui commettent le péché et l'iniquité sont ennemis de leurs âmes. » La conduite toute différente du vrai chrétien, montre qu'il comprend bien mieux en quoi consiste l'amour qu'on doit avoir pour soi ; il sait quelles sont les suites terribles du péché pour celui qui le commet ; aussi le redoute-t-il plus que tout autre mal ; et quand il s'agit de l'éviter, il ne recule ni devant des efforts à faire, ni devant des privations à s'imposer, ni même devant des souffrances à endurer. Il paraît haïr son âme dans ce monde, mais c'est afin de la conserver pour la vie éternelle.

« Ne permettez pas, Seigneur, que je sois jamais du nombre de ces insensés qui, tout en paraissant s'aimer, sont si cruels envers eux-mêmes, puisqu'ils se font plus de mal qu'ils n'en pourraient jamais attendre de la haine et de la vengeance d'un ennemi. Je veux m'aimer non pas de cet amour aveugle qui fait préférer le corps à l'âme, le temps à l'éternité ; mais de cet amour sage et chrétien qui rend attentif et vigilant afin d'éviter les châtiments de l'autre vie et d'obtenir le bonheur promis à la vertu.

Histoires.

Martyre du saint vieillard Éléazard.

Le roi Antiochus voulut forcer les Juifs d'abandonner les lois de Dieu et celles de leur pays, et il exerça de grandes cruautés contre ceux qui résistèrent à ses ordres impies. Ce fut alors qu'Éléazard reçut la couronne du martyre. Ce vieillard, d'un visage vénérable, fut pressé de manger de la chair de pourceau, que la loi défendait aux Juifs ; et on voulut l'y contraindre en lui ouvrant la bouche par force. Mais il préféra une mort pleine de gloire à une vie criminelle, et alla volontairement et de lui-même au supplice. Regardant comme très-peu de chose ce qu'il lui faudrait souffrir en cette rencontre, et demeurant ferme dans

la patience, il résolut de ne rien faire contre la loi pour l'amour de la vie. Ceux qui étaient présents, touchés d'une injuste compassion à cause de l'ancienne amitié qu'ils avaient pour lui, le prirent à part et le supplièrent de trouver bon qu'on lui apportât des viandes dont il lui était permis de manger, afin qu'on pût feindre qu'il avait mangé des viandes du sacrifice, selon le commandement du roi, et qu'on le sauvât ainsi de la mort. Mais, pour lui, il considéra ce que demandaient de lui son âge, ses cheveux blancs, qui attestaient une vieillesse vénérable, la distinction d'une vie entière, écoulée dès l'enfance, innocente et sans tache ; et il répondit aussitôt, selon les préceptes de la loi sainte donnée par Dieu, qu'il aimait mieux mourir que de faire ce qu'on lui proposait. « Fein-
« dre n'est pas digne de l'âge où je suis, leur dit-il.
« Plusieurs jeunes gens, s'imaginant qu'Éléazar, à
« l'âge de quatre-vingt-dix ans, aurait passé de la
« vie des juifs à celle des païens, seraient eux-mêmes
« trompés par cette ruse, qui me conserverait un fai-
« ble reste de cette vie corruptible : et j'attirerais
« ainsi une tache honteuse sur moi, et l'exécration
« des hommes sur ma vieillesse. Et quand j'échappe-
« rais maintenant au supplice des hommes, je ne
« pourrais fuir la main du Tout-Puissant ni pendant
« ma vie ni après ma mort. Au lieu que, mourant
« courageusement, je paraîtrai digne de ma vieillesse,
« et je laisserai aux jeunes gens un exemple de fer-
« meté, en souffrant avec constance et avec joie, une
« mort honorable pour le culte sacré de nos saintes
« lois. » Aussitôt qu'il eut achevé ces paroles, on le traîna au supplice. Ceux qui le conduisaient, et qui avaient été un peu auparavant plus doux envers lui, furent remplis de fureur à cause de ces discours, qu'il

attribuaient à l'orgueil. Lorsqu'il était près de mourir des coups dont on l'accablait, il poussa un grand soupir et dit : « Seigneur, qui avez une science infail-
« lible, vous savez qu'ayant pu éviter le supplice, je
« souffre dans mon corps de cruelles douleurs, mais
« que dans l'âme je sens de la joie de les souffrir pour
« votre crainte. » Il mourut ainsi, laissant non seulement aux jeunes gens, mais aussi à toute la nation, un grand exemple de vertu et de fermeté dans le souvenir de sa mort.

QUESTIONNAIRE.

Pourquoi devons-nous aimer notre âme plus que notre corps ? — Que faut-il conclure de là ? — Que faut-il penser de ceux qui tiennent une conduite opposée ? — A quoi nous appliquerons-nous, si nous nous aimons véritablement ? — Pourquoi la vertu seule nous rend-elle heureux dans ce monde et dans l'autre ? — Pourquoi peut-on dire que ceux qui commettent l'iniquité sont ennemis de leurs âmes ? — Comment le chrétien s'aime-t-il, puisqu'il s'impose souvent des privations et des souffrances ?

CHAPITRE VII.

SECOND DEVOIR : PRENDRE DÈS L'ENFANCE L'HABITUDE DE LA VERTU.

Heureux celui qui porte dès son enfance le joug du Seigneur, et qui consacre ses premières années à la vertu ! Comme le jeune arbre cède sans résistance à la main qui le redresse, et conserve en grandissant la forme qu'on a voulu lui donner ; ainsi son âme se laisse aisément incliner vers le bien ; elle en prend le goût, la pratique lui en devient facile et se change bientôt en une habitude, qui se fortifie et se développe de jour en jour. A mesure qu'il avance en âge, il croît en sagesse et en grâce devant Dieu et devant les hommes. Sans doute, il aura toujours des combats à soutenir pour garder sa vertu, parce que toujours elle sera attaquée, au dedans par les penchants mauvais que nous portons en nous-même, au dehors par les tentations et les mauvais exemples ; mais l'habitude du bien, qu'il aura contractée, lui rendra les efforts moins pénibles et la victoire plus facile et plus prompte. Il marchera ainsi dans la vie avec les vertus, qui auront embelli son enfance, et qui, grandissant avec lui, deviendront le plus bel ornement de sa jeunesse, et feront ensuite la gloire de ses derniers jours.

Qu'il en est bien autrement de celui qui s'égare dès ces premiers pas dans la carrière ! Quand une fois elle a été durcie par l'air, la cire conserve l'empreinte qu'elle a reçue ; ainsi, l'âme habituée d'abord aux vices et aux passions en conserve le goût, et, la force de l'habitude venant accroître la tendance naturelle que nous avons déjà pour le mal, il se forme des liens d'iniquité qu'on ne rompt plus et dans lesquels on demeure captif. De là cette parole de Sophar à Job, son ami : « Les dérèglements de sa jeu- « nesse pénétreront jusque dans ses os, et ils repose- « ront avec lui dans la poussière du tombeau. » De là encore cette réflexion que l'Esprit Saint nous sug- gère par la bouche du Sage : « Le jeune homme suit « la voie de ses premiers ans ; dans la vieillesse mê- « me il ne la quittera pas. »

Il importe donc beaucoup de ne prendre que de bonnes habitudes. Ce n'est pas à dire qu'on ne puisse pas corriger une habitude mauvaise et la remplacer par une meilleure ; mais qu'il en coûte d'efforts ? et souvent que de temps il faut pour que la victoire soit complète ! Alors même qu'on est parvenu à la déraciner entièrement, il reste toujours le remords et le regret d'avoir consumé pour le vice tant de forces et tant d'années. Pourquoi se préparer ainsi des jours mauvais pour l'avenir ? Pourquoi se créer, dans les habitudes qu'on contracte, des obstacles qu'on aura tant de peine à surmonter plus tard, si toutefois on a jamais le courage de l'entreprendre ? Car il arrive souvent que, déconcerté par la force des premières habitudes, on s'y laisse entraîner sans résistance et avec l'abandon d'un désespoir qui semble dire : Il m'est inutile de lutter, jamais je ne pourrai vaincre. Ce raisonnement est faux, puisque nous pouvons tout avec le secours de la grâce ; mais il n'en montre pas moins combien il est difficile de triompher d'une mauvaise habitude.

C'est à vous que je veux être, ô mon Dieu ! c'est à vous que je consacre les premiers élans de mon cœur, la première force de ma vie. Dirigez vous-même mes pas dans les sentiers de la vertu, inspirez-m'en l'amour ; faites que j'en contracte, dès l'enfance, l'heureuse habitude. Ainsi, le vice ne dominera jamais en moi, et je n'aurai pas un jour à gémir sous des chaînes honteuses que peut-être je n'aurais plus le courage de rompre, et qui m'entraîneraient à ma perte.

Histoire.

— Malgré les précautions de sa gouvernante, sainte Monique, pendant sa jeunesse, prit insensiblement le goût du vin, comme elle l'avoua depuis à saint Augustin, son fils. C'était elle qu'on envoyait ordinairement à la cave : lorsqu'elle avait puisé dans la cuve, elle portait le vase à sa bouche, avant de verser la liqueur dans la bouteille, et en avalait quelques gouttes. Ceci ne venait pas d'un tempérament porté à l'ivrognerie, c'était l'effet de la légèreté assez ordinaire aux enfants. Cependant, la quantité de vin que prenait la jeune Monique augmentait tous les jours ; et l'aversion qu'elle avait naturellement pour cette liqueur diminuait à proportion que l'habitude se développait. Elle en vint jusqu'à aimer le vin et à en boire avec plaisir toutes les fois que l'occasion s'en présentait. Cette intempérance était fort dangereuse, quoiqu'elle ne fût pas suivie d'excès considérables. Mais Dieu veillait sur sa servante ; et il se servit, pour la corriger, d'une querelle qu'elle eut avec une domestique de la maison. Celle-ci, qui suivait ordinairement sa jeune maîtresse à la cave, était instruite de tout ce qui se passait. Elle lui en fit de sanglants reproches, et alla même jusqu'à la traiter d'*ivrognesse*. Monique, vivement piquée, rentra en elle-même et sentit toute la honte du vice dont on l'accusait. Elle travailla si efficacement à se défaire de la mauvaise habitude qu'elle avait contractée, que pendant tout le reste de sa vie, on n'en remarqua plus la moindre trace dans sa conduite.

— Un philosophe se trouvait un jour avec ses disciples dans un lieu planté d'arbres. Comme ceux-ci l'interrogeaient sur la manière de combattre les passions, il dit à l'un d'eux d'arracher un jeune arbre qu'il lui montra. Cet ordre fut exécuté sans peine. Il en désigna ensuite un autre un peu plus grand, que le disciple arracha aussi, mais avec un peu plus d'efforts. Pour en arracher un troisième que le philosophe indiqua, et qui était plus fort que les deux premiers, il fallut qu'un de ses compagnons vînt l'aider.

Enfin, tous les jeunes gens, s'étant réunis, ne purent jamais parvenir à en déraciner un autre, qui était beaucoup plus gros. Sur quoi le philosophe leur donna cette sage leçon : « Mes chers enfants, il en est « ainsi de nos passions : au commencement, quand « elles ne sont pas encore enracinées, il est facile de « les arracher, pour peu qu'on prenne soin de les « combattre ; mais quand, par une longue habitude, « on leur a laissé prendre de profondes racines dans « le cœur, il est presque impossible de les arra- « cher. »

QUESTIONNAIRE.

Pourquoi est-on heureux de pratiquer la vertu dès l'enfance ? — L'habitude de la vertu délivre-t-elle, pour l'avenir, de tout effort à faire ? — Expliquez cette parole du Saint-Esprit : Le jeune homme suit sa première voie ; dans la vieillesse même il ne la quittera pas. — Est-il donc impossible de se corriger d'une mauvaise habitude qu'on a contractée ? — Comment les mauvaises habitudes amènent-elles souvent le découragement ? — Résumez l'histoire de sainte Monique, et dites ce qu'il en faut conclure ? — Qu'est-ce que le philosophe voulait faire entendre par ces arbres de différentes grosseurs qu'il ordonnait à son disciple d'arracher ?

CHAPITRE VII.

3ᵉ DEVOIR : ÉVITER LES MAUVAISES COMPAGNIES, LES MAUVAISES LECTURES ; CHOISIR DES AMIS VERTUEUX.

« Mon fils, nous dit l'Esprit-Saint, si les pécheurs « cherchent à vous attirer par leurs caresses, ne vous « laissez pas aller à eux ; s'ils disent : Venez, entrez « en société avec nous, n'ayons tous qu'une même « bourse, n'allez point avec eux ; gardez-vous bien

« de marcher dans leur sentier : car leurs pieds cou-
« rent au mal.» L'expérience nous apprend tous les
jours combien cette recommandation est nécessaire,
et combien il est dangereux de s'écarter de la ligne de
conduite qu'elle trace. Car on finit tôt ou tard, par
devenir semblable à ceux que l'on fréquente, comme
Salomon en fait la remarque dans ses proverbes : « Ce-
« lui qui marche avec les sages deviendra sage : l'ami
« des insensés leur ressemblera.»

On ne saurait donc se convaincre de trop bonne
heure de l'importance de bien choisir ceux avec qui
on veut se lier. Tel qui aimait le bien et n'avait pour
guide que la vertu, s'est vu entraîné au vice par
l'exemple de ses compagnons. D'abord, des discours
peu mesurés, sous l'apparence d'une plaisanterie légère ; puis de bons mots indécents, des railleries hu-
miliantes, des discours licencieux, des actions libres
et effrontés, enfin, tout le poison qu'on respire dans
la société des personnes corrompues, tout cela pénètre l'âme, familiarise avec le mal et conduit insensiblement aux plus grands désordres. A cause du penchant naturel que nous avons à l'imitation, il nous est
bien difficile de résister à l'entraînement des exemples que nous avons habituellement sous les yeux,
surtout lorsqu'ils viennent de ceux que nous regardons comme des amis. Mais quand ces exemples
sont mauvais, ils nous attirent avec plus de force encore, parce que nous sommes plus portés à imiter le
mal que le bien.

Le danger des mauvaises compagnies se retrouve
dans les mauvaises lectures. Lire un livre mauvais pour
la religion ou pour les mœurs, c'est écouter la conver-
sation dangereuse et les conseils pervers d'un auteur
mort ou absent, dont on devrait fuir la société, si l'on

était à même de vivre avec lui. Il faut donc repousser avec horreur ses ouvrages qui ne présentent que le mensonge et le vice. La prudence recommande même, afin d'éviter tout danger, de ne pas se hasarder témérairement à lire des livres inconnus, surtout lorsqu'on a lieu de soupçonner, d'après le titre de l'ouvrage ou le nom de l'auteur, qu'ils renferment quelque chose de mauvais.

Si la fréquentation des mauvaises compagnies est funeste à l'innocence, la société d'amis sages et chrétiens est bien précieuse pour la vertu. La parole, l'exemple seul d'un ami vertueux exerce sur notre conduite une douce influence, à laquelle nous cédons volontiers, et nous devenons meilleurs presque sans efforts, parce que l'amitié nous rend l'imitation facile. Deux vrais amis sont un grand secours l'un pour l'autre : ils marchent de concert dans le chemin de la vie ; il s'édifient mutuellement, s'excitent au bien, se consolent, se soutiennent, s'encouragent et s'aident à vaincre les obstacles, qui souvent arrêtent dans la pratique de la vertu.

Un ami vertueux est un riche trésor ; mais qu'il est rare et difficile à trouver ! Faites-le moi rencontrer, Seigneur, afin qu'il me serve de modèle et de guide, et que, soutenu par ses conseils et ses exemples, je ne m'écarte jamais des voies de la justice. Mais aussi préservez-moi de la séduction des mauvais amis : ils ne pourraient que flétrir ma vertu, me séparer de votre amour et m'entraîner dans les sentiers du vice.

Histoires.

Un écolier possédait à un haut degré toutes les vertus qu'on peut désirer dans un jeune homme ; mais, par un malheur trop ordinaire à cet âge, il tomba dans la compagnie d'un libertin qui, livré aux plus honteuses passions, alluma dans ce jeune cœur le feu criminel dont le sien était dévoré. Dès lors il se fit en lui un tel changement, qu'il semblait rivaliser de désordres avec celui qui lui avait enseigné le vice. Ses amis désolés le conjurèrent en vain de rentrer dans la bonne voie, qu'il avait quittée : tout fut inutile. Dieu parla à son tour ; cet infortuné se réveille une nuit en poussant des cris horribles ; on court, on veut le calmer, on appelle un prêtre qui l'exhorte à revenir à Dieu ; le moribon jette sur lui des regards égarés, et prononce d'une voix lamentable ces lugubres paroles : « Malheur à celui qui m'a séduit !... C'est en vain « que j'invoquerais le secours de Dieu ; je vois l'enfer « ouvert pour me recevoir ! » Alors, se retournant de l'autre côté, il expire dans le désespoir le plus effrayant.

— Sainte Thérèse, étant encore jeune, se joignait à son frère pour lire la Vie des Saints et s'animait ainsi à la vertu et à la piété. Mais, dans la suite, s'étant adonnée à la lecture des romans, elle se relâcha, donna dans la vanité et le goût du siècle, et se serait perdue si elle eût continué ces pernicieuses lectures. Dieu se servit de la lecture des Épîtres de saint Jérôme et des Confessions de Saint-Augustin pour la ramener entièrement à lui.

— Un jeune gentilhomme nommé Jean-François Lefèvre de Labarre, s'étant gâté l'esprit et le cœur par la lecture d'ouvrages impies, se porta, avec quelques amis infectés des mêmes erreurs, aux excès les plus révoltants contre la religion de Jésus-Christ. Il fut condamné à mort le 4 juin 1766, par un arrêt du parlement de Paris. Il devait, avant d'être exécuté, faire amende honorable en portant cet écriteau : *Im-*

pie, *blasphémateur, sacrilége, abominable et exécra-
ble.* Le parlement ordonna, en outre, que le livre où
ce malheureux avait puisé les erreurs qui causaient
sa perte, fut jeté dans le bûcher qui consuma son
corps.

— Saint Basile et saint Grégoire de Naziance nous
offrent le vrai modèle d'une amitié chrétienne. Ils
étaient tous les deux de familles distinguées par leur
noblesse et leur piété, et naquirent presque au même
temps. Leur naissance fut le fruit des prières de leurs
pieuses mères, qui, dès ce moment même, les offraient
à Dieu, de qui elles les avaient reçus. Ils avaient l'un
et l'autre tout ce qui rend les enfants aimables : beauté du corps, agrément de l'esprit, douceur et poli-
tesse dans les manières. Le naturel heureux dont
Dieu les avait doués fut cultivé par leurs parents avec
tout le soin possible. Après les études domestiques,
on les envoya séparément dans les villes de la Grèce qui
avaient le plus de réputation pour les sciences, et
ils y prirent des leçons auprès des meilleurs maîtres.
Enfin, ils se rejoignirent à Athènes, qui était alors le
centre des belles-lettres et de l'érudition. Cette ville
fut comme le berceau de l'amitié de ces deux grands
saints, ou du moins ce fut là qu'ils en serrèrent les
nœuds et qu'elle devint plus étroite. Une aventure
assez singulière y donna occasion. Il y avait à Athènes
une coutume fort bizarre par rapport aux disciples
qui s'y rendaient de différentes provinces. On commençait par les introduire dans une assemblée nombreuse de jeunes gens ; là, on leur faisait essuyer
mille railleries, mille insolences. On les menait ensuite aux bains publics en cérémonie, à travers la
ville, escortés et précédés de leurs camarades, qui
marchaient deux à deux. Lorsqu'on y était arrivé,

toute la troupe s'arrêtait, jetait de grands cris et faisait mine de vouloir enfoncer les portes, comme si
l'on refusait de les leur ouvrir. Quand le nouveau
venu y était admis, il recouvrait sa liberté. Grégoire,
qui était arrivé le premier à Athènes, et qui savait
combien cette ridicule cérémonie était contraire au
caractère grave et sérieux de Basile, eut assez de cré-
dit sur ses compagnons pour l'en faire exempter.
« Ce fut là, dit saint Grégoire lui-même dans le récit
« qu'il fait de cette aventure, ce qui donna lieu à
« notre sainte amitié, ce qui perça nos cœurs d'un
« trait qui y demeura toujours. »

Cette liaison se fortifia de plus en plus, surtout
lorsque ces deux amis, qui n'avaient rien de secret
l'un pour l'autre, eurent reconnu qu'ils avaient tous
deux le même but et cherchaient le même trésor,
c'est-à-dire, la sagesse et la vertu. Ils vivaient sous le
même toit, mangeaient à la même table, avaient les
mêmes exercices et les mêmes plaisirs, et n'étaient, à
proprement parler, qu'une même âme.

Ils se distinguèrent l'un et l'autre, entre tous leurs
compagnons, par la beauté de leur esprit, par leur
assiduité au travail, par les succès extraordinaires
qu'ils eurent dans toutes leurs études, mais surtout
par une innocence de mœurs qui s'alarmait à la vue
du moindre danger et qui redoutait jusqu'à l'ombre
du mal. Cette prudence leur était bien nécessaire
pour se soutenir au milieu d'Athènes, la ville du
monde la plus dangereuse pour les mœurs, à cause
du concours extraordinaire de jeunes gens qui s'y
rendaient de toutes parts, y apportant chacun leurs
vices. « Mais, dit saint Grégoire, nous eûmes le bon-
« heur d'éprouver, dans cette ville corrompue, quel-
« que chose de semblable à ce que disent les poètes

« d'un animal qui subsiste au milieu du feu. Nous
« n'avions aucun commerce d'amitié avec les mé-
« chants. Nous ne connaissions que deux chemins :
« l'un qui nous conduisait à l'église, l'autre qui nous
« menait à l'école et chez nos maîtres de littérature.
« Quant à ceux qui conduisaient aux fêtes mondaines,
« aux spectacles, aux assemblées, aux festins, nous
« nous en écartions absolument. »

Il semble que des jeunes gens de ce caractère, qui
se séparaient de toute société, qui ne prenaient pas
part aux plaisirs et aux divertissements de leurs compagnons, dont la vie pure et innocente était une cen-
sure continuelle du dérèglement des autres, devaient
être en butte aux attaques de leurs condisciples, et
devenir l'objet de leur haine ou du moins de leur
mépris et de leurs railleries. Ce fut tout le contraire,
tant la vraie vertu sait se faire aimer de ceux mêmes
qui ne la pratiquent pas ! Basile et Grégoire jouissaient
de l'estime et de l'affection de tous ; et quand on apprit qu'ils songeaient à quitter Athènes pour retourner dans leur patrie, la douleur fut universelle : les
cris et les plaintes de leurs condisciples retentissaient
de toutes parts, les larmes coulaient de tous les
yeux ; ils allaient perdre, disaient-ils, tout l'honneur
de leur ville et la gloire de leurs écoles.

QUESTIONNAIRE.

*Quelle recommandation nous fait le Saint-Esprit au
sujet de ceux qui veulent se lier avec nous ? — Quels dangers présente la fréquentation des mauvaises compagnies ?
— Ne peut-on pas aller avec les méchants sans les imiter ?
— Comment les mauvaises lectures sont-elles aussi dange-
reuses que les mauvaises compagnies ? — Que recommande
la prudence à cet égard ? — Quels avantages peut-on tirer*

de la société d'un ami chrétien ? — Quelle leçon devons-nous tirer de la conduite et de la mort du jeune écolier dont il est parlé dans la première histoire? — Qu'est-il arrivé à sainte Thérèse et à Lefèvre de Labarre, et qu'en devons-nous conclure ? — Que nous apprend l'amitié de saint Grégoire et de saint Basile ?

CHAPITRE VIII.

DEVOIR : NE PAS ROUGIR DE LA VERTU.

Dans les premiers siècles du Christianisme, le courage de la vertu consistait à monter sur les échafauds pour verser son sang et mourir au milieu des supplices les plus cruels. Le temps des persécutions est passé : cependant le courage est encore nécessaire à quiconque veut vivre en chrétien, car aujourd'hui, nous avons à combattre non-seulement contre nos penchants mauvais et les tentations qui nous assaillent, mais aussi contre une mauvaise honte appelée *respect humain*, qui trop souvent s'empare de nous, quand il s'agit de faire le bien en présence de ceux qui peuvent nous désapprouver.

Le respect humain est aussi contraire à la raison qu'il est nuisible à celui qui s'en laisse dominer. N'est-il pas bien déraisonnable, en effet, de rougir de se montrer vertueux ? La honte convient au vice : c'est lui qui doit craindre les regards et les censures. Mais celui qui veut faire le bien, remplir son devoir, pourquoi aurait-il peur de paraître tel qu'il est ? Si la Religion nous défend de faire nos bonnes œuvres par ostentation, dans le désir d'être vus et de nous attirer des éloges, elle nous défend aussi de rougir de la vertu, et elle veut que, dans l'occasion, nous sachions la pratiquer courageusement en face des autres, sans nous laisser arrêter par le blâme qu'ils essaieraient de déverser sur nous. Qu'y a-t-il, après tout, qui puisse inspirer tant de crainte ? Quelques railleries peut-être, quelques paroles piquantes, quelques rires moqueurs : voilà l'écueil contre lequel on vient échouer si souvent ; car c'est là un des plus grands obstacles à la vertu. Alors même que l'on conserve encore dans le cœur les bons sentiments qu'on a puisés dans une éducation chrétienne, dans les leçons et les exemples d'une pieuse mère, on retient ces sentiments captifs au dedans de soi-même, on ne les laisse plus paraître au dehors, et on devient vicieux par la crainte d'être blâmé si on faisait le bien. Ainsi, à l'église on aura honte de paraître prier, de tenir un livre d'office dans les mains ; on affectera un maintien peu respectueux, fléchissant à peine le genou dans les moments les plus augustes. On s'éloignera des sacrements ; on prendra part à des conversations mauvaises, à des amusements coupables ou dangereux. Le principal motif qui guide en tout cela, c'est d'éviter des railleries auxquelles on craindrait de s'exposer en agissant autrement.

Celui qui se laisse dominer par le respect humain s'expose donc à commettre beaucoup de fautes, et il se rend honteusement esclave des autres, puisqu'il n'ose, pour ainsi dire, rien faire sans leur approbation et leur consentement. Mais, de plus, il se prépare pour le moment de la mort un jugement bien rigoureux ; car Jésus-Christ fait des menaces sévères contre ceux qui, pendant la vie, auront eu honte de se montrer chrétiens : « Si quelqu'un, dit-il, rougit de « moi et de mes paroles devant les hommes, le Fils de « l'homme rougira aussi de lui lorsqu'il viendra dans « sa gloire et dans celle de son Père et des saints « Anges. »

Non, je ne rougirai pas de votre Evangile, Seigneur ; toujours je ferai profession de le croire et de le pratiquer. Je n'irai pas faire, par ostentation, un vain étalage de ma vertu ; mais aussi la crainte du *qu'en dira-t-on* ne m'empêchera jamais de faire le bien. Pour être fidèle à cette promesse, j'ai besoin de votre grâce, je le sais, mon Dieu, et je vous prie de me l'accorder, dans votre bonté, afin qu'elle soutienne ma faiblesse et qu'elle me préserve de cette mauvaise honte, si funeste à la vertu.

Histoire.

— Avant d'être empereur, Valentinien commandait une compagnie des gardes de Julien l'Apostat. Comme cet emploi le fixait aux côtés du prince, il entra un jour avec lui dans le temple de la Fortune. Les ministres du temple, aspergeant la multitude avec des rameaux trempés dans l'eau lustrale, en laissèrent tomber quelques gouttes sur le manteau de Valentinien. Il s'en aperçut, et, peu content de leur en avoir témoigné son indignation avec vivacité, il déchira sur-le-champ la partie du manteau que l'eau avait touchée, sans être arrêté par la présence de l'empereur, à qui ce mépris pour les cérémonies païennes ne pouvait manquer de déplaire. Julien en fut, en effet, piqué jusqu'au vif, et envoya Valentinien en exil, sous prétexte qu'il ne tenait pas ses troupes en bon état. Il ne voulait pas lui procurer l'honneur de souffrir pour Jésus-Christ ; mais s'il n'en eut pas la gloire devant les hommes, il en eut, du moins, le mérite aux yeux de Dieu, et il montra, par son exemple, que nulle crainte, nulle considération humaine ne doit et ne peut empêcher d'être le vrai chrétien fidèle à sa religion.

— Un soldat indien, nouvellement baptisé, fut appelé par son colonel pour un exercice qu'il faisait faire à ses troupes. Il s'y rendit, et oublia de mettre son chapelet au cou, comme il avait coutume de le faire pour ne laisser ignorer à personne qu'il était chrétien.

Les soldats, ne lui voyant pas ce signe de sa religion, le raillèrent comme s'il avait eu honte de le porter et qu'il eût abandonné sa foi. Le soldat, sans répondre un mot, part pour sa maison et en revient avec sa femme et ses trois enfants, portant tous des médailles et des chapelets à leur cou. « Camarades, « dit-il, voyez si ma famille rougit du nom de « chrétien. Sachez que ce beau nom fait toute « ma gloire, et que, plutôt de le ternir par une ac- « tion indigne, je donnerais ma tête, celle de ma « femme, de mes enfants, de mon père, de ma mère, « de tous mes parents, et de tous mes amis. »

— Toussaint, auteur de plusieurs ouvrages impies, fut attaqué d'une maladie de langueur dont il mourut après un an de souffrances. Pendant sa maladie il manifesta le plus grand repentir, et reçut les derniers sacrements avec toutes les marques d'une grande piété. Le jour même de sa mort, il fit venir ses amis, demanda pardon des scandales qu'il avait donnés, et dit à son fils, alors âgé de quinze à seize ans, d'approcher et de se mettre sous ses yeux. « Mon « fils, lui dit-il, écoutez et retenez ce que je vais vous « dire. Je vais paraître devant Dieu et lui rendre « compte de toute ma vie ; je l'ai beaucoup offensé, « et j'ai grand besoin d'en obtenir miséricorde. Je « vous ai scandalisé par une conduite trop peu reli- « gieuse et par des maximes beaucoup trop mondai- « nes ; me le pardonnez-vous ? Ferez-vous ce qu'il

« faut pour que Dieu me le pardonne ? Arriverez-
« vous de vous-même à d'autres principes que ceux
« que je vous ai inculqués ? Ecoutez-bien, mon fils,
« les leçons tardives que je vous donne en ce mo-
« ment. J'atteste le Dieu que je vais recevoir et devant
« qui je vais paraître, que si je me suis montré peu
« chrétien dans mes actions, dans mes discours, dans
« mes écrits, ce n'a jamais été par conviction ; ce
« n'était que par respect humain, par vanité, et pour
« plaire à telles et telles personnes. Mettez-vous à
« genoux, mon fils, joignez vos prières à celles des
« personnes qui m'entendent et qui vous voient ; pro-
« mettez à Dieu que vous profiterez de mes dernières
« leçons, et conjurez-le de me pardonner. »

QUESTIONNAIRE.

*Qu'est-ce que le respect humain? — Comment est-il con-
traire à la raison? — Qu'est-ce que la religion nous prescrit à cet égard? — Montrez que le respect humain est un
des plus grands écueils de la vertu. — A quoi s'expose celui
qui se laisse guider dans sa conduite par le respect humain! — Qu'en dit Jésus-Christ dans l'Evangile?—Quelle
leçon pouvons-nous recueillir de l'histoire de Valentinien
et de celle du soldat indien? — Que prouvent les paroles
de Toussaint à son fils?*

CHAPITRE IX.

CINQUIÈME DEVOIR : LE BON EMPLOI DU TEMPS.

Il en est du temps comme des autres biens que nous
tenons de la libéralité infinie du Créateur : il nous a
été accordé, non pas avec la faculté d'en disposer
comme bon nous semblera, mais avec l'obligation
d'en faire l'usage que Dieu avait en vue en nous le

donnant. Nous avons tous des devoirs à remplir ; mais la première condition pour pouvoir nous en acquitter, c'est d'avoir du temps. Or, Dieu y a pourvu en mesurant à chacun de nous un certain nombre de jours, de mois et d'années, qui, dans ses desseins, doivent être consacrés à l'accomplissement de nos devoirs. C'est donc pour cette fin que le temps nous est donné ; et celui-là en use bien qui l'emploie à faire ce qui est de son devoir. Par conséquent, on perd le temps quand on néglige ce qu'on devrait faire pour s'occuper d'autres choses, quelques bonnes qu'elles soient d'ailleurs ; à plus forte raison quand on en abuse pour faire le mal. Mais comme la plus importante des choses que nous puissions avoir à faire ici-bas, c'est de sauver notre âme, on perd son temps lorsqu'on néglige le soin de son salut.

On le perd encore quand on le passe dans l'oisiveté. Sans doute, les occupations peuvent varier suivant la position de chacun ; mais il n'est permis à personne de demeurer oisif. Le travail étant une punition infligée à l'homme coupable, l'oisiveté, qui cherche à se soustraire à l'arrêt porté par Dieu, est un désordre dont il faudra rendre compte au jour du jugement.

Il suffit, d'ailleurs, de faire attention aux maux qu'engendre l'oisiveté, pour en avoir une salutaire horreur. Salomon, dans ses Proverbes, nous dépeint ainsi la paresse avec ses suites : « J'ai passé par le « champ du paresseux et par la vigne de l'homme in-« sensé, et j'ai trouvé que tout y était plein d'orties, « que les épines en couvraient toute la surface, et que « la muraille de pierre qui l'environnait était abattue. « Ce que j'y ai vu, je l'ai gravé dans mon cœur pour « en conserver la mémoire ; et j'ai appris par cet « exemple la conduite que je dois tenir et le soin que

« je dois avoir de fuir l'oisiveté. La crainte du tra-
« vail abat le paresseux ; mais il portera la peine de
« sa lâcheté ; car les âmes de ceux qui sont efféminés
« comme lui languiront de faim. Celui qui est mou
« et lâche dans son ouvrage est frère de celui qui
« dissipe ce qu'il possède et qui détruit ce qu'il fait :
« il tombera comme lui dans la pauvreté. O pares-
« seux ! allez à la fourmi, considérez sa conduite et
« apprenez d'elle à devenir sages. N'ayant ni chef qui
« la conduise, ni maître qui l'instruise, ni prince qui
« la gouverne, elle fait néanmoins sa provision du-
« rant l'été, et elle amasse pendant la moisson de quoi
« se nourrir en hiver. Vous donc qui voyez cet exem-
« ple, jusqu'à quand dormirez-vous, paresseux ?
« Quand vous réveillerez-vous de votre sommeil ?
« Vous dormirez un peu, dites-vous, vous sommeil-
« lerez un peu, vous mettrez un peu les mains l'une
« dans l'autre pour vous reposer. Mais pendant ce
« temps-là l'indigence viendra vous surprendre,
« comme un homme qui marche à grands pas ; et la
« pauvreté se saisira de vous, comme ferait un
« homme armé auquel vous ne sauriez résister. »
Ainsi, l'oisiveté apporte avec elle la misère et l'indigence.

Elle n'est pas moins nuisible à la vertu ; car l'Esprit-Saint nous assure que « l'oisiveté enseigne beau-
« coup de mal ; » et le prophète Ezéchiel met l'oisiveté au nombre des causes qui ont amené les désordres et la destruction de Sodome. Il est facile, en effet,
de comprendre que la pensée du mal doit avoir un
grand empire sur l'âme désœuvrée, dont l'attention
n'est appliquée à rien, un homme oisif est comme
une terre de labour qui se repose : elle portera bientôt
de mauvaises herbes et se couvrira de chardons. Aussi,

saint Jérôme écrivait-il à Rustique : « Faites toujours « quelque chose, afin que le démon vous trouve tou- « jours occupé. » Toutefois, saint Jérome ne préten- dait pas condamner, par ces paroles, un repos néces- saire ni un délassement honnête ; car ces choses sont dans les vues de Dieu, puisque l'homme a besoin de réparer de temps en temps ses forces qui s'épuisent par le travail. Mais lorsqu'une part assez large a été faite au sommeil ou à l'amusement, le reste du temps doit être employé à des occupations utiles.

Si j'appréciais mieux le temps, Seigneur, je me garderais bien d'en perdre la plus petite partie. Un jour viendra où je vous demanderai peut-être quel- ques moments de plus, sans pouvoir les obtenir. Je veux du moins bien mettre à profit tous ceux que vous m'accordez maintenant dans votre miséricorde ; je veux les employer tous utilement, et surtout m'en ser- vir pour travailler sérieusement à l'importante affaire de mon salut.

Histoires.

— Philopémen, le plus grand capitaine des Grecs de son siècle, n'était jamais oisif ; il exerçait toujours son corps ou son esprit. Lorsqu'il était seul en voyage ou qu'il se promenait seul, son esprit, ses yeux, tout en lui était occupé. Tantôt il s'examinait lui-même, tantôt il considérait les différents objets qui l'envi- ronnaient. En contemplant la situation des lieux, il se demandait ce qu'il ferait si, étant à la tête des trou- pes de sa patrie, l'ennemi venait tout à coup à sortir d'une embuscade pour le surprendre et l'attaquer. Quelle position prendrais-je se disait-il ? Quel ordre donnerais-je à mon armée? Devrais-je rester ou fuir ? Il prévoyait tout, il combinait tout ; et par cet exercice continuel il acquit une si grande expérience dans la tactique, qu'il fut le plus habile général de son temps.

— Buffon, l'un de nos meilleurs écrivains, raconte ainsi lui-même comment il était parvenu, avec l'aide de son domestique, appelé Joseph, à contracter l'habitude de se lever d'assez bon matin pour travailler : « Dans ma jeunesse, j'aimais beaucoup à dormir et ma « paresse me dérobait la moitié de mon temps. Mon « pauvre Joseph faisait tout ce qu'il pouvait pour la « vaincre, sans pouvoir réussir. Je lui promis un « écu toutes les fois qu'il me forcerait à me lever à « six heures. Il ne manqua pas, le jour suivant, de « venir me tourmenter à l'heure indiquée ; mais je « lui répondis fort brusquement. Le jour d'après, il « vint encore, cette fois-là je lui fis de grandes mena- « ces qui l'effrayèrent. Ami Joseph, lui dis-je dans « l'après-midi, j'ai perdu mon temps, et tu n'as rien « gagné. Tu n'entends pas bien ton affaire : ne pense « qu'à ma promesse, et ne fais désormais aucun cas « de mes menaces. Il vint donc le lendemain ; d'abord « je le priai, je le suppliai, puis je me fâchai ; mais « il n'y fit aucune attention, et me força de me lever. « Ma mauvaise humeur ne durait guère plus d'une « heure après le moment du réveil ; il en était ré- « compensé alors par mes remercîments et par ce qui « était promis. Je dois au pauvre Joseph dix ou onze « volumes au moins de mes ouvrages. »

— Autrefois, en Hollande, quand un homme fort et capable de travailler faisait le métier de mendiant, on le saisissait, on le descendait dans un puits profond et on lâchait un robinet. Si le pauvre n'eût pas pompé sans relâche, il eût bientôt été noyé. Pendant que ce malheureux travaillait, de graves Hollandais faisaient des paris sur le bord du puits ; l'un gageait que cet homme était un paresseux et que l'eau allait l'ensevelir ; l'autre soutenait le contraire. Enfin, après quelques heures, on tirait le mendiant plus mort que vif, et on le renvoyait avec cette utile leçon de travail.

— Il est rapporté, dans la Vie des Pères du désert, qu'un supérieur de communauté, après avoir occupé, le matin, ses religieux à faire des corbeilles d'osier, les obligeait, le soir, à les défaire, en sorte que c'était toujours à recommencer. Parmi ces solitaires, il s'en trouva un qui, se lassant de ce travail, dont il ne voyait pas l'utilité, alla trouver l'abbé et lui représenta naïvement qu'il était fort surpris qu'on lui fît faire un pareil usage du temps, et que c'était ne rien faire que de travailler pour détruire un moment après ce qu'on avait fait. « Vous vous trompez, mon « frère, lui répondit l'abbé ; soyez persuadé que « vous ne perdez pas le temps, et souvenez-vous que « c'est beaucoup faire que d'éviter l'oisiveté. »

QUESTIONNAIRE.

Quel usage devons-nous faire du temps ? — Comment celui qui néglige son salut perd-il son temps ? — Pourquoi l'oisiveté est-elle un désordre ? — Quel modèle l'Esprit-Saint présente-t-il au paresseux ? — De quoi le menace-t-il ? — En quoi l'oisiveté est-elle nuisible à la vertu ? — Quelle recommandation fait à ce sujet saint Jérôme ? — Il n'est donc pas permis de prendre du repos ni de se récréer ? — En quoi Philopémen peut-il nous servir de modèle ? — Quel fruit pouvons-nous tirer de l'histoire de Buffon ? — Quelle leçon nous fournit la conduite des Hollandais à l'égard des paresseux ? — Que nous apprend la réponse de l'abbé au solitaire ?

CHAPITRE X.

SIXIÈME DEVOIR : LA PATIENCE.

Dans quelque position que nous nous trouvions ici-bas, nous y rencontrerons des peines. Nous avons beau nous créer par l'imagination, un avenir plein de charmes ; la souffrance et la tribulation nous attendent au jour où nous pensions n'avoir que des joies. Telle est la triste condition de l'homme depuis le péché. L'Esprit-Saint ne nous laisse pas ignorer cette vérité. « Une inquiète occupation, dit-il, a été
« destinée à tous les hommes, et un joug pesant accable les enfants d'Adam, depuis le jour où ils sortent du sein de leur mère jusqu'au jour de la sépulture, où ils rentrent dans le sein de la terre, qui est la mère commune de tous. Les imaginations
« de leur esprit, les appréhensions de leur cœur,
« les réflexions qui les tiennent en suspens, et le jour
« de la mort qui doit tout finir : depuis celui qui est
« assis sur un trône de gloire, jusqu'à celui qui est
« couché sur la terre et dans la cendre ; depuis celui qui est vêtu de pourpre et qui porte la couronne, jusqu'à celui qui n'est couvert que de toile ;
« la fureur, la jalousie, l'inquiétude, l'agitation, la
« crainte de la mort, la colère toujours vive et les
« querelles, troublent leurs pensées dans leur lit
« même et pendant le sommeil de la nuit, qui est le
« temps donné pour prendre quelque repos. Ainsi,
« l'homme se repose peu et presque pas ; et dans son
« sommeil même il est inquiet et agité comme une
« sentinelle pendant le jour, à l'approche de l'ennemi.
« Car les fantômes qu'il voit en son âme l'inquiètent ;
« il s'imagine faire comme un homme qui se sauve

« du combat. Il se lève le lendemain, il se voit en
« sûreté, et il admire sa frayeur, qui n'avait aucun
« fondement. Toute chair est sujette à ces accidents,
« depuis les hommes jusqu'aux bêtes, et les pécheurs
« encore sept fois plus que les autres. De plus, la
« mort, le sang, les querelles, l'épée, les oppressions,
« la famine, les ruines du pays et les autres fléaux,
« ont tous été créés pour accabler les méchants ; et
« le déluge, qui a inondé toute la terre, est arrivé à
« cause d'eux. »

La Providence dispose ainsi les choses, parce que,
depuis le péché, l'homme est condamné à souffrir. Il
est vrai qu'il a obtenu grâce en vertu des mérites de
Jésus-Christ ; mais il doit néanmoins à la justice divine quelques expiations, dont l'occasion lui est offerte
dans les peines de la vie. Ce serait donc en vain que
nous essaierions de nous mettre à l'abri des souffrances et des tribulations ; nous pourrions bien en éviter
quelques-unes, mais nous ne saurions nous y soustraire entièrement. Le parti le plus sage, c'est de supporter patiemment les contradictions et les adversités. Nos murmures ne changeraient pas les desseins
de Dieu sur nous ; ils ne pourraient que l'irriter davantage et nous attirer de nouveaux fléaux. C'est aussi
le parti le plus utile, car les tribulations bien supportées nous fournissent le moyen de satisfaire à la
justice de Dieu pour nos péchés et d'acquérir par la
patience des mérites pour le ciel.

Mais, pour que les souffrances produisent cet heureux résultat, il faut qu'elles soient supportées chrétiennement, c'est-à-dire avec résignation à la volonté
de Dieu. Il nous deviendra facile, avec la grâce, de
nous mettre dans cette disposition si nous avons soin
de nous rappeler que rien ne nous arrive sans que

Dieu le sache, et sans qu'il le veuille ou du moins qu'il le permette. Or, dans tout ce que la Providence fait ou permet par rapport à nous, c'est notre salut qu'elle se propose, soit qu'elle nous console par la prospérité, soit qu'elle nous éprouve et nous châtie par l'adversité. Au milieu des tribulations, nous pouvons donc dire avec Job : « Il n'est « arrivé que ce qu'il a plu au Seigneur. » Puissions-nous ajouter avec autant de soumission que lui : « Que le « nom du Seigneur soit béni ! » La patience chrétienne n'empêche pas de demander à Dieu quelque adoucissement aux peines qu'on endure, pourvu qu'on reste soumis et résigné, à l'imitation du divin sauveur, qui, au fort de sa douleur, dans le jardin des Olives, s'écriait : « Père, éloignez de moi, s'il vous plaît, ce calice, » ajoutant néanmoins aussitôt : « Cependant, que votre volonté se fasse et non pas la mienne. » Outre le mérite pour le ciel, cette résignation chrétienne obtient encore ici-bas des grâces qui rendent les peines de la vie plus faciles à supporter ; tandis que celui qui, dans la tribulation, s'irrite, murmure ou blasphème contre Dieu, sent toute la pesanteur des croix qu'il porte, mais ne goûte pas la consolation intérieure qui les adoucit.

C'est vous, Seigneur Jésus, qui êtes le vrai modèle de la patience chrétienne. En prenant sur vous nos langueurs et nos infirmités, vous avez voulu prendre aussi la souffrance pour expier des fautes que vous n'aviez pas commises. Pendant les jours de votre vie mortelle, vous avez souffert les privations de la pauvreté, les rigueurs de l'exil, les fatigues du travail, les outrages, les blasphèmes, les railleries, les crachats, les tortures de la flagellation et du crucifiement ; et toujours vous avez montré une patience admirable que les mauvais traitements ne pouvaient lasser. Rendez mon cœur semblable au vôtre; faites qu'à votre exemple, je sois patient dans les adversités, et que je sanctifie mes souffrances en les unissant aux vôtres.

Histoire.

— Tobie, de la tribu de Nephtali et de la ville du même nom, fut emmené captif du temps de Salmanazar, roi des Assyriens; et dans sa captivité même, il n'abandonna pas la voie de la vérité : en sorte qu'il distribuait, tous les jours, ce qu'il pouvait avoir à ceux de sa nation, à ses frères qui étaient captifs avec lui. Un jour de fête du Seigneur, il fit apprêter un grand repas dans sa maison et dit à son fils : « Allez, et amenez ici quelques-uns de notre tribu qui craignent Dieu, afin qu'ils mangent avec nous. » Son fils y alla ; et lorsqu'il fut de retour auprès de son père, il lui dit qu'il y avait dans la rue le corps d'un des enfants d'Israël qui avait été tué. Tobie se leva aussitôt de table, et, laissant là le dîner, il vint au cadavre avant d'avoir rien mangé, l'enleva et l'emporta secrètement dans sa maison, afin de l'ensevelir sûrement lorsque le soleil serait couché ; ayant caché ce corps, il prit son repas avec larmes et tremblement, repassant dans son esprit cette parole que le Seigneur avait dite par le prophète Amos : « Vos jours de fête se « changeront en des jours de gémissements et de lar- « mes. » Après le coucher du soleil, il alla ensevelir le mort. Or, tous ses proches le blâmaient en lui disant: « On a déjà commandé qu'on vous fît mourir pour « ce sujet, et vous avez eu bien de la peine à sauver « votre vie ; et après cela vous ensevelissez encore « les morts ? » Mais Tobie, craignant Dieu plus que le roi, emportait les corps de ceux qui avaient été tués, les cachait dans sa maison, et les ensevelissait au milieu de la nuit. Un jour qu'il revenait chez lui fatigué d'avoir enseveli des morts, il arriva que s'étant couché au pied d'une muraille, il s'endormit ; et pendant son sommeil, il tomba d'un nid d'hirondelles de la fiente chaude sur ses yeux, ce qui le rendit aveugle. Dieu permit que cette épreuve lui arrivât, afin que sa patience servît d'exemple à la postérité, comme celle du saint homme Job. En effet, cet accident servit à faire éclater davantage la vertu de Tobie ; car ayant toujours craint Dieu dès son enfance, il ne s'attrista pas et ne murmura pas contre Dieu de ce qu'il lui avait envoyé cette affliction, mais il demeura ferme et immobile dans la crainte du Seigneur, rendant grâce à Dieu tous les jours de la vie, malgré les railleries et les reproches de ses parents et de ses amis. Car, comme des rois insultaient au bienheureux Job, ainsi ses parents et ses alliés se raillaient de son genre de vie en lui disant: « Où est le fruit de votre « espérance, pour laquelle vous faisiez tant d'aumô- « nes et vous ensevelissiez les morts ? La perte de « vos yeux est la récompense que vous avez reçue « pour vos bonnes œuvres. » Mais Tobie, les reprenant, leur disait : « Ne parlez pas de la sorte ; car « nous sommes les enfants des saints, et nous ne bor- « nons pas nos espérances à la vie présente ; mais nous « attendons cette vie que Dieu doit donner à ceux qui « ne violent jamais la fidélité qu'ils lui ont promise. »

— Un jour que Fernandès, l'un des compagnons de saint François-Xavier, prêchait dans la ville d'Amanguchi, un homme de la lie du peuple s'approcha comme pour lui parler et lui cracha au visage. Le missionnaire, sans dire un seul mot et sans faire paraître aucune émotion, prit son mouchoir pour s'essuyer, et continua tranquillement son discours. Chacun fut surpris d'une modération aussi héroïque; ceux qu'une telle insulte avaient d'abord fait rire, furent saisis d'admiration. Un des plus savants docteurs de la ville, qui était présent, après avoir réfléchi sur ce qui venait de se passer sous ses yeux, se dit à lui-même : « Cet étranger a bien raison de nous « assurer que la doctrine qu'il nous annonce est « toute céleste. Une loi qui inspire un tel courage, « une telle grandeur d'âme, et qui fait remporter « sur soi-même une victoire si complète, ne peut ve- « nir que du ciel. » Le sermon achevé, il confessa que la vertu du prédicateur l'avait touché, demanda le baptême et le reçut solennellement.

QUESTIONNAIRE.

Quelle est la condition de l'homme sur la terre depuis le péché? — Pourquoi sommes-nous encore condamnés à souffrir, puisque Jésus-Christ a expié nos péchés par ses souffrances ? — Pourquoi la patience est-elle le parti le plus sage et le plus utile à prendre dans les peines de la vie ? — Que faut-il pour que les souffrances deviennent méritoires pour le ciel ? — Par quels moyens pourrons-nous parvenir à nous mettre dans ces dispositions chrétiennes ? — La patience empêche-t-elle de demander à Dieu du soulagement ? — Faites le résumé de l'histoire de Tobie, et dites ce qu'elle nous apprend. — Quel fruit pouvons-nous tirer de l'histoire de Fernandès?

CHAPITRE XI.

SEPTIÈME DEVOIR : LE BON USAGE DE LA PAROLE.

Dieu nous a donné la parole comme le moyen de faire connaître aux autres nos pensées, et de pouvoir vivre ainsi en société avec nos semblables. Mais

il est facile de faire dégénérer l'usage en abus, parce
que nous sommes enclins à mal parler, comme nous
sommes enclins à mal faire. La peinture effrayante
que l'apôtre saint Jacques nous fait des maux causés
par la langue est bien propre à nous faire comprendre combien il importe de veiller sur nos paroles.
« Si quelqu'un, dit-il, ne fait point de fautes en par-
« lant, c'est un homme parfait, et il peut tenir en
« bride tout le corps de ses actions et régler ses pas-
« sions. En effet, ne voyez-vous pas que nous met-
« tons des mors dans la bouche des chevaux afin qu'ils
« nous obéissent, et qu'ainsi nous faisons tourner
« tout leur corps où nous voulons ? Ne voyez-vous pas
« aussi que, quoique les vaisseaux soient si grands
« et qu'ils soient poussés par des vents impétueux,
« ils sont tournés néanmoins de tous côtés avec un
« très-petit gouvernail, selon la volonté du pilote qui
« les conduit ? Ainsi la langue n'est qu'une petite
« partie de notre corps, et cependant combien elle
« peut se vanter de faire de grandes choses ! Ne
« voyez-vous pas comme un petit feu est capable
« d'embraser une grande forêt ? La langue aussi est
« un feu capable de nous consumer et de nous dé-
« truire : c'est un monde d'iniquité, et n'étant qu'un
« de nos membres, elle infecte tout notre corps, elle
« enflamme tout le cercle et tout le cours de notre
« vie, et elle est elle-même enflammée du feu de
« l'enfer ; en sorte que Dieu seul peut la réprimer
« et en arrêter la malignité. Car la nature de l'homme
« est capable de dompter et a dompté en effet toute
« sorte d'animaux, les bêtes de la terre, les oiseaux,
« les reptiles et les poissons de la mer. Mais nul
« homme ne peut dompter la langue : c'est un mal
« inquiet ; elle est pleine d'un venin mortel. Par elle

« nous bénissons Dieu, notre Père, et par elle nous
« maudissons les hommes, qui sont créés à l'image
« de Dieu : de sorte que la bénédiction et la malé-
« diction partent de la même bouche. Ce n'est pas
« ainsi, mes frères, qu'il faut agir. »

Mais pour ne pas agir ainsi et pouvoir éviter les
nombreux inconvénients qui résultent de l'abus de
la parole, il faut, avant tout, un secours particulier
de Dieu ; car, selon la remarque de l'apôtre, *nul
homme ne peut dompter la langue.* Il le pourra néanmoins avec la grâce, pourvu que, de son côté, il
veille sur lui-même pour bien régler sa langue. Or,
le premier soin nécessaire pour atteindre ce but,
c'est d'être sobre de paroles et de ne pas oublier que
s'il y a un temps de parler, il y a aussi un temps de
se taire. « La multitude des paroles ne sera pas sans
péché, dit Salomon ; mais celui qui est retenu dans
ses discours est prudent. »

Le bon usage de la parole demande, en outre, que
nous suivions fidèlement les avis que le Saint-Esprit
nous donne, en ces termes, par la bouche du Sage :
« 1° Ne soyez pas prompt à parler : écoutez avec pa-
« tience et avec douceur ce qu'on vous dit, afin d'ac-
« quérir l'intelligence de la question qu'on vous pro-
« pose, et de rendre ensuite avec sagesse une ré-
« ponse qui soit véritable. Si vous avez de l'intelli-
« gence et si vous êtes en état de décider, répondez
« à votre prochain ; sinon, que votre main soit sur
« votre bouche, de peur que vous ne soyez surpris
« dans une parole indiscrète et que vous ne tom-
« biez dans la confusion ; car l'honneur et la
« gloire accompagnent le discours de l'homme
« sensé, mais la langue de l'imprudent est la
« ruine de son âme. — 2° Ne contredisez d'aucune

« manière la parole de vérité ; et soyez confus
« du mensonge où vous êtes tombé par ignorance.
« Ne consentez à faire aucun mensonge ; car l'habi-
« tude de mentir n'est pas bonne, et les lèvres men-
« teuses sont en abomination au Seigneur. — 3° Ne
« parlez pas beaucoup où il y a des vieillards ; ne
« vous répandez pas en grands discours dans l'assem-
« blée des anciens. — 4° Ne rougissez pas de dire
« la vérité, lors même qu'il s'agit de votre âme et
« qu'il y va de votre vie ; car, il y a une confusion
« qui fait tomber dans le péché, et il y en a une
« autre qui attire la gloire et la grâce de Dieu. —
« 5° Ne craignez pas d'avouer vos fautes ; le juste
« s'accuse lui-même le premier. — 6° Ne découvrez
« pas sitôt, dans la chaleur d'une querelle, ce que
« vous avez vu de vos propres yeux ; de peur qu'a-
« près avoir ôté l'honneur à votre ami dans la colère,
« vous ne puissiez plus le réparer ensuite. Traitez
« de votre affaire avec votre ami, et ne découvrez
« pas votre secret à un étranger. — 7° Le médisant
« révèle les secrets, mais celui dont le cœur est fidèle
« garde avec soin ce qui lui a été confié. Ne décou-
« vrez pas votre cœur à toute sorte de personnes,
« de peur que celui à qui vous vous fiez ne soit un
« faux ami, et qu'il ne médise ensuite de vous. —
« 8° Ne soyez pas un faux témoin contre votre pro-
« chain ; et que vos lèvres ne séduisent personne en
« caressant. Celui qui porte un faux témoignage con-
« tre son prochain est un dard, une épée et une flè-
« che perçante. — 9° Evitez de passer pour un se-
« meur de rapports ; et que votre langue ne vous
« devienne pas un piége et un sujet de confusion. Car,
« comme le voleur tombe dans la honte et le repen-
« tir lorsqu'il est surpris, ainsi le semeur de rap-

« ports attire sur lui la haine, l'inimitié et l'infamie.
« — 10° Evitez les disputes, et vous diminuerez les
« péchés. L'homme colère allume les querelles : le
« feu s'embrase dans la forêt selon qu'il y a du bois ;
« de même la colère de l'homme s'allume à l'égal
« de son pouvoir. La promptitude à disputer allume
« le feu de la colère ; la querelle précipitée répand le
« sang. — 11° Celui qui médit en secret est comme
« un serpent qui mord sans faire de bruit ; il sera
« maudit, parce qu'il jettera le trouble parmi plu-
« sieurs qui vivaient en paix. Le coup de verge fait
« une meurtrissure ; mais un coup de langue brise
« les os. — 12° Les entretiens des pécheurs sont in-
« supportables, parce qu'il se font un jeu et un di-
« vertissement du péché même ; le discours de celui
« qui jure souvent fera dresser les cheveux à la tête,
« et en attendant les paroles horribles qu'il pronon-
« cera, on se bouchera les oreilles. — 13° Enfin,
« prenez bien garde de ne pas faire de faute par la
« langue, de peur que vous ne tombiez devant vos
« ennemis, qui vous dressent des embûches, et que
« votre chute ne devienne incurable et mortelle. »

Qui mettra une garde à ma bouche et un sceau inviolable sur mes lèvres, afin que je ne pèche pas par
mes paroles et que ma langue ne me perde pas ! Seigneur, qui êtes mon Père et le maître de ma vie, ne
m'abandonnez pas à la légèreté indiscrète de ma langue, et ne permettez pas qu'elle me fasse tomber.

Histoires.

— Madame la duchesse de Longueville, l'une des
dames les plus estimables de la cour de Louis XIV,
n'ayant pu obtenir une grâce du roi pour une de ses
créatures, en fut si vivement piquée, qu'il lui échap-

pa des paroles très-indiscrètes et fort peu respec-
tueuses. Elles furent rapportées au roi, qui en parla
au grand Condé, frère de la duchesse. Celui-ci assura
que cela ne pouvait être et que sa sœur n'avait pas
tenu un tel langage. « Je l'en croirai elle-même, reprit le roi, si elle dit le contraire. » Le prince va
voir sa sœur, qui ne lui cache rien. En vain il tâche
de lui persuader qu'en cette occasion la sincérité serait déplacée, et qu'elle ferait même plus de plaisir
au monarque de nier sa faute que de l'avouer : Vou-
« lez-vous, lui dit la duchesse, que je répare ma faute
« par une plus grande non-seulement envers Dieu,
« mais envers le roi ! Je ne saurais gagner sur moi-
« même de lui mentir lorsqu'il a la générosité de
« m'en croire et de s'en rapporter à moi. Celui qui
« m'a trahie a grand tort ; mais après tout il ne m'est
« pas permis de le faire passer pour un calomnia-
« teur, puisque, en effet, il ne l'est pas. » Elle alla
le lendemain à la cour ; après avoir obtenu de parler
au roi en particulier, elle se jeta à ses pieds et lui
demanda pardon des paroles indiscrètes qui lui étaient
échappées, ajoutant qu'elle aimait mieux avouer sa
faute que d'être justifiée aux dépens d'autrui. Louis
XIV, par une action également héroïque, non-seulement lui pardonna, mais lui fit encore quelques autres
grâces qu'elle ne s'attendait pas à recevoir ; elle crut
même remarquer qu'il la traita depuis avec plus de
considération et de bonté.

— Saint François de Sales, ce parfait modèle de la
douceur évangélique, étant un jour insulté et outragé
de toute manière par un jeune homme emporté, se
posséda tellement qu'il ne répondit pas même une
seule parole. Une personne qui était présente lui
demanda comment il avait pu garder ainsi le silence.

« Pouvais-je donc, répondit le saint, mieux lui ap-
« prendre à parler qu'en me taisant ? J'ai fait un pacte
« inviolable entre ma langue et mon cœur : tant que
« celui-ci est ému, celle-là doit se taire ; mais sitôt
« que mon cœur est tranquille, il est permis à ma
« langue de parler. »

— Dans les jours de la Terreur, M. de L... fut
obligé de se cacher pour échapper à la proscription.
Mais des ennemis découvrent sa retraite, et des hommes chargés d'ordres sanguinaires partent pour l'en
arracher. Ils manquent leur victime, parce que M. de
L... était allé visiter, avec son épouse, un ami réduit
à se cacher. Ernest, son jeune fils, avait été laissé aux
soins de quelques vieux serviteurs, qui prirent la fuite
dès qu'ils aperçurent les satellites révolutionnaires.
Ceux-ci trouvèrent le pauvre enfant retenu au lit par
une maladie assez grave. Il croyait que ses souffrances étaient la cause de leur visite : mais il fut bientôt
détrompé quand il entendit l'un d'eux lui parler d'une
voix féroce : « Dis-nous où est ton père ou tu es
« mort ! » Ernest savait où était son père ; il ne men-
tit pas, mais il refusa de répondre, quoiqu'il sut que
les monstres étaient capables de lui faire tout le mal
dont ils l'avaient menacé. Irrité de son silence, résolus
de le vaincre, persuadés que les tourments seront plus
efficaces que l'aspect éloigné du trépas, ils font rougir un fer au feu et l'appliquent sur le doigt d'Ernest.
Le pauvre enfant ! il ne crie pas, il tombe inanimé....
Quand il revint à lui il était dans une sombre prison,
couché sur un misérable grabat ; à côté de lui était un
homme à figure sinistre, qui lui promettait la liberté
s'il découvrait son père. Ernest se souleva, pâle et
défiguré ; il lui tendit sa main horriblement mutilée ;
« Tenez, tenez, lui dit-il, voici encore un doigt ? »

Le ciel voulut récompenser tant de vertu : le lendemain des jours plus heureux se levaient pour la France et Ernest se trouva dans les bras de ses parents.

QUESTIONNAIRE.

Dans quel but Dieu nous a-t-il donné la parole ? — Résumez ce que l'apôtre saint Jacques dit sur les maux causés par la langue et sur la difficulté de la dompter. — Pour éviter cet abus si dangereux de la parole, que faut-il faire avant tout ? A quoi faut-il veiller ensuite ? — Résumez les avis que le Saint-Esprit nous donne pour nous apprendre à régler notre langue. — Que pouvons-nous recueillir de l'histoire de la duchesse de Longueville ? — Comment saint François-de-Sales fit-il un bon usage de sa langue, puisqu'il ne parla pas ? — Qu'y a-t-il d'admirable dans la conduite d'Ernest ?

CHAPITRE XII.

HUITIÈME DEVOIR : LA MODÉRATION EN TOUT.

Les désirs de l'homme vont presque toujours plus loin que ses besoins, en ce qui regarde les choses de la vie présente. S'il lui est permis d'accorder à ses besoins ce qui lui est nécessaire, il doit savoir régler ses désirs avec sagesse, afin de les renfermer dans de justes bornes ; car il faut de la modération en tout, même dans l'usage des choses les plus légitimes.

1° *Modération dans la nourriture.* — L'auteur du livre de l'Ecclésiastique nous trace ainsi la règle que la sobriété suit dans les repas : « Si vous êtes assis à « une bonne table, ne vous laissez pas aller d'abord « à l'intempérance de votre bouche. Ne dites pas : « Voilà bien des viandes ; je vais en bien manger. N'y « portez pas la main le premier ; usez comme un

« homme tempérant de ce qui vous est servi, de peur
« qu'en mangeant avidement, vous ne vous exposiez
« au mépris. Cessez le premier de manger par modes-
« tie, et ne vous abandonnez à aucun excès, de peur
« de tomber dans le péché. Si vous êtes assis avec
« beaucoup de personnes, ne portez pas la main aux
« viandes avant elles, et ne demandez pas le premier
« à boire. Ne buvez pas non plus avec excès ; peu de
« vin ne suffit-il pas à un homme sensé? Vous ne se-
« rez pas agité durant votre sommeil, et vous ne sen-
« tirez pas de douleurs ; au lieu que l'insomnie, les
« angoisses et les souffrances sont le partage de l'hom-
« me intempérant. Celui qui mange peu aura un som-
« meil de santé ; il dormira jusqu'au matin et son
« âme se réjouira en lui-même de sa sobriété. »

2° *Modération dans les soins à donner au corps.* —
C'est maintenant un philosophe païen, Sénèque,
qui va nous dire ce que nous devons penser du corps
et quels soins il faut lui donner. « Comme vous ne
« pouvez rien faire sans votre corps, regardez-le
« comme un instrument nécessaire pour agir, et non
« comme un meuble précieux. J'avoue que la nature
« ayant gravé en nous l'amour de notre corps, nous
« devons le traiter avec certains ménagements, mais
« non pas au point de nous en rendre esclaves. Il ne
« peut procurer que des plaisirs vains de peu de du-
« rée et qui sont suivis d'un repentir amer quand on
« ne les prend pas avec beaucoup de modération. Ce-
« lui qui craint trop pour son corps et qui lui rap-
« porte tout, sera dominé par plusieurs tyrans. Qu'on
« veille à sa conservation, c'est bien, de manière
« pourtant qu'on soit disposé à l'exposer aux flammes
« si la raison, l'honneur et la bonne foi l'exigent.
« Ne vous écartez jamais de cette règle salutaire de

« conduite, qui vous prescrit de n'avoir d'indulgence
« pour votre corps qu'autant que le soin de la santé
« le permet ; il faut user de rigueur s'il refuse de se
« soumettre à l'esprit. »

3° Modération dans les Jeux. — La religion ne défend pas toute espèce de divertissements. Elle sait que l'homme a besoin de se délasser des fatigues du corps et de celles de l'esprit, et de faire quelque diversion à ses soucis et à ses peines. Aussi permet-elle les amusements et les jeux, mais à deux conditions : 1° qu'ils soient innocents. Il y a des divertissements qui sont coupables ou dangereux, tels que les bals ou les spectacles; la prudence commande de les éviter. Il faut avoir le courage de s'imposer une privation quand elle devient nécessaire pour la vertu. 2° Lors même que la récréation qu'on veut prendre est honnête et permise, c'est un mal de s'y livrer avec excès. Le jeu est un amusement ; mais n'en faisons pas une occupation ni une affaire importante. Il doit avoir ses bornes, et il ne faut pas le pousser trop loin, de peur que, emportés par le plaisir, nous ne nous laissions aller à quelque chose de honteux et d'inconvenant.

4° Modération dans le soin des affaires temporelles. — En condamnant l'homme à manger son pain à la sueur de son front, Dieu lui a imposé l'obligation de pourvoir à ses besoins ; il l'a mis dans la nécessité de s'occuper de ce qui peut être nécessaire ou utile à son existence. Par conséquent, il lui est permis de faire attention aux choses de la terre, de chercher à se les procurer, à les conserver, à les augmenter même. Mais le soin qu'il en prend ne doit pas aller jusqu'à cette sollicitude inquiète qui jette dans le trouble et qui fait dire avec une anxiété toute païenne :

« Que mangerons-nous ? Que boirons-nous ? » De quoi nous vêtirons-nous ? » Outre que cette trop grande sollicitude est réprouvée par Jésus-Christ comme altérant la confiance que nous devons avoir en Dieu, elle détourne et concentre toutes les forces de l'âme sur la vie présente, et ne lui laisse plus d'activité pour la seule chose vraiment importante, qui est de se sauver. C'est ce qu'une triste expérience nous montre chaque jour. Toutes les pensées et tous les sentiments sont tournés vers les affaires temporelles : argent, maisons, propriétés, commerce ; et l'on cherche à excuser, à ses propres yeux et aux yeux des autres, la négligence qu'on apporte à ses devoirs religieux, en disant qu'on n'a pas le temps de s'en occuper. Si le soin qu'on donne à toutes ces choses était plus modéré, il suffirait néanmoins pour les traiter convenablement, et il ne deviendrait pas un obstacle au salut.

Ne m'abandonnez pas, Seigneur, à l'intempérance de mes désirs, mais apprenez-moi à les régler avec sagesse afin que je sache m'abstenir de tout ce qui est défendu et n'user qu'avec modération de tout ce qui est permis. Que je n'aie jamais pour les choses de la terre un attachement qui me fasse négliger le soin de mon salut ; car que me servirait-il de gagner même le monde entier si je venais à perdre mon âme ?

Histoires.

Saint Charles Borromée, étant tombé malade à Rome dans sa jeunesse, fit appeler des médecins. Mais comme ils n'étaient pas d'accord entre eux sur sa maladie, il profita de leurs contradictions pour se retirer de leurs mains. Il devint à lui-même son propre médecin, et le grand moyen curatif qu'il employa fut la sobriété. Il se fit un régime de vie par lequel il retrancha de sa table tout ce qui tenait à la délicatesse et ne servait qu'à flatter le goût. Cette manière de vivre l'eut bientôt délivré de ses infirmités, et il devint même si robuste, qu'il put supporter les plus rudes travaux de l'épiscopat.

— Agésilas, roi de Lacédémone, avait pour les lois rigides de son pays le respect le plus religieux ; il observait surtout avec le dernier scrupule celles qui commandaient la tempérance. Il ne se traitait pas mieux que ceux avec lesquels il vivait, il évitait de se rassasier et fuyait l'ivresse, ce vice hideux qui dégrade l'homme ; il maîtrisait, pour ainsi dire, le sommeil, et ne s'y livrait qu'autant de temps que les affaires le lui permettaient ; il se prémunissait médiocrement contre le froid et le chaud, de manière que dans les quatre saisons il ne portait sur lui qu'un seul vêtement. Lorsqu'il était sous les tentes avec les soldats, il n'avait pas un meilleur lit qu'eux. Déjà vieux, il paraissait souvent en public, le matin, sans chaussure et sans tunique, et n'étant couvert que d'un manteau fort usé. Quelqu'un lui représentant que c'était une imprudence d'agir ainsi à son âge : « Les jeunes « gens, répondit-il, imiteront plus volontiers l'exem-« ple que leur donne un roi dans sa vieillesse. »

— Un riche habitant de la ville de Riom, voyant son fils prêt à s'oublier au jeu, le laissa faire. Le jeune homme perdit une somme assez considérable. « Je la « paierai, lui dit son père, parce que l'honneur m'est « plus cher que l'argent. Cependant, expliquons-« nous : vous aimez le jeu, mon fils, et moi j'aime « les pauvres. Je leur ai moins donné depuis que je « songeais à vous préparer un établissement conve-« nable ; maintenant je n'y songe plus : un joueur

« ne doit pas se marier. Jouez tant qu'il vous plaira, « mais à cette condition : Je déclare qu'à chaque « perte nouvelle, les pauvres recevront de ma part, « autant d'argent que j'en aurai compté pour ac- « quitter les dettes que vous aurez contractées au jeu. « Commençons dès aujourd'hui. » La somme fut sur-le-champ portée à l'hôpital, et le jeune homme ne s'avisa pas de récidiver.

— *Parabole.* — Il y avait un homme riche dont les terres avaient rapporté beaucoup. Et il s'entretenait en lui-même de ces pensées : « Que ferai-je ? Car « je n'ai pas de lieu où je puisse serrer tout ce que « j'ai à recueillir. Voici, dit-il, ce que je ferai : J'a- « battrai mes greniers et j'en bâtirai de plus grands, et « j'y amasserai toute ma récolte et tous mes biens, et « je dirai à mon âme : « Mon âme, tu as beaucoup « de biens en réserve pour plusieurs années ; reposes- « toi, mange, bois, fais bonne chère. » Mais dans le temps que cet homme raisonnait ainsi, Dieu lui dit : *Insensé que tu es, on va te demander ton âme cette nuit même ; et pour qui sera ce que tu as amassé ?* C'est ce qui arrive, continue Jésus-Christ, à celui qui amasse des trésors pour lui-même et qui n'est pas riche devant Dieu.

QUESTIONNAIRE.

Pourquoi l'homme ne doit-il pas toujours contenter les désirs qui s'élèvent en lui ? — Résumez les règles de sobriété que l'Esprit-Saint nous trace pour les repas. — Que dit le philosophe Sénèque sur la manière dont nous devons traiter notre corps ? — Quels sont les divertissements qu'il faut éviter ? — Comment doit-on prendre ceux mêmes qui sont permis ? — Est-il défendu à l'homme de prendre soin de ses affaires temporelles ? — Quelles sont les deux rai-

*sons pour lesquelles il doit éviter une trop grande sollici-
tude pour les choses de la terre ? — Que nous apprend
l'histoire de saint Charles Borromée ? — De quelle vertu
la conduite d'Agésilas nous fournit-elle un beau modèle ?
— Comment ce riche habitant de Riom s'y prit-il pour
corriger son fils de la passion du jeu ? — Quelle leçon
pouvons-nous tirer, pour notre conduite, de la parabole
de l'Évangile ?*

III. — DEVOIRS DE L'HOMME ENVERS SES SEMBLABLES.

CHAPITRE XIII.

DEVOIRS GÉNÉRAUX : 1° LA PROBITÉ.

La probité est une vertu morale qui fait que nous
respectons les droits du prochain et que nous évitons
avec soin de lui faire tort. Les hommes étant en rapport continuel d'affaires et d'intérêts les uns avec les
autres, la probité de chacun est le seul moyen de conserver les droits de tous ; car si la justice humaine
peut, à l'aide des moyens dont elle dispose, arrêter
ou punir quelques fraudes, il n'y a que la probité
qui puisse les empêcher toutes, ou les faire réparer
après qu'elles ont été commises. Aussi, celui dont elle
ne guide pas les démarches saura trouver les moyens
de commettre des injustices et de tromper sans que
les tribunaux aient aucun blâme à jeter sur sa conduite.

La probité est un devoir de tous les états : depuis
le monarque assis sur le trône jusqu'au plus humble
des artisans, tous doivent la prendre pour règle dans
les rapports qu'ils ont avec leurs semblables. Ainsi,
le magistrat sera probe s'il applique les lois avec im-
partialité sans se laisser corrompre par des présents,

sans acception de personnes, n'écoutant d'autres recommandations que celle de la justice et du bon
droit. Le négociant sera probe si dans les achats et
les ventes il ne trompe pas, soit pour les prix, soit
pour la quantité ou la qualité des choses ; s'il n'altère
pas les marchandises par des mélanges qui, sans les
dénaturer entièrement, en diminuent la valeur ; enfin,
s'il n'a pas recours à la fraude et à la calomnie pour
attirer à lui les acheteurs et les détourner de s'a-
dresser aux autres marchands. L'ouvrier sera probe
s'il donne consciencieusement au travail le temps
fixé pour le salaire convenu ; au contraire, il manquerait à la probité s'il se laissait aller à la nonchalance
ou à l'oisiveté quand il n'est pas sous l'œil du maître ; s'il employait pour lui des heures qui ne lui appartiennent plus, puisqu'il les a cédées à un autre qui
en paie le prix ; ou bien encore si, infidèle dans l'emploi des matières qui lui sont confiées pour un ouvrage, il en détournait à son profit la moindre partie.
Le serviteur sera probe s'il remplit exactement son
emploie : s'il ne s'approprie rien des choses dont il a
la garde ou la gestion ; s'il n'en laisse rien perdre ou
détériorer par sa négligence, et s'il empêche les autres d'y porter atteinte.

« Le meilleur garant que l'on puisse avoir de la
« probité des hommes, dit Montesquieu, c'est la reli-
« gion. » Le sentiment de l'honneur suffit, il est vrai,
pour faire éviter tout ce qui serait capable de com-
promettre la réputation ; mais combien d'injustices
secrètes peuvent se commettre sans que l'honneur
soit atteint ! Quand on trouve l'occasion de faire
quelque gain aux dépens du prochain et qu'on a,
d'ailleurs, l'assurance de réussir sans que la fraude
puisse être découverte, il est difficile de se soutenir

dans ces circonstances délicates, pour la vertu, si l'on n'est pas guidé dans sa conduite par des motifs religieux.

Respecter en toute rencontre les droits du prochain, comme nous désirons qu'il respecte les nôtres, telle est la loi que vous nous imposez, Seigneur ; telle est aussi la règle que je veux suivre avec une invariable fidélité. La probité n'est pas seulement dans l'intérêt de notre salut, puisque les injustes ne sauraient espérer le ciel ; elle est encore dans l'intérêt de notre prospérité temporelle. Car, si l'injustice n'échappe pas à vos regards, elle n'échappe pas non plus à votre indignation ; et souvent, dans cette vie, elle attire sur les individus et sur les familles des revers et des calamités qui dissipent en un moment des biens mal acquis.

Histoire.

— Un officier tartare, entrant à cheval à Pékin, laissa par mégarde tomber sa bourse. Un pauvre artisan chrétien la vit tomber, la ramassa et courut à l'officier pour la lui remettre. Celui-ci, regardant avec mépris ce pauvre homme, et ne sachant ce qu'il voulait, piqua son cheval. Le chrétien ne le perdit pas de vue et le suivit jusqu'à sa maison. Le Tartare, tout en colère, le maltraita d'abord de paroles, et lui demanda ce qu'il voulait : « Vous rendre votre bourse « que vous avez laissé tomber, lui répondit le chré- « tien. » Le Tartare fut surpris, et lui demanda pourquoi il lui rapportait cet argent, puisque, d'après les coutumes de l'empire, il était permis de garder ce qu'on avait trouvé. « C'est que je suis chré- « tien, répartit l'artisan, et que ma religion m'oblige « de le faire. » Cette réponse piqua la curiosité de l'officier; il voulut savoir quelle était cette religion; se rendit auprès des missionnaires, les écouta et témoigna la plus grande estime pour tout ce qu'ils lui dirent des mystères et des maximes de la loi chrétienne.

— Dans sa jeunesse, saint Eloi, qui fut depuis évêque de Noyon, exerçait la profession d'orfèvre. Comme il était en grande réputation d'habileté, le roi Clotaire II le chargea de faire un fauteuil d'or enrichi de pierreries, et lui fit donner pour cet ouvrage une grande quantité d'or, que le saint ne voulut recevoir qu'après l'avoir fait peser. Eloi se mit à l'œuvre, et travailla sur le modèle qu'on lui avait donné. Quand il eut terminé, il se présenta devant le roi; mais au lieu d'un fauteuil il lui en rendit deux. A la vue du premier fauteuil, Clotaire admira le talent de l'ouvrier; mais en voyant le second, il fut surpris et charmé de sa délicatesse. Il avait même de la peine à croire que ce qui avait été fourni à Eloi eût pu suffire pour les deux fauteuils; il fallut, pour l'en convaincre, peser l'ouvrage, qui se trouva du même poids que la quantité d'or qu'on avait donnée pour le faire. Clotaire vit bien qu'il pouvait accorder toute sa confiance à un homme d'une si grande probité; aussi, saint Éloi parvint-il en peu de temps aux premières dignités du royaume.

QUESTIONNAIRE.

Qu'est-ce que la probité? — Quelle est l'importance de cette vertu morale? — La justice humaine ne suffit-elle pas pour empêcher les fraudes parmi les hommes? — En quoi consiste la probité du magistrat, — du négociant, — de l'ouvrier, — du serviteur? — Pourquoi le sentiment de l'honneur ne suffit-il pas pour rendre l'homme probe dans toutes les circonstances? — Quelle est donc la meilleure garantie de la probité? — Quelle leçon de probité nous donne le pauvre artisan de Pékin? — Que nous apprend la conduite de saint Eloi?

CHAPITRE XIV.

DEVOIRS GÉNÉRAUX : 2° LA FIDÉLITÉ A SA PAROLE.

Les relations que les hommes ont entre eux pour leurs intérêts et pour leurs affaires, s'établissent ordinairement par des conventions réciproques. Ainsi, le négociant convient de livrer sa marchandise, et l'acheteur convient d'en remettre le prix. Quelquefois ces conventions sont revêtues de certaines formalités établies par les lois civiles ; tels sont les actes qu'on passe devant notaire ; mais souvent aussi elles reposent uniquement sur la parole qu'on se donne de part et d'autre. Or, cette parole forme un lien qu'il n'est pas permis de rompre ; car que deviendrait la société s'il était loisible à chacun de manquer à ses engagements ? On n'y verrait bientôt plus que la ruse et la fraude et, par suite, le désordre, la confusion. Si la sincérité veut qu'on ne parle pas contre sa pensée et qu'on ait l'intention d'accomplir ce qu'on promet, la bonne foi demande qu'on soit fidèle à sa parole et qu'on exécute les conventions qu'on a faites. Cette obligation devient plus grave encore lorsque la promesse a été confirmée par un serment, parce qu'alors on a fait intervenir Dieu comme garant de sa fidélité, et le respect dû à sa majesté sainte ne permet pas qu'on laisse sans l'accomplir une parole qu'on a rendu sacrée en la couvrant de son nom. Celui qui serait infidèle dans ce cas se rendrait doublement coupable, et parce qu'il aurait manqué à sa parole, et parce qu'il aurait violé son serment.

Cependant, il est des promesses qu'on ne pourrait pas accomplir sans crime: ce sont celles qui auraient pour objet une chose mauvaise ; par exemple, la promesse de se venger. On a mal fait de prendre un tel engagement ; on ferait mal encore de le tenir ; car un lien d'iniquité ne saurait être un engagement d'honneur.

Votre prophète, Seigneur, met au nombre des qualités nécessaires pour être admis dans le ciel, la bonne foi, qui nous défend d'user de tromperie dans nos paroles et d'éluder les serments faits au prochain. A votre imitation, mon Dieu, je veux être fidèle en toutes mes paroles ; je n'aurai jamais recours à la duplicité ni à la fraude pour me dégager de mes promesses, mais je tiendrai fidèlement les engagements que j'aurai pris. Dans mes rapports avec mes semblables, je m'efforcerai de joindre toujours à la prudence du serpent la simplicité de la colombe, comme votre divin Fils nous le recommande dans son saint Evangile. La prudence me préservera des piéges que la ruse et la fourberie des méchants pourraient me tendre à moi-même, et la simplicité m'empêchera de chercher jamais à tromper les autres en leur manquant de parole.

Histoire.

— En 1763, un Anglais nommé Guillaume Orrebow, fut condamné à mort avec quinze autres coupables. La veille du jour de l'exécution, il eut envie de voir sa femme et de lui faire ses adieux. Il avait de l'argent, il fit apporter du vin, et invita le geôlier à venir boire et manger avec lui. Quand il l'eut bien régalé, il lui expliqua ses désirs, et lui demanda la permission de sortir pendant deux heures, s'engageant par les serments les plus forts à revenir aussitôt. Le geôlier pris au dépourvu par cette demande, à laquelle il était loin de s'attendre, ne se sentant pas le courage de contrarier un homme qui venait de le fêter si bien, osa compter sur sa parole. Les portes sont ouvertes, Orrebow vole chez sa femme, qui est très-surprise de le voir, et qui ne manque pas de l'exhorter à profiter de la circonstance pour se soustraire au supplice. Orrebow rappelle sa parole et atteste la sainteté du serment ; tout ce qu'il se permet, c'est de différer son retour à la prison jusqu'au lendemain. Cependant, le geôlier, ne le voyant pas revenir, était dans une inquiétude mortelle. L'heure de l'exécution approche ; les chariots sont arrivés. Il devait y avoir seize criminels ; on n'en trouva plus que quinze. On interroge le geôlier, qui raconte sa triste aventure. Il est réputé complice de l'évasion ; et comme l'affaire était de conséquence, on le fait monter dans le chariot à la place du coupable, et l'on part pour le lieu de l'exécution. Orrebow dormait profondément ; il se ré-veille enfin, s'informe de l'heure, et, apprenant qu'il est tard, il se hâte de s'habiller et court à la prison. On était déjà parti ; il double le pas pour rejoindre les chariots, et s'approchant, hors d'haleine, de celui où était le geôlier : « Descendez, lui dit-il, vous avez tenu « ma place assez longtemps ; si l'on ne s'était pas « tant pressé de partir, vous n'auriez pas eu la peine « de venir jusqu'ici. » Il monte en disant ces mots, s'assied, remercie encore le geôlier, et se plaint amèrement de ce qu'on l'a cru capable de manquer à sa parole.

— Hérode, ayant épousé Hérodiade, quoiqu'elle fut femme de Philippe, son frère, avait envoyé prendre Jean, l'avait fait lier et mettre en prison à cause d'elle, parce que Jean disait à Hérode : Il ne vous est pas permis d'avoir pour femme celle de votre frère. Aussi Hérodiade, irritée de cette liberté de Jean, lui tendait des piéges et cherchait l'occasion de le faire mourir ; mais elle ne pouvait y parvenir, parce qu'Hérode, qui craignait Jean et qui avait du respect pour lui, sachant que c'était un homme juste et saint, le faisait garder, agissait même en beaucoup de choses par son conseil et l'écoutait volontiers. Mais enfin, il arriva un jour favorable au dessein d'Hérodiade : ce fut le jour de la naissance d'Hérode, auquel il fit un festin aux grands de sa cour, aux premiers officiers de ses troupes et aux principaux de la Galilée. Or, la fille d'Hérodiade étant entrée dans la salle du festin, et ayant dansé devant Hérode, elle lui plût tellement et à ceux qui étaient à table avec lui, qu'il lui dit : Demandez-moi ce que vous voudrez, je vous le donnerai. Et il ajouta même avec serment : Oui, je vous donnerai tout ce que vous demanderez, quand ce serait la moitié de mon royaume. — Elle, étant sortie, dit à sa mère : que demanderai-je ? — Sa mère lui répondit : la tête de Jean-Baptiste. — Et, étant rentrée aussitôt en grande hâte où était le roi, elle lui fit sa demande en ces termes : Je désire que vous me donniez à l'instant même, dans un bassin, la tête de Jean-Baptiste. — Le roi fut constristé ; néanmoins, à cause du serment qu'il avait fait et de ceux qui étaient à table avec lui et qui en avaient été les témoins, il ne voulut pas la refuser. Ainsi, ayant envoyé un de ses gardes il commanda qu'on apportât la tête de Jean dans un bassin. Le garde lui coupa donc la tête dans la prison, l'apporta dans un bassin, et la donna à la jeune fille ; celle-ci la donna à sa mère. Ses disciples, l'ayant appris, vinrent prendre son corps et le mirent dans un tombeau. Ce fait est un exemple de l'aberration dans la fidélité au serment. Hérode aurait dû dire à sa fille je puis te donner la moitié de mon royaume, mais, faire périr un innocent, je ne le peux point.

QUESTIONNAIRE.

Sur quoi reposent ordinairement les conventions que les hommes font entre eux ? — Comment la fidélité à sa parole importe-t-elle au bien de la société ? — Que demande la bonne foi ? — Pourquoi y a-t-il une obligation plus grave d'accomplir une promesse confirmée par le serment? — Combien de fautes commettrait celui qui manquerait de l'accomplir ? — Quelles sont les promesses que l'on ne doit pas tenir, et pourquoi ? — Faites ressortir ce qu'il y a de beau dans la conduite d'Orrebow. — En quoi Hérode fut-il coupable ?

CHAPITRE XV.

DEVOIRS GÉNÉRAUX : 3° LE RESPECT DE L'AUTORITÉ.

L'homme est destiné à vivre en société avec ses semblables. Mais la société serait impossible s'il n'y avait pas un moyen pour établir et maintenir l'ordre dans une multitude composée d'individus qui ont des vues et des goûts différents et souvent opposés ; car autrement personne ne pourrait se promettre de vivre en paix et en assurance : on se verrait sans cesse exposé à être insulté, dépouillé, tué même par ceux qui croiraient trouver leur intérêt à nous maltraiter ainsi : et il vaudrait mieux alors se séparer de la compagnie des autres hommes pour aller chercher une existence tranquille dans quelque coin d'un désert. Or, ce moyen se trouve dans l'autorité qui gouverne la société ; c'est elle qui est chargée de veiller au maintien du bon ordre et de faire en sorte que chacun puisse jouir en paix de sa vie, de sa réputation, de ses biens, sans avoir à craindre d'être troublé par les autres, mais aussi sans les troubler. L'autorité est donc nécessaire non-seulement pour le bien, mais encore pour l'existence de la société ; aussi n'a-t-on jamais vu de société, sans une autorité quelconque pour la présider et la gouverner. Par conséquent, ceux qui chercheraient à détruire l'autorité travailleraient, par là même, à la ruine de la société et au malheur de ceux qui la composent.

Il y a deux espèces de société : la société temporelle des citoyens, qui forme l'*Etat*, et la société religieuse des fidèles, qu'on appelle l'*Eglise*. Chacune de ces sociétés est gouvernée par une autorité différente. Dans l'*Eglise*, c'est l'autorité spirituelle ; dans l'*Etat*, c'est l'autorité civile. L'autorité spirituelle est exercée par le Souverain Pontife dans toute l'Eglise, et par les évêques dans leurs diocèses ; elle a pour but de nous guider dans le chemin du ciel et dans l'accomplissement des devoirs de la vie chrétienne. L'autorité civile, dont le but est de faire régner l'ordre et la paix parmi les sujets d'un même Etat, est exercée par les princes ou par ceux qui sont placés à la tête de la société.

Le devoir de l'autorité, dans l'*Etat* comme dans l'*Eglise*, c'est de travailler à notre bonheur soit temporel, soit éternel ; mais aussi le devoir de chacun de nous est de respecter l'autorité et de lui obéir, à moins qu'elle ne vienne à commander quelque chose qui serait contraire à la loi de Dieu. L'apôtre saint Paul rappelait en ces termes aux premiers chrétiens la conduite à tenir à l'égard de ceux qui sont revêtus de l'autorité : « Que tout le monde soit soumis aux

« puissances supérieures ; car il n'y a point de puis-
« sance qui ne vienne de Dieu, et c'est lui qui a
« établi toutes celles qui sont sur la terre. Celui donc
« qui s'oppose aux puissances résiste à l'ordre de
« Dieu, et ceux qni y résistent attirent la condam-
« nation sur eux-mêmes : car les princes ne sont pas
« à craindre lorsqu'on ne fait que de bonnes actions,
« mais lorsqu'on en fait des mauvaises. Voulez-vous
« ne pas craindre les puissances ? Faites-le bien, et
« elles vous en loueront. Le prince est le ministre de
« Dieu pour vous favoriser dans le bien. Si vous fai-
« tes mal, vous avez raison de craindre, parce que
« ce n'est pas en vain qu'il porte l'épée ; car il est le
« ministre de Dieu pour exécuter sa vengeance, en
« punissant celui qui fait de mauvises actions. Il est
« donc nécessaire de lui être soumis non-seulement
« par la crainte du châtiment, mais aussi par un
« devoir de conscience. C'est pour cette même rai-
« son que vous payez le tribut aux princes, parce
« qu'ils sont ministres de Dieu, toujours appliqués
« aux fonctions de leur emploi. Rendez donc à cha-
« cun ce qui lui est dû : le tribut à qui vous devez
« le tribut, les impôts à qui vous devez les impôts,
« la crainte à qui vous devez de la crainte, l'honneur
« à qui vous devez de l'honneur. » Ce que l'Apôtre dit
ici des princes s'applique à tous ceux qui exercent
l'autorité en leur nom, comme les magistrats et les
juges, depuis le premier des ministres jusqu'au plus
petit des maires de campagne.

Quant à l'autorité de l'Eglise, Jésus-Christ nous
fait connaître en termes assez forts le respect et
l'obéissance que nous lui devons, lorsqu'il dit à ses
apôtres : « Comme mon Père m'a envoyé, je vous en-
« voie. Celui qui vous écoute m'écoute, et celui qui

« vous méprise me méprise. Si quelqu'un n'écoute
« pas l'Eglise, qu'il soit à votre égard comme un
« païen et un publicain. Je vous dis, en vérité, tout
« ce que vous lierez sur la terre sera aussi lié dans
« le ciel, et tout ce que vous délierez sur la terre
« sera aussi délié dans le ciel. »

Le meilleur moyen de respecter l'autorité, Seigneur, et de lui être soumis, c'est de la considérer comme venant de vous. C'est aussi ce que je veux faire ; en toute rencontre, je verrai votre autorité dans celle de mes supérieurs : je me rappellerai qu'il n'y a pas de puissance qui ne vienne de vous. Par là l'obéissance me deviendra plus facile ; elle sera aussi plus méritoire pour le ciel, parce qu'elle sera surnaturelle.

Histoires.

— Un jeune enfant d'Avignon donna, vers la fin du dernier siècle, un exemple admirable d'obéissance et de fermeté. Comme ses parents n'avaient pas eu soin de l'élever chrétiennement, il avait mené une vie assez peu régulière jusqu'à l'âge de treize à quatorze ans. Mais, ayant fait alors sa première communion et s'y étant préparé avec le soin que demande une si grande et si sainte action, il changea totalement de conduite et de sentiments, se donna tout entier à Dieu, et forma la ferme résolution de tout sacrifier et de tout souffrir plutôt que de jamais l'offenser. La fidélité qu'il avait vouée au Seigneur fut bientôt mise à une des épreuves les plus délicates qu'il pût avoir à soutenir. Son père, qui n'était guère exact à remplir ses devoirs de chrétien, ne fit servir sur sa table, un jour maigre, que des aliments gras, et il en offrit à son fils, qui jusqu'alors n'avait pas fait de difficulté d'en accepter. Mais cette fois l'enfant remercie avec un ton respectueux, et dit en même temps avec fermeté à son père qu'il ne pouvait pas manger les mets qu'il lui présentait, parce que les lois de l'Eglise lui en interdisaient l'usage. « Monsieur, lui ré- « pondit le père aussi indigné que surpris de ce « refus, puisque vous ne voulez pas de ce que je vous « offre, vous ne mangerez que du pain. — Volon- « tiers, papa, dit l'enfant ; la religion m'apprend « que je dois vous obéir comme à Dieu ; et lorsque « vous ne m'ordonnerez rien qui soit contraire à sa « loi, je ne serai pas moins soumis à vos ordres « qu'aux siens. » Il semble que cette réponse aurait dû désarmer la colère du père ; mais comme il était naturellement dur, il y fut insensible ; et, pendant plusieurs jours, il ne fit donner à son fils que du pain. Il n'en fut pas ainsi de la mère : plus tendre et plus raisonnable que son mari, elle ne put voir sa conduite sans en être affligée. Pour adoucir la punition à laquelle son fils avait été si injustement condamné, elle lui porta en cachette quelques aliments maigres et l'exhorta à les manger, lui assurant que son père n'en saurait jamais rien. Mais l'enfant refusa constamment d'y toucher ; et comme sa mère faisait les plus vives instances : « Non, maman, dit-il, je ne con- « sentirai jamais à manger ce que vous avez la bonté « de me présenter. Mon père a dit expressément, en « votre présence, qu'il voulait que je n'eusse que « du pain pour toute nourriture ; mon devoir est de « lui obéir : je ne mangerai que du pain. Je puis vivre « de ce seul aliment ; mais dussé-je mourir de faim, « je préférerais la mort à la désobéissance. » La mère ne put répondre à ces paroles que par des larmes ; mais elle vint les rapporter à son mari. Celui-ci en fut si frappé, si attendri, que, pour réparer l'injustice qu'il avait commise et le scandale qu'il avait donné, il ne fit plus servir sur la table aucun aliment gras, et observa exactement les lois de l'Eglise durant tout le reste du Carême. Heureux enfant, d'avoir pu faire ouvrir les yeux à ses parents et de les avoir ramenés ainsi de leurs égarements?

— La faction des ariens, furieuse de tout le bien que faisait en Syrie Eusèbe, évêque de Samosathe, obtint de l'empereur un édit qui le réléguait dans un pays lointain. Le porteur de cette condamnation arriva vers le soir à Samosathe. Le charitable pasteur, sachant combien il était cher à ses ouailles, dit à cet envoyé : « J'obéirai, comme je le dois, à l'ordre que « vous m'avez apporté, mais gardez-vous bien de « faire connaître le sujet de votre voyage ; car si le « peuple venait à l'apprendre, il vous jetterait dans « l'Euphrate. » Il partit fort secrètement pour son exil, avec un seul domestique, n'emportant pour tout meuble qu'un oreiller et un livre, et il se rendit d'abord dans la ville de Zeugna, située sur le bas du fleuve, à vingt-quatre lieues de distance. Cependant, les habitants de Samosathe apprirent bientôt l'ordre de l'empereur. Le fleuve, en un moment, fut couvert de barques, et ils ne tardèrent pas à rejoindre leur père qu'ils conjurèrent avec larmes de ne pas les abandonner à la fureur des loups qui allaient ravager son troupeau. Pour toute réponse, l'évêque leur lut le passage de saint Paul qui ordonne d'obéir aux puissances ; et après les avoir exhortés à imiter sa soumission et à se tenir fermes dans la doctrine des apôtres et des conciles, il partit tranquillement pour se rendre au lieu de son exil.

Montrez comment la société ne peut pas exister sans une autorité quelconque. — Combien y a-t-il d'espèces de société, et par qui chacune d'elles est-elle gouvernée ? — Résumez les avis de l'apôtre saint Paul sur le respect et l'obéissance dûs aux princes. — Que dit Jésus-Christ sur l'autorité de l'Eglise ? — Quel est le meilleur moyen de respecter l'autorité et de lui être soumis ? — Quelles sont les deux vertus dont la conduite du jeune enfant d'Avignon nous offre un beau modèle ? — Que nous apprend la soumission d'Eusèbe, de Samosathe, aux ordres de l'empereur ?

CHAPITRE XVI.

DEVOIRS GÉNÉRAUX : 4° L'AMOUR DU PROCHAIN.

La charité, qui nous fait aimer Dieu, comme nous l'avons vu dans le chapitre des vertus théologales, nous fait aussi aimer le prochain. Ces deux amours sont les deux fruits du même arbre, les deux branches de la même vertu ; ils sont inséparables : l'un ne saurait aller sans l'autre, c'est saint Jean qui nous l'assure : « Si quelqu'un dit : J'aime Dieu et ne laisse « pas de haïr son frère, c'est un menteur ; car com- « ment celui qui n'aime pas son frère qu'il voit, « peut-il aimer Dieu, qu'il ne voit pas ? Et c'est de « Dieu même que nous avons reçu ce comman- « dement : Que celui qui aime Dieu, doit aussi « aimer son frère. » Par ce mot *frère,* nous ne devons pas entendre seulement ceux qui nous sont unis par les liens de la parenté naturelle, mais tous les hommes en général, et plus particulièrement tous les chrétiens ; parce que nous ne formons ensemble qu'une même famille, nous invoquons le même Père qui est dans les cieux.

La religion nous présente des motifs bien capables de nous inspirer cet amour du prochain. Elle nous montre dans tous les hommes des créatures faites à l'image et à la ressemblance de Dieu, des âmes rachetées au prix du sang de Jésus-Christ et appelées à partager un jour avec nous le bonheur du ciel. Pour ce qui regarde les chrétiens en particulier, elle nous rappelle que, par le saint baptême, nous sommes entrés dans la famille adoptive de Dieu, devenus, par conséquent, à un titre tout spécial, frères les uns des autres ; que nous sommes les membres d'un même corps, qui est l'Eglise et dont Jésus-Christ est la tête ; que nous venons nous asseoir à la même table pour manger le même pain eucharistique. Comment ne pas s'aimer quand on est si étroitement uni ?

Nous ne pouvons refuser cet amour à personne, pas même aux méchants, ni à nos ennemis. Les Juifs étaient à cet égard dans une erreur que partagent malheureusement trop de chrétiens : Parce que Dieu dit dans la loi : Vous aimerez votre prochain, leurs docteurs avaient conclu qu'il était permis de haïr les autres, et ils avaient fait cette maxime : Vous haïrez votre ennemi. Pour les ramener à des sentiments plus conformes à la charité, Jésus-Christ leur dit : « Vous avez appris qu'il a été dit : Vous aimerez « votre prochain, et vous haïrez votre ennemi, et « moi je vous dis : Aimez vos ennemis, faites du bien « à ceux qui vous haïssent, et priez pour ceux qui « vous persécutent et qui vous calomnient, afin que « vous soyez les enfants de votre Père qui est dans « les cieux, qui fait lever son soleil sur les bons et « sur les méchants, et fait pleuvoir sur les justes et « sur les injustes ; car si vous n'aimez que ceux qui « vous aiment, quelle récompense en aurez-vous ?

« Les publicains ne le font-ils pas aussi ? et si vous
« ne saluez que vos frères, que faites-vous en cela de
« plus que les autres ? Les païens ne le font-ils pas
« aussi ? Soyez donc, vous autres, parfaits comme
« votre Père céleste est parfait. » Ne disons pas que
ce commandement est au-dessus de nos forces ; car
Dieu ne nous ordonne rien d'impossible ; mais il
veut que nous fassions ce que nous pouvons, que
nous lui demandions ce que nous ne pouvons pas,
et il nous aide afin que nous le puissions.

Notre amour pour le prochain ne doit pas se borner
à quelques sentiments ou quelques paroles bienveil-
lantes ; mais il doit se manifester par les œuvres, selon cette recommandation de l'apôtre saint Jean :
« Mes chers enfants, que notre amour ne soit pas en
« paroles ni sur la langue, mais qu'il soit effectif et
« véritable. » De là il résulte que nous devons être
disposés à faire du bien à tous, et à leur rendre,
dans l'occasion, les services qui dépendent de nous.
C'est ce que Notre-Seigneur nous indique bien clairement en deux mots quand il nous dit : « Vous ai-
« merez votre prochain comme vous-même. » L'a-
mour que nous avons pour nous n'est pas oisif ni
stérile ; il nous porte à nous désirer et à nous faire
tout le bien que nous pouvons. Or, puisque l'amour
du prochain doit être, sinon égal, du moins semblable
à celui que nous avons pour nous-mêmes, nous devons donc aussi lui désirer et lui faire, dans l'occasion, le bien qu'il dépend de nous.

Vous nous dites, Seigneur Jésus, dans votre saint
Evangile : « Je vous fais un commandement nouveau :
« c'est de vous aimer les uns les autres, de telle
« sorte que vous vous entr'aimiez comme je vous ai
« aimés. C'est en cela que tous connaîtront que vous

« êtes mes disciples, si vous avez de l'amour les uns
« pour les autres. » A cette marque, peut-on me
reconnaître pour chrétien ? Puis-je dire que j'aime
véritablement mon prochain ? Et si je ne l'aime pas,
que dois-je penser de moi quand j'entends saint Jean
nous dire : « Nous reconnaissons à l'amour que nous
« avons pour nos frères, que nous sommes passés
« de la mort du péché à la vie de la grâce. Celui qui
« n'aime pas son frère demeure dans la mort. » Je
veux désormais aimer mes frères comme moi-même ;
par là, je me montrerai digne d'être l'enfant d'un
Dieu qui est tout amour.

Histoires.

— Un docteur de la loi, s'approchant de Jésus, lui
dit pour le tenter : Maître, que faut-il que je fasse
pour posséder la vie éternelle ? — Jésus lui répondit :
Qu'y a-t-il d'écrit dans la loi ? Qu'y lisez-vous ? — Il
lui dit : Vous aimerez le Seigneur votre Dieu de tout
votre cœur, de toute votre âme, de toutes vos forces,
et de tout votre esprit ; et votre prochain comme
vous-même. — Jésus lui dit : Vous avez fort bien
répondu ; faites cela, et vous vivrez. — Mais cet
homme, voulant faire paraître qu'il était juste, dit à
Jésus : Et qui est mon prochain ? — Et Jésus, prenant
la parole, lui dit : Un homme qui descendait de Jérusalem à Jéricho tomba entre les mains des voleurs,
qui le dépouillèrent, le couvrirent de plaies et s'en
allèrent, le laissant à demi-mort. Il arriva ensuite
qu'un prêtre qui descendait par le même chemin,
l'ayant aperçu, passa outre. Un lévite, étant aussi
venu en ce même lieu et l'ayant considéré, passa outre encore. Mais un Samaritain, qui voyageait, vint
à l'endroit où était cet homme, et, l'ayant vu, il en

fut touché de compassion. Il s'approcha donc de lui, versa de l'huile et du vin dans ses plaies, les banda, et l'ayant mis sur son cheval, il le mena dans une hôtellerie, où il eut grand soin de lui. Le lendemain, en s'en allant, il tira de sa poche deux deniers, qu'il donna à l'hôte, et lui dit : Ayez soin de cet homme, et tout ce que vous dépenserez de plus, je vous le rendrai à mon retour. Lequel de ces trois vous semble-t-il avoir été le prochain de celui qui tomba entre les mains des voleurs ? — Le docteur lui répondit : C'est celui qui a exercé la miséricorde envers lui. — Allez donc, lui dit Jésus, et faites de même.

— Sous le règne de Maximin, l'un des plus ardents persécuteurs du christianisme, l'empire fut affligé de calamités qui fournirent aux chrétiens l'occasion de montrer d'une manière éclatante jusqu'où la religion sait porter l'amour des ennemis. Le Ciel ayant refusé les pluies nécessaires à la fertilité de la terre, les fruits et les moissons manquèrent, et la famine fut bientôt suivie de la peste. Aux symptômes ordinaires de cette maladie, s'en joignit un nouveau ; c'était un ulcère enflammé qu'on appelle *charbon*, qui, se répandant par tout le corps, s'attachait surtout aux yeux, et fit perdre la vue à un nombre infini de personnes de tout âge et de tout sexe. Ces deux calamités réunies dépeuplaient les villes, désolaient les campagnes. Le boisseau de blé se vendait plus de deux cents francs de notre monnaie. On rencontrait à chaque pas des femmes recommandables par leur naissance, qui, réduites à mendier, n'avaient d'autres marques de leur ancienne fortune que la honte de leur misère. On vit des pères et des mères traîner leur famille dans les campagnes, pour y manger, comme les bêtes, le foin et même les herbes malsaines, qui leur donnaient la mort. On en vit d'autres vendre leurs enfants pour la misérable nourriture d'une journée. Dans les rues, dans les places publiques, chancelaient et tombaient les uns sur les autres des fantômes secs et décharnés, qui n'avaient de forces que pour demander, en expirant, un morceau de pain. La peste faisait en même temps d'horribles ravages ; il semblait qu'elle s'attachait surtout aux maisons que l'opulence préservait de la famine. La mort, armée de ces deux fléaux, parcourut en peu de temps toutes les provinces soumises à Maximin. Elle abattit des familles entières; rien n'était si commun, dit un témoin oculaire, que de voir sortir à la fois d'une même maison deux ou trois convois funèbres. On n'entendait dans toutes les villes, qu'un affreux concert de gémissements, des cris lugubres et d'instruments alors employés dans les funérailles. La pitié se lassa bientôt : la multitude des indigents, l'habitude de voir des mourants, l'attente prochaine d'une mort semblable, avait endurci tous les cœurs. On laissait au milieu des rues les cadavres étendus sans sépulture, et ils servaient de pâture aux chiens. Les chrétiens seuls, que ces maux semblaient venger, montrèrent de l'humanité pour leurs persécuteurs; eux seuls bravaient la faim et la contagion pour nourrir les misérables, pour soulager les mourants, pour ensevelir les morts. Cette charité généreuse étonnait, attendrissait les infidèles ; ils ne pouvaient s'empêcher d'admirer le Dieu des chrétiens, qui sait inspirer à ses adorateurs des sentiments si héroïques.

QUESTIONNAIRE.

Peut-on aimer véritablement Dieu sans aimer son prochain ? — Qu'en dit l'apôtre saint Jean ? — Que devons-

les entendre par le mot frère ? — Quels motifs avons-nous pour aimer tous les hommes en général ? — Quels motifs plus particuliers avons-nous pour aimer les chrétiens ? — Pourquoi ne pouvons-nous pas exclure nos ennemis de cet amour du prochain ? — Comment Jésus-Christ détruit-il cette fausse maxime des Juifs: Vous haïrez votre ennemi ? — Comment montrons-nous au prochain que nous l'aimons ? — Quelle règle nous trace Jésus-Christ à ce sujet ? — Quelle morale devons-nous tirer de l'exemple du Samaritain ? — Que nous apprend la conduite des premiers chrétiens à l'égard des païens, leurs persécuteurs ?

CHAPITRE XVII.

DEVOIRS PARTICULIERS : 1° LA COMPASSION POUR LES MALHEUREUX.

La bienveillance générale avec laquelle la Charité embrasse tous les hommes dans sa bonne volonté et dans son désir de leur faire du bien, doit se porter plus particulièrement sur ceux qui sont dans la souffrance et le besoin, nous rendant sensibles à leurs maux et empressés à les soulager selon notre pouvoir ; elle prend alors le nom de *compassion* ou de *miséricorde*.

La miséricorde est naturelle à l'homme, et chacun de nous pourrait dire comme Job : « La compassion a crû avec moi dès mon enfance ; elle est sortie avec moi du sein de ma mère. » Comment, en effet, voir souffrir son semblable sans en éprouver de la peine et sans lui porter secours, si on le peut ! Mais il arrive trop souvent qu'on affaiblit, qu'on étouffe même presque entièrement en soi ce sentiment si noble, si digne d'une belle âme. Les passions, le luxe et surtout l'égoïsme produisent ces tristes effets; on s'aime exclusivement, on ne s'occupe que de soi, on ne songe qu'à ses jouissances, et l'on devient insensible à tout ce qui intéresse le prochain.

Jésus-Christ a fait de la compassion une vertu chrétienne qu'il a mise au nombre des huit béatitudes : « Bienheureux, dit-il, ceux qui sont miséricor- « dieux parce qu'ils obtiendront eux-mêmes miséri- « corde. » Et afin de nous exciter d'un manière plus pressante à exercer la miséricorde envers le prochain, il s'identifie, en quelque sorte, avec tous ceux qui souffrent et nous promet qu'il regardera comme fait à lui-même tout ce que nous aurons fait pour les soulager. « J'ai eu faim, dira-t-il aux miséricordieux et « vous m'avez donné à manger ; j'ai eu soif et vous « m'avez donné à boire ; j'ai eu besoin de logement, « et vous m'avez logé ; j'ai été nu, et vous m'avez « revêtu ; j'ai été malade, et vous m'avez visité ; « j'étais en prison, et vous êtes venu me voir. Alors « les justes lui répondront : Seigneur, quand est-ce « que nous vous avons vu avoir faim, et que nous « vous avons donné à manger ; ou avoir soif, et que « nous vous avons donné à boire ?... Et le Roi leur « répondra : Je vous dis en vérité qu'autant de fois « que vous l'avez fait à l'égard de l'un de ces plus « petits de mes frères, c'est à moi-même que vous « l'avez fait. » Quel motif plus touchant pouvait nous présenter Jésus-Christ pour nous porter à la miséricorde ! Qui de nous pourrait lui refuser l'aumône s'il nous tendait la main ? Or, c'est sa main que nous devons voir dans celle du pauvre et de l'affligé qui implorent notre compassion.

La miséricorde doit s'étendre aussi loin que s'étend la misère ; et, puisque la misère peut assaillir prochain dans son corps et dans son âme, la miséricorde doit chercher à le soulager dans le corps et dans l'âme. Il y a donc deux espèces d'œuvres de miséricorde : les unes regardent le corps ; il y en a sept : 1° donner à manger à ceux qui ont faim ; 2° donner à boire à ceux qui ont soif ; 3° vêtir ceux qui sont nus ; 4° racheter les captifs ; 5° visiter et soulager les malades et les prisonniers ; 6° loger les pauvres et les pèlerins ; 7° ensevelir les morts. Les autres ont pour but le bien de l'âme ; elles sont aussi au nombre de sept : 1° instruire les ignorants ; 2° corriger les pécheurs ; 3° consoler les affligés ; 4° donner de bons conseils à ceux qui en ont besoin ; 5° prier Dieu pour les vivants et pour les morts ; 6° supporter les défauts d'autrui ; 7° pardonner à ses ennemis et les aimer.

Vous nous prévenez, ô mon Dieu ! que vous vous servirez envers nous de la même mesure dont nous nous serons servis envers les autres. Hélas ! que deviendrais-je si vous me traitiez sans miséricorde ? C'est cependant le sort qui m'attendrait infailliblement si j'étais moi-même sans compassion pour mes frères. Je veux exercer la miséricorde pendant les jours de ma vie, afin d'obtenir, à mon tour, miséricorde quand je paraîtrai devant vous.

Histoires.

— Un des établissements qui font le plus d'honneur à la Religion, c'est celui que forma saint Jean-de-Dieu en fondant l'ordre de la Charité. Cet homme admirable, voyant que les pauvres malades étaient souvent abandonnés, prit la généreuse résolution de se dévouer entièrement à leur service. Il commença par vendre du bois au marché, et il employait à l'en-

tretien des indigents l'argent qui lui en revenait. Il
loua ensuite une maison pour y retirer les pauvre
malades, et il pourvoya à tous leurs besoins ave
autant de zèle et d'activité qu'un père en pour
rait mettre pour soigner ses enfants. Il passai
les jours auprès des malades, et employait les nuit
à en transporter de nouveaux dans son hôpital
L'exemple du saint excita la charité de plusieurs personnes vertueuses, et il en reçut bientôt des secour
qui le mirent en état de donner plus d'étendue à l'a-
sile qu'il avait ouvert aux malheureux. Mais, tandis
qu'il se réjouissait des heureux accroissements qu'il
prenait chaque jour, il eut la douleur de voir tout à
coup le feu prendre à son hôpital. A cette vue il sentit dans son cœur un redoublement de tendresse pour
ses chers malades, et, alarmé du danger qu'ils cou-
raient, il résolut de s'exposer à tout pour les sauver.
En vain lui représente-t-on qu'en voulant les préserver de l'incendie, il en sera lui-même infailliblement la première victime. « Si je n'ai pas, dit-il, le
« bonheur de les délivrer, j'aurai du moins le mérite
« de l'avoir tenté ; et si je meurs, je mourrai martyr
« de la charité. Peut-on souhaiter une plus belle
« mort ? » Après avoir dit ces mots, il s'élance vers
le lieu que l'incendie dévorait ; il pénètre, malgré le
feu, dans le logement qu'occupaient les malades ; il
les met sur son dos les uns après les autres, et les
emporte à travers les flammes. La divine Providence
récompensa visiblement sa charité par une protection
particulière ; car ni lui ni les malades ne furent en-
dommagés par le feu. En excitant sa reconnaissance
envers le Seigneur, cette faveur singulière redoubla sa
tendresse pour les pauvres. Tout le reste de sa vie ne
fut employé qu'à les soulager ; et il a laissé, après

sa mort, un ordre religieux destiné à continuer l'œuvre si chère à son cœur.

— Un écolier, âgé de dix-sept ans, ayant un jour rencontré un pauvre couvert de haillons, le reconnut pour un ancien domestique qui avait autrefois servi chez son père. Touché de compassion sur son infortune, à laquelle la paresse ni les vices n'avaient aucune part, il lui assigna un rendez-vous secret, pour le lendemain matin, au collége d'Harcourt, où il étudiait, et lui donna pour premiers secours tout l'argent qu'il possédait alors et la portion de pain destinée à son déjeuner, en lui recommandant de venir, dans l'après-dînée, prendre celle qui devait servir pour son goûter. Il le fit loger dans une maison honnête et paya ses loyers pendant huit mois ; il le nourrit pendant le même temps avec le pain qu'on lui donnait pour son déjeuner et pour son goûter, et avec l'argent qu'il recevait de ses parents pour ses plaisirs et pour les besoins de son âge. Il lui acheta ensuite un habit pour le mettre en état de solliciter un emploi, et le fit entrer comme domestique dans une maison où sa mère avait quelque liaison. La mère de ce bon jeune homme dînant un jour chez son amie, reconnut son ancien laquais, et apprit de sa bouche l'histoire de sa vie depuis qu'il avait quitté son service. Il lui raconta surtout dans le plus grand détail tout ce que son fils avait fait pour lui ; et la mère qui l'avait entièrement ignoré jusqu'alors, en fut si charmée, que se félicitant d'avoir un fils si modeste, et si charitable, elle doubla la somme qu'elle avait coutume de lui donner pour ses menus plaisirs, et dont il faisait un si bon usage.

— Monsieur l'abbé de Fénelon, celui de sa famille qui par ses vertus a le mieux ressemblé au grand archevêque de Cambrai, s'est surtout fait connaître et admirer pour le soulagement et l'instruction des pauvres connus à Paris sous le nom de *Savoyards*. Il les aimait comme ses enfants, il les assistait tous ; mais il avait une prédilection particulière pour les plus jeunes, parce qu'ils avaient plus de besoins et qu'ils se trouvaient exposés à plus de dangers. Il avait chez lui un magasin de chemises, de chaussures, de vêtements à l'usage de ses pauvres enfants, outre une provision des instruments qui leur étaient nécessaires et qui leur manquaient souvent pour gagner leur vie. Il leur distribuait ces petits effets suivant leurs besoins particuliers. Sa porte leur était toujours ouverte ; mais il y avait des heures et des jours marqués où ils devaient se rassembler soit pour exposer leurs besoins, soit pour rendre compte de leur conduite, soit pour recevoir des leçons de morale et de religion. Quand ils étaient suffisamment instruits il choisissait un dimanche pour leur faire faire la première communion ; il les y préparait par une retraite pendant laquelle il avait soin de les faire réconcilier avec Dieu dans le tribunal de la Pénitence. Pour que la propreté du corps répondît à la pureté de l'âme, il les habillait tout à neuf. La cérémonie se faisait avec la pompe la plus imposante : c'était ordinairement un évêque qui, le matin, donnait la communion à ces enfants et le soir, un des plus célèbres prédicateurs de Paris leur prêchait un sermon, après lequel ils renouvelaient les vœux du baptême. Tout cet appareil religieux frappait autant leur esprit que leurs sens, et laissait dans leurs cœurs des impressions qui ne s'en effaçaient presque jamais.

L'esprit de zèle et de charité dont l'abbé de Fénelon était animé, lui inspira un moyen particulier de porter les petits *Savoyards* à se bien conduire. Il fit une provision de médailles de cuivre, avec une inscription qui indiquait que c'était un prix de sagesse. Mais il fallait mériter cette récompense, et elle ne s'obtenait qu'après des preuves multipliées de docilité et de bonne conduite. L'enfant porteur de cette médaille la conservait comme un bijou précieux ; il s'en parait quelquefois, et ne manquait pas de la produire quand il avait besoin de quelque recommandation. Cette médaille était connue des agents de la police, et elle était d'un grand poids en faveur de celui qui la possédait.

QUESTIONNAIRE.

A quoi nous oblige, en général, l'amour du prochain ? — Qu'est-ce que la compassion ? — Pourquoi les passions, le luxe et l'égoïsme la détruisent-ils ? — Quelle promesse Jésus-Christ fait-il aux miséricordieux ? — Quel motif nous présente-t-il pour nous engager à exercer la miséricorde envers le prochain ? — Quelles sont les œuvres de la miséricorde corporelle ? — Quelles sont les œuvres de la miséricorde spirituelle ? — Résumez l'histoire de saint Jean-de-Dieu. — Que fit le jeune écolier pour l'ancien domestique de son père ? — Combien d'œuvres charitables exerçait l'abbé de Fénelon.

CHAPITRE XVIII.

DEVOIRS PARTICULIERS : 2° LA RECONNAISSANCE.

Si, d'un côté, la charité nous dit de rendre service et de faire du bien en toute rencontre, si la compassion nous porte à soulager la misère d'autrui ; de l'autre, le bienfait impose à celui qui le reçoit une obligation bien douce, il est vrai, mais bien juste : celle de la reconnaissance. Le bienfait est un lien sacré qui rattache celui qui reçoit à celui qui donne ; et on ne pourrait rompre ce lien sans se rendre coupable, car l'ingratitude déplaît à Dieu, comme nous le voyons dans l'Evangile. Dix lépreux avaient obtenu leur guérison de Jésus-Christ ; un seul revint sur ses pas pour remercier son charitable médecin. Le Sauveur se plaignit de l'ingratitude des autres en disant : « Les « dix n'ont-ils pas été guéris ? Où sont les neuf au- « tres ? »

La reconnaissance est dans la nature de l'homme ; elle se trouve même, en quelque sorte, dans l'instinct des bêtes, qui reconnaissent à leur manière le bien qu'on leur fait. Ainsi, quand nous manquons à ce qu'elle prescrit, nous nous mettons au-dessous de l'animal sans raison. C'est le reproche humiliant que le Seigneur adressait au peuple juif, pour le faire rougir de son ingratitude : « Le bœuf connaît celui « à qui il appartient, et l'âne l'étable de son maî- « tre : mais Israël ne m'a point connu. » L'ingratitude est donc un vice contre nature, qui ne peut qu'inspirer l'aversion et le dégoût ; car autant on aime à voir un cœur reconnaissant et sensible, autant on souffre quand on rencontre de ces âmes basses qui semblent ne rien sentir, et qui paieront à peine d'un merci le bien qu'on leur fait, les services qu'on leur rend. C'est l'orgueil surtout qui fait les ingrats : car souvent le souvenir d'un bienfait pèse, l'amour-propre est humilié de la pensée qu'on a eu besoin de quelqu'un, et on cherche à se débarrasser de ce poids en paraissant oublier le bien qu'on a reçu. Souvent aussi l'orgueil nous fait concevoir de nous-mêmes une haute estime, qui nous empêche d'apprécier les bienfaits et d'en être reconnaissants, parce que nous croyons facilement mériter les égards de tout le monde, et nous regardons presque les services qu'on nous rend comme une chose qui nous est due. L'humilité inspire d'autres sentiments, soit envers Dieu, soit envers les hommes. Tous les vices sont funestes à celui qui en est atteint. Ainsi en est-il de l'ingratitude, car elle ne peut qu'arrêter les bienfaits ; elle est comme un vent brûlant qui dessèche et tarit, tandis que la reconnaissance attire toujours sur elle de nouveaux biens.

C'est Dieu qui mérite le premier notre reconnaissance. Il faudrait, s'il était possible, qu'elle fût immense envers lui, parce que les bienfaits que nous recevons de sa bonté sont infinis et innombrables. Quelle reconnaissance ne devons-nous pas aussi aux auteurs de nos jours, à ceux qui nous ont élevés et nourris ; aux maîtres qui ont formé notre enfance à la science et à la vertu ; au guide charitable qui dirige notre âme par ses conseils, pour la conduire au ciel ; enfin, à tous ceux qui nous ont secourus dans le danger ou soulagés dans le besoin !

C'est vous, Seigneur qui, au jour de sa création, avez déposé dans notre nature le germe des sentiments nobles et vertueux qui doivent, en se développant, orner et enrichir notre vie. Le sentiment de la reconnaissance est un de ses dons précieux de votre bonté. Ne permettez-pas que je l'étouffe par l'ingratitude ; conservez-moi une âme sensible et reconnaissante pour vous, avant tout, ô mon Dieu, et pour ceux de mes frères que la charité aura portés à me faire du bien.

Histoires.

— Un jeune homme nommé Pierre, âgé de dix-huit ans, qui avait été nourri aux Enfants-Trouvés de

Paris, étant allé dans la ville d'Amiens, un traiteur, qui le vit comme par hasard, le prit chez lui par commisération pour lui apprendre la cuisine. Peu de temps après, un créancier de ce traiteur le poursuivit avec tant de vivacité que celui-ci prit le parti de vendre son argenterie pour acquitter sa dette. Pierre, en étant instruit, va trouver M. de Fransure, colonel au corps royal d'artillerie, s'engage dans le régiment d'Auxonne, et porte son engagement à son maître, en lui disant : « Il y a longtemps que j'ai envie de ser-« vir le roi et de vous prouver, mon cher maître, « que je ne suis pas un ingrat. Prenez le prix de « mon engagement pour vous aider à acquitter votre « dette. » Le traiteur et sa femme fondent en larmes, embrassent tendrement le jeune homme, et veulent l'engager à reprendre son argent; mais tout fut inutile. Pierre, en partant, emporta leurs regrets et la satisfaction de leur avoir témoigné sa reconnaissance, autant qu'il l'avait pu.

— Louis XIV avait, en 1683, chargé Duquesne de bombarder Alger, pour la punir de ses infidélités et de son insolence. Le désespoir où étaient les corsaires de ne pouvoir éloigner de leurs côtes la flotte qui les foudroyait, leur suggère la cruelle pensée d'attacher à la bouche de leurs canons des esclaves français, dont les membres épars, jetés sur les vaisseaux, vont répandre l'horreur parmi les assaillants. Un capitaine algérien, qui avait été pris dans ses courses et très bien traité par les Français pendant tout le temps qu'il avait été leur prisonnier, reconnaît parmi ceux qui vont subir le sort affreux que la rage de leurs ennemis leur prépare, un officier nommé Choiseul, qui a été pour lui plein d'égards et d'attention. Aussitôt, il prie, il sollicite, il presse, pour obtenir la conservalion de cet homme généreux. Tout est inutile : on va mettre le feu au canon où Choiseul est attaché. L'Algérien se jette alors sur lui, l'embrasse étroitement, et, adressant la parole au canonnier : « Tire, lui dit-il ; puisque je ne puis sauver mon bienfaiteur, j'aurai « du moins la consolation de mourir avec lui. » Le dey, sous les yeux duquel la scène se passait, en fut si frappé qu'il accorda, les larmes aux yeux, ce qu'il avait refusé avec tant de férocité.

— Quelle honte pour les ingrats de voir des animaux leur donner l'exemple de la reconnaissance ! Dans un spectacle qui avait lieu à Rome, on faisait combattre des criminels contre des bêtes féroces. Parmi les plus terribles de ces animaux, on remarquait surtout un lion dont la grandeur énorme, les rugissements affreux, la crinière flottante, les yeux étincelants, inspiraient en même temps l'admiration et la terreur. Un malheureux s'avance dans la carrière ; l'animal furieux court au-devant de sa victime. Tout à coup il s'arrête, et, quittant sa fierté naturelle, il s'approche de lui avec un air de douceur, remuant sa queue comme les chiens qui flattent leurs maîtres ; il le joint et lui lèche affectueusement les mains et les jambes. L'homme caressé par cette bête farouche revient peu à peu de sa frayeur ; il reprend ses esprits, considère attentivement le lion, et le reconnaissant, il le caresse, à son tour, avec des transports de joie auxquels l'animal répond à sa manière. Un événement si extraordinaire remplit toute l'assemblée de surprise et d'admiration : on applaudit, on bat des mains, et l'empereur Caligula lui-même, qui était présent, se fait amener l'homme épargné par le lion, et lui demanda qui il est, et par quel charme il a pu désarmer ce terrible animal. « Je suis esclave,

« répondit-il ; mon nom est Androclès. Dans le temps
« où mon maître était proconsul d'Afrique, me vo-
« yant traité par lui avec rigueur et inhumanité, je
« pris la fuite ; et comme tout le pays lui obéissait,
« pour me dérober à ses recherches, je m'enfonçai
« dans les déserts de la Lybie. Au milieu des sables,
« dans la plus grande chaleur du midi, j'aperçus un
« antre où j'allai me mettre à l'abri des ardeurs du
« soleil. A peine m'y étais-je réfugié, que je vis en-
« trer ce même lion, dont la douceur à mon égard
« vous étonne, poussant des cris plaintifs qui me fi-
« rent juger qu'il était blessé. Cet antre était sa de-
« meure : je m'y cachai dans l'endroit le plus obs-
« cur, tremblant et croyant être au dernier moment
« de ma vie. Il me découvrit, et vint à moi, non pas
« menaçant, mais comme implorant mon aide, et le-
« vant son pied malade pour me le montrer. Il lui é-
« tait entré sous le pied une très-grosse épine, que
« j'arrachai ; et m'enhardissant par la patience avec
« laquelle il souffrait l'opération, je pressai les chairs
« pour en faire sortir le pus : j'essuyai la plaie, je la
« nettoyai le mieux qu'il me fut possible, et la mis en
« état de se cicatriser. Le lion, soulagé, se coucha,
« laissant son pied entre mes mains, et dormit paisi-
« blement. Depuis ce jour, pendant trois ans, j'ai
« vécu avec lui, dans le même antre et des mêmes
« nourritures. Il allait à la chasse, et m'apportait ré-
« gulièrement quelques quartiers de bêtes qu'il avai
« prises ou tuées. J'exposais cette viande au soleil,
« n'ayant pas de feu pour la faire cuir. Enfin, je me
« lassai d'une vie si sauvage ; et, pendant que le lion
« était sorti pour la chasse, je m'éloignai de l'antre.
« Mais à peine avais-je fait trois journées de chemin,
« que je fus reconnu par des soldats, qui m'arrêtè-

« rent ; et l'on m'a transporté d'Afrique à Rome pour
« être livré à mon maître. Condamné par lui à périr,
« j'attendais la mort sur l'arène. Je comprends que
« le lion a été pris peu de temps après notre sépara-
« tion, et que, me trouvant, il m'a payé le salaire de
« l'utile opération par laquelle je l'avais autrefois
« guéri. » Ce récit courut, en un instant, toute l'assemblée, qui, par ses cris redoublés, obtint la vie et
la liberté d'Androclès. De plus, on lui fit présent du
lion, et depuis, on le voyait dans les rues de Rome
tenant son libérateur attaché par un simple cordon.
Le peuple enchanté le couvrait de fleurs et le comblait
de largesse en s'écriant : *Voilà l'homme qui a guéri
le lion, et voilà le lion qui a donné l'hospitalité à
l'homme !*

QUESTIONNAIRE.

*A quoi oblige un bienfait reçu? — Montrez par un
trait de l'Evangile combien l'ingratitude déplaît à Dieu?
— A qui compare-t-il les ingrats? — Quel sentiment
inspire naturellement ce vice? — Expliquez comment
l'orgueil peut rendre ingrat. — Quel résultat l'ingrat
peut-il attendre de sa conduite? — A qui devons-nous de
la reconnaissance? — Résumez l'histoire de Pierre et
celle du capitaine algérien, et dites en quoi ils ont témoigné leur reconnaissance. — Que prouve l'histoire d'Androclès et de son lion?*

CHAPITRE XIX.

DEVOIRS PARTICULIERS : 3º LA PIÉTÉ FILIALE.

« Honorez votre père et votre mère. » C'est ainsi
que le Décalogue présente et résume en deux mots
tous les devoirs de la piété filiale. Par l'honneur qu'il
nous commande de rendre à nos parents, Dieu n'en-

tend pas seulement quelques marques extérieures de respect ; ce mot a dans sa pensée une signification bien plus étendue. Il daigne nous l'expliquer lui-même dans le livre de l'Ecclésiastique, où il nous dit : « Enfants, écoutez les avis de votre père, et suivez-« les de telle sorte que vous soyez sauvés. Car Dieu « a rendu le père vénérable aux enfants, et il a af-« fermi sur eux l'autorité de la mère. Celui qui ho-« nore sa mère est comme un homme qui amasse un « trésor. Celui qui honore son père trouvera sa joie « dans ses enfants, et il sera exaucé au jour de sa « prière. Celui qui craint le Seigneur honore son « père et sa mère ; et il servira comme ses seigneurs « ceux qui lui ont donné la vie. Honorez votre père « par actions, par paroles et par toute sorte de pa-« tience, afin qu'il vous bénisse, et que sa bénédiction « demeure sur vous jusqu'à la fin ; car la bénédic-« tion du père affermit la maison des enfants, et la « malédiction de la mère la détruit jusqu'aux fonde-« ments. Mon fils soulagez votre père dans sa vieil-« lesse et ne l'attristez pas durant sa vie. Si son es-« prit s'affaiblit supportez-le ; ne le méprisez pas, « quelque avantage que vous ayez au-dessus de lui. « La charité dont vous aurez usée envers votre père « ne sera pas mise en oubli. Dieu vous récompensera « de même pour avoir supporté les défauts et les fai-« blesses de votre mère : il vous établira dans la jus-« tice ; il se souviendra de vous au jour de l'affliction, « et vos péchés se fondront comme la glace en un « jour serein. Souvenez-vous que c'est par eux que « vous êtes né : et faites tout pour eux, comme ils « ont tout fait pour vous. »

Chez les Juifs, le mauvais fils était puni, par l'ordre de Dieu, d'une manière terrible. Voici ce qui est

écrit dans la loi : « Si un père a un fils rebelle ou
« insolent, qui ne se rende point au commandement
« de son père ou de sa mère, et qui, ayant été repris,
« refuse avec mépris de leur obéir, ils le prendront
« et le mèneront aux anciens de la ville et à la porte
« où se rendent les jugements, et ils leur diront :
« Voici notre fils, qui est un rebelle et un insolent ;
« il refuse d'écouter nos remontrances ; il passe sa
« vie dans les débauches, dans les dissolutions et
« dans la bonne chère. Alors le peuple de cette ville
« le lapidera, et il sera puni de mort, afin que vous
« ôtiez le mal du milieu de vous, et que tout Israël,
« en apprenant cet exemple, soit saisi de crainte. »

Vous ne vous êtes pas contenté, Seigneur, de
nous instruire en détail des devoirs que nous avons à
remplir envers nos parents ; vous avez encore voulu
nous mettre sous les yeux, dans la personne de Jésus-
Christ, un modèle admirable de piété filiale. Pendant
les trente années qu'il a passées dans sa famille, il
s'est toujours montré fils soumis et respectueux. Faites que je me rappelle souvent les beaux exemples
d'obéissance qu'il nous a laissés, et que j'ai à cœur
de les suivre, afin que comme lui, je fasse la joie et
la consolation de mes parents !

Histoires.

— Deux personnes de Césarée en Cappadoce, Paul
et Palladie, sa sœur, virent en songe un vieillard vénérable, et furent avertis que c'était l'évêque d'Hippone en Afrique, et qu'ils devaient aller chercher
leur guérison auprès de lui, car ils étaient atteints
d'une maladie aussi affligeante que le principe en
était singulier. Depuis plusieurs années, ils éprouvaient dans tous leurs membres un affreux tremble-

ment, que les remèdes les plus dispendieux et de longs voyages n'avaient pu calmer. Partout ils étalèrent leur malheur, mais sans trouver de soulagement. Ils arrivèrent à Hippone aux approches de Pâques, et commencèrent à fréquenter l'église où l'on avait apporté, l'année précédente, les reliques si fameuses du martyr saint Etienne ; ils s'y rendaient chaque jour, et la singularité de leur état, qui fut bientôt connu de tout le monde, attirait à leur suite une infinité de personnes. La matinée de Pâques, le concours étant beaucoup plus grand qu'à l'ordinaire, Paul, après avoir prié devant les reliques, se jeta tout-à-coup par terre, et y demeura comme endormi, mais tranquille et sans trembler, quoique son tremblement ne le quitta jamais, même durant son sommeil. On ne savait que craindre ou espérer de cette espèce de léthargie, quand il se releva sans nulle agitation et parfaitement guéri. On le conduisit au lieu où le vénérable prélat, assis, attendait le moment de célébrer les saints mystères, Paul se jeta aux genoux du saint, qui le releva et l'embrassa, toute l'église retentissant de cris de joie et des louanges du Seigneur. Quand on eut fait silence, le service divin commença, et le moment du sermon étant venu, l'éloquent évêque en tirant le sujet de la circonstance même : « Souvent, dit-il, on nous lit le récit des mi-
« racles du glorieux martyr saint Etienne, mais la
« vue de ce jeune homme est la meilleure de toutes
« les lectures ; il ne faut pas d'autre livre que son
« visage, qui vous est parfaitement connu, depuis le
« temps que vous compatissez à une affliction dont la
« guérison soudaine nous comble de joie. Je vous
« laisse à vos réflexions et aux doux sentiments que
« produit dans vos âmes l'éloquence muette du Tout-
« Puissant, qui s'explique assez par ce prodige. »

Après l'office, saint Augustin emmena Paul dîner
avec lui, et lui fit raconter son histoire : « Je suis
« né, dit Paul, d'une famille nombreuse, mais encore
« plus malheureuse pour n'avoir pas fait assez de cas
« du précepte auquel la félicité de la vie était atta-
« chée dans l'ancienne loi. De dix enfants que nous
« étions, sept garçons et trois filles, je suis le sixième,
« et ma sœur Palladie me suit immédiatement.
« Comme nous étions encore dans la maison pater-
« nelle, notre frère aîné manqua sacrilégement à
« notre mère et porta l'impiété jusqu'à la frapper.
« Quoique nous fussions tous présents, nous le souf-
« frîmes sans dire un seul mot pour le désapprouver.
« Outrée de douleur et d'indignation, cette mère au
« désespoir court au temple du Seigneur, et là pros-
« ternée devant les fonts Baptismaux, sur lesquels
« elle tenait la main étendue : « Seigneur, s'écria-
« t-elle, vous qui êtes le vengeur de la nature outra-
« gée, frappez vous-même les enfants dénaturés que
« mon sein a conçus, et qu'errant par le monde, ils
« éprouvent un châtiment qui porte partout l'épou-
« vante et l'effroi. » A l'instant, notre aîné fut saisi
« d'un tremblement semblable au mien ; dans le
« cours de l'année, tous mes frères et sœurs furent
« atteints du même mal, suivant l'ordre de leur nais-
« sance. Aucun n'échappa à la malédiction trop effi-
« cace d'une mère désespérée, qui, ne pouvant sou-
« tenir les reproches de tout le monde, et encore
« moins ceux de sa conscience, tourna sa vengeance
« contre elle-même et se pendit de ses propres mains.
« Nous tous, race maudite et chargée de l'exécration
« publique, nous abandonnâmes notre patrie, et nous
« nous dispersâmes de toutes parts, pour cacher, s'il
« était possible, notre crime et notre opprobre. Le

« second de nos frères a recouvré la santé à Ravenne,
« auprès des reliques du martyr saint Laurent. Pour
« moi, après avoir erré en mille endroits, je vis en
« songe un personnage vénérable par sa douceur
« grave, son air auguste, ses cheveux blancs : il était,
« en un mot, tel absolument que je vous vois ici,
« pontife du Seigneur, et il me dit que je serais
« guéri dans trois mois. Votre sainteté apparut de
« même à ma sœur, et ces apparitions nous furent
« souvent réitérées depuis, dans les différents en-
« droits de notre route. Nous sommes donc arrivés
« ici, pleins de la confiance dont je viens de recueillir
« les fruits. »

Saint Augustin fit dresser un procès-verbal de ce
récit et de tout l'ordre du miracle, qu'on promit de
lire deux jours après. Ainsi, le mardi de Pâques,
pour rendre la cérémonie plus intéressante, on fit
monter sur les degrés de la chaire à prêcher Paul,
parfaitement guéri, et Palladie, sa sœur, toujours
agitée de son tremblement. L'évêque était déjà dans
la chaire, d'où il faisait lire l'histoire de la guérison
de Paul. La lecture finie, le frère et la sœur allèrent
prier auprès des reliques, et le prélat prêcha d'abord
sur le respect que les enfants doivent à leurs parents,
et sur la modération des parents envers leurs enfants;
ensuite il s'étendit sur les miracles de saint Étienne.
Tout à coup il s'éleva de grandes acclamations du
lieu où reposaient les reliques : « Grâces à Dieu !
louanges à Jésus-Christ ! » s'écriait-on avec tant de
forces, que le saint orateur ne pouvait plus se faire
entendre : c'était Palladie qui venait d'être guérie de
la même manière que son frère. On l'amena aussitôt
vers saint Augustin, qui rapporte ce miracle comme
en ayant été lui-même témoin oculaire.

— Il était six heures du matin, la pluie tombait par torrent ; un jeune soldat se dirigeait d'un pas pressé et d'un air triste vers l'hospice des Incurables ; ses traits pâles et amaigris attestaient un grand chagrin. Il franchit le seuil de cet asile de douleurs avec l'expression d'une pieuse résignation ; après avoir montré son permis, il put se rendre dans la salle destinée aux paralytiques, et bientôt il fut près du lit d'une vieille femme. — Ma mère ! dit-il, en cachant sa tête sous l'oreiller de la paralytique, ma bonne mère ? et un sanglot sortit de sa poitrine oppressée. Un tendre regard, un serrement de main furent la réponse de la malade ; elle ne pouvait exprimer sa tendresse au soldat que par l'énergie de ses signes ; depuis plusieurs mois, elle avait perdu l'usage de la parole, étant paralysée de la langue et d'une partie du corps. Paul l'avait veillée bien des nuits, s'était passé de tout pour sa mère ; mais pauvre, que pouvait-il pour la secourir ? Il s'était vu forcé de consentir à ce qu'elle fût placée dans un hospice. Il venait l'y voir pour la première fois ; il avait ménagé de sa paie ce qu'il avait pu, et lui apportait quelques douceurs. Elle essaya de le gronder ; il l'embrassa et se mit à pleurer, car il n'y pouvait plus tenir. Une Sœur parut ; Paul s'avança vers elle, et ne lui dit que ces mots : C'est ma mère ! Pour lui, ce mot exprimait toute sa sollicitude ; c'était une prière d'en avoir soin ; il ne pensait pas qu'on pût dire quelque chose de plus. La pieuse Sœur le comprit ; car elle avait un de ces cœurs qui devinent, et elle l'assura aussitôt que Marie-Anne ne manquerait de rien. Quand elle dit cela, Paul tressaillit ; il lui sembla dès lors qu'il ne devait plus y avoir dans le monde que deux êtres pour lui : sa mère et celle qui allait la soigner.

Cependant l'heure s'avançait, il fallut regagner la caserne ; Paul se pencha sur le lit de sa mère, essuya ses yeux humides et sortit lentement.

Quand le jour reparut, sœur Claire le vit à genoux près de la couche de Marie-Anne. Il venait demander une dernière bénédiction à sa mère ; car il partait pour l'Afrique, le pauvre Paul ; il lui fallait quitter sa vieille mère. Oh? comment peindre cette séparation! Le regard fixe, les bras serrés contre la tête blonde du jeune soldat incliné devant elle, Marie-Anne espérait la mort, car elle avait l'âme brisée ; elle ne pleurait pas : souvent les grandes douleurs n'ont pas de larmes. Lorsque enfin Paul dut se retirer, elle le regarda presque stupidement et quand il se retourna pour disparaître entièrement, un cri aigu, torturant, sortait de sa poitrine : le départ de son fils lui avait rendu la voix un instant. Ensuite, se débattant dans les bras de sœur Claire, elle se mit à rire d'une manière déchirante.

Paul était triste, mais il emportait la bénédiction de sa mère et la certitude que sœur Claire la soignerait avec un zèle religieux : elle le lui avait promis. Il s'embarqua pour Alger avec son régiment. Sombre et malheureux parmi ses compagnons joyeux, il n'avait pas un ami qui sentît ses angoisses, excepté son chien, qui était parvenu à le suivre inaperçu pour partager les tourments de son cœur. Quand Fidèle regardait son jeune et malheureux maître, il semblait comprendre et partager ses amères pensées : c'était le seul être qui s'intéressât à Paul sous le ciel africain.

Bientôt le drapeau des lys flotta triomphant sur la Cassauba ; Alger paya l'insulte faite à la France en devenant sa conquête. Paul avait mérité d'être distingué de ses chefs; ils l'avaient noté pour obtenir de l'avancement et pour avoir la croix. Il se réjouissait à la pensée qu'il pourrait soulager davantage sa vieille mère, dont le souvenir ne l'avait pas quitté au milieu des camps. Mais la révolution de 1830 vint anéantir ses espérances; le pauvre soldat se soumit à cette nouvelle épreuve que lui envoyait le Ciel.

A son retour en France, son premier besoin fut d'aller à l'hospice. Il entre d'un pas rapide, vol à travers toutes les salles, n'entend, ne voit rien que quand il se trouve près de celle des paralytiques. Il allait y entrer, une religieuse l'arrête..... Il se retourne; ce n'est pas sœur Claire; il l'a nomme, il la demande. — Sœur Claire, vous ne savez donc pas?... — Il tremblait. — Eh bien, elle est morte. — Il ne répondit pas; puis il ajouta à voix basse : Ma mère aussi, n'est-ce pas ? il voulait encore une réponse, la sœur l'avait quitté. Il resta contre la porte sans faire un mouvement. Une voix le tire de cet état d'anéantissement : c'est celle d'un prêtre auquel il avait aussi recommandé sa mère, et qui reconnaissait le pauvre soldat. Tout en lui parlant de la mort de Marie-Anne, il lui raconte les soins de sœur Claire. Paul l'écoute sans l'entendre; il le regarde comme s'il eût été privé de la raison, tout sentiment semble éteint chez lui. Le ministre de Dieu comprend qu'il faut l'attendrir et se rendre près de l'humble tombe sous laquelle repose sa mère; Paul le suit machinalement dans le cimetière de l'hospice. Au fond, sous un saule pleureur étaient deux croix de bois noir; sous l'une la jeune et sainte fille; le lendemain, à ses côtés, avait été déposée la pauvre vieille; elle n'avait pu survivre à celle qui avait eu seule le secret de lui faire supporter l'absence de son fils. Paul s'appuya sur l'ar-

bre ; ensuite, écartant avec la main l'herbe qui croissait déjà autour des croix, il lut froidement chaque
inscription ; alors, le prêtre, s'approchant, lui remit
entre les mains un petit paquet ; il l'examina longtemps, puis l'ouvrit ; il jeta un cri perçant et tomba
dans le délire du désespoir. Le ministre des autels
essaya de lui donner le calme de la résignation en
lui montrant le ciel ; là il n'y a plus de séparation. Le
jeune soldat comprit cette espérance, il s'agenouilla,
porta respectueusement à ses lèvres la croix d'argent
de sa mère et une mèche de ses cheveux blancs, et
jeta sur l'homme de Dieu un regard qui exprimait sa
reconnaissance.

Chaque soir, quand les ombres de la nuit venaient
envelopper tous les objets, on voyait se glisser au
milieu du cimetière un homme suivi de son chien,
seul confident de ses peines : c'était Paul. Il priait
avec ferveur sous un saule, et déposait des couronnes
sur l'une des croix, une simple pensée sur l'autre ;
il arrosait l'herbe, flétrie comme sa jeunesse ; et souvent, assis sur un tertre voisin des tombes, il se livrait à ses rêveries mélancoliques, et s'imaginait voir
le jeune religieuse s'approcher de lui, soutenant du
bras la bonne Marie-Anne ; puis, son sifflet machinal
annonçait à Fidèle l'heure de la retraite, et tous deux
quittaient le cimetière.

Un soir, le gardien, en faisant sa ronde accoutu-
mée, ne vit pas le jeune soldat ; il s'en inquiéta :
l'amour filial de Paul l'intéressait vivement. Le lendemain, les fleurs étaient fanées ; il chercha Paul, ne
le trouva pas, rien sur la croix : tout était desséché.....
Il entend un gémissement...., avance encore... C'é-
tait le chien du soldat ; il avait survécu à son maître,
mais peu de jours, car il venait d'expirer sur cette

tombe près de laquelle si souvent il l'avait accompagné !

Le mot honorer *signifie-t-il seulement donner quelques marques extérieures de respect? — Indiquer le sens qu'il faut lui donner, en résumant ce que l'Esprit-Saint dit sur les devoirs des enfants envers leurs parents? — Comment, chez les Juifs, punissait-on le mauvais fils? — Quel est le plus beau modèle de piété filiale? — Que nous apprend l'histoire de Paul et de Paladie, sa sœur? — Résumez l'histoire du soldat, et dites ce qu'il y a de remarquable dans sa conduite.*

TROISIÈME PARTIE.

MÉLANGES.

I. — MODÈLE D'ACTES CIVILS.

1° *Reconnaissance d'une somme due.*

Je, soussigné, reconnais devoir à monsieur Jean-Pierre Perrin, épicier à Bordeaux, la somme de huit cents francs, pour pareille somme qu'il m'a prêtée aujourd'hui ; laquelle somme je m'engage à lui rembourser, en son domicile, le premier juin dix-huit cent cinquante-trois, avec les intérêts à cinq pour cent.

A Bordeaux, le trente août dix-huit cent cinquante-un.

(La signature.)

2° *Reconnaissance d'objets reçus.*

Je, soussigné, reconnais que le sieur Nicolas Peguignat, ébéniste à Lyon, a fait pour moi et m'a livré un secrétaire en bois de frêne, duquel meuble je suis son débiteur, et promets lui payer, en conséquence, trois cents francs, le quinze août de ladite année courante.

A Lyon, ce deux mars mil huit-cent cinquante-un.

(La signature.)

3° *Reconnaissance d'une somme due avec cautionnement.*

Je, soussigné, Edouard-Nicolas Paulin, chapelier à Cordes, reconnais devoir au sieur Ignace Mangin, chapelier à Besançon, la somme de sept cents francs, pour des marchandises qu'il m'a livrées à plusieurs époques; laquelle somme je promets lui payer le **dix septembre dix huit cent cinquante-deux**, avec les intérêts à cinq pour cent. — Pour sûreté et garantie du paiement, moi, Claude Picard, marchand de drap à Besançon, je m'oblige, comme caution, à acquitter ladite somme de sept cents francs avec les intérêts à cinq pour cent, à l'époque susdite, dans le cas où ledit Paulin ne la paierait pas.

A Besançon, le trente-un août dix-huit cent cinquante-un.

(Signatures du principal obligé et de la caution.)

4° *Quittance d'une somme due.*

Je, soussigné, reconnais avoir reçu du sieur Claude Barbeau, cultivateur à Saint-Michel, la somme de quatre cents francs, qu'il me devait pour valeur d'un cheval que je lui avais vendu et livré, dont quittance.

A Saint-Michel, le neuf octobre dix-huit cent cinquante. *(La signature.)*

5° *Quittance de loyer.*

Je, soussigné, propriétaire d'une maison située à Saint-Dié, rue Saint-Charles, reconnais avoir reçu du sieur Philippe Marchal, locataire de ma maison, la somme de six cents francs, pour six mois de loyer de ladite maison, qu'il tient de moi en vertu d'un bail sous scing privé en date du quinze mars dix-huit cent quarante-huit, dont quittance, sans préjudice des termes courants.

A Saint-Dié, le premier septembre dix-huit cent cinquante.   *(Signature.)*

6° *Procuration.*

Je, soussigné, Jean Simonet, libraire à Dijon, donne pouvoir à Joseph Petit, avoué à Rouen, de recevoir pour moi et en mon nom, du sieur Léon Grisard, marchand de livres à Rouen, la somme de trois cents francs, qu'il me doit pour des ouvrages que je lui ai livrés à diverses époques ; en cas de défaut de paiement, de faire toutes les poursuites qu'il jugera nécessaires pour l'obtenir, promettant d'avoir pour agréable et de ratifier à sa première réquisition tout ce qu'il aura fait à cet égard.

A Rouen, ce quinze septembre dix-huit cent cinquante.   *(Signature.)*

7° *Bail d'une maison.*

Entre nous, soussignés, Jacques Portier, demeurant à Paris, rue Dauphine, n° 8, d'une part, et Jean-Antoine Boussy, entrepreneur de menuiserie, demeurant au même lieu, rue du Colombier, n° 15, ont été faites les conditions suivantes : Moi, Jacques Portier, loue et par le présent bail donne à loyer, pour dix ans, à partir de ce jour, au sieur Jean-Antoine Boussy, ma maison en entier, située rue Dauphine, n° 20, telle qu'elle se trouve actuellement, et que le sieur Boussy, après l'avoir vue et examinée dans le plus grand détail, déclare accepter, pour la somme de deux mille francs payables en six mois, lesquels courront de ce jour, en numéraire métallique et non autrement.

Sera tenu le preneur de garnir les lieux à lui loués des meubles suffisants pour répondre de deux ans de loyer, de les entretenir de réparations locatives pendant toute la durée du bail, et de satisfaire à toutes les obligations dont sont tenus les locataires ; comme aussi de justifier à la fin du bail et avant sa sortie, de l'acquit de ses contributions personnelles, de me payer l'impôt des portes et fenêtres et de me remettre les clefs.

Est autorisé le sieur Boussy, preneur, à faire tous les changements qu'il trouvera bon dans ladite maison, à la charge de rétablir les lieux en l'état où ils sont.

Et moi, Jean-Antoine Boussy, prends à loyer du sieur Jacques Portier, la maison sus-désignée, pour le temps, pour le prix et sous les conditions énoncées ci-dessus.

Fait double entre nous, sous nos signatures privées, à Paris, le premier mars dix-huit cent cinquante.

(Les signatures.)

8° *Autre bail.*

Moi, Pierre Pernaud, propriétaire d'une maison à Paris, située rue Colombier, n° 10, loue au sieur Edouard Magin, maître cordonnier, toute ladite maison pour quatre ans, et pour la somme annuelle de quinze cents francs, payables par six mois, lesquels courront de ce jour, et sous les obligations dont sont tenus les locataires.

Et moi, Edouard Magin, maître cordonnier, demeurant ci-devant à Verdun, prends les lieux à moi ci-dessus loués pour le prix et pour le temps ci-dessus énoncés.

Fait double entre nous, sous nos signatures privées.

(Les signatures.)

9° *Formule de testament olographe.*

Nota. Le testament olographe doit, sous peine de nullité, être écrit en entier, daté et signé de la main du testateur ; mais il n'est assujetti à aucune autre formalité.

Ceci est mon testament :

Je donne et lègue à Claude Vincent, avocat à Paris, les meubles qui se trouveront à mon décès dans la maison que je possède à Reims.

Je nomme et institue mon légataire universel Paul-Étienne Robert, négociant à Reims, pour recueillir tous mes biens meubles et immeubles, à l'exception des meubles dont je viens de disposer en faveur de Claude Vincent.

Je le charge de mes funérailles, en m'en rapportant à sa discrétion.

Je le charge aussi de donner mille francs au grand séminaire de Reims, mille francs aux pauvres de cette ville, et trois cents francs au curé de ma paroisse pour trois cents messes à mon intention.

Fait à Reims, le dix août mil huit cent cinquante-deux. *(Signature.)*

10° *Autre formule de testament olographe.*

Au nom du Père, et du Fils, et du Saint-Esprit.

Je, soussigné, Pierre-Antoine Olivier, propriétaire à Bordeaux, déclare que le présent écrit est mon testament, que je veux être fidèlement et ponctuellement exécuté après ma mort. Je charge pour cet effet

Nicolas Bertin, demeurant dans ladite ville de Bordeaux, d'y veiller exactement et d'en prendre soin comme pour lui-même.

Je donne et lègue tous mes biens meubles et immeubles, et généralement tout ce que je laisserai à ma mort, à Claude-Joseph Ricard, propriétaire à Périgueux.

Je casse et révoque tous les testaments que je pourrais avoir faits précédemment, voulant que celui-ci soit le seul exécuté, comme contenant seul ma dernière volonté.

Je veux que mon corps soit enterré à Bordeaux, et qu'on fasse célébrer cent messes pour le repos de mon âme.

Fait à Bordeaux, le sept mai de l'an mil huit cent cinquante-deux.   (*Signature.*)

II. — LECTURES LATINES.

1° *Passio Domini nostri Jesu Christi secundùm Matthœum.*

In illo tempore, dixit Jesus discipulis suis : Scitis quia post biduum Pascha fiet, et Filius hominis tradetur ut crucifigatur. Tunc congregati sunt principes sacerdotum et seniores populi in atrium principis sacerdotum, qui dicebatur Caïphas ; et concilium fecerunt ut dolo Jesum tenerent et occiderent. Dicebant autem : Non in die festo, ne forte tumultus fieret in populo. Cùm autem Jesus esset in Bethaniâ, in domo Simonis leprosi, accessit ad eum mulier habens alabastrum unguenti pretiosi, et effudit super caput ipsius recumbentis. Videntes autem discipuli, indignati sunt dicentes : Ut quid perditio hæc ? Potuit enim istud venundari multo, et dari pauperibus. Sciens autem

Jesus, ait illis : Quid molesti estis huic mulieri? Opus enim bonum operata est in me ; nam semper pauperes habetis vobiscum : me autem non semper habetis. Mittens enim hæc unguentum hoc in corpus meum, ad sepeliendum me fecit. Amen dico vobis : Ubicumque prædicatum fuerit hoc Evangelium in toto mundo, dicetur et quod hæc fecit in memoriam ejus. Tunc abiit unus de duodecim, qui dicebatur Judas Iscariotes, ad principes sacerdotum, et ait illis : Quid vultis mihi dare, et ego vobis eum tradam ? At illi constituerunt ei triginta argenteos. Et exindè quærebat opportunitatem ut eum traderet. Primâ autem die azymorum, accesserunt discipuli ad Jesum, dicentes : Ubi vis paremus tibi comedere Pascha ? At Jesus dixit : Ite in civitatem ad quemdam, et dicite ei : Magister dicit : Tempus meum propè est, apud te facio Pascha cum discipulis meis. Et fecerunt discipuli sicut constituit illis Jesus, et paraverunt Pascha. Vespere autem facto, discumbebat cum duodecim discipulis suis. Et edentibus illis, dixit : Amen dico vobis quia unus vestrùm me traditurus est. Et contristati valdè cœperunt singuli dicere : Numquid ego sum, Domine ? At ipse respondens ait : Qui intingit mecum manum in parobside, hic me tradet. Filius quidem hominis vadit, sicut scriptum est de illo. Væ autem homini illi per quem Filius hominis tradetur : bonum erat ei si natus non fuisset homo ille. Respondens autem Judas, qui tradidit eum, dixit : Numquid ego sum, Rabi ? Ait illi : Tu dixisti. Cœnantibus autem eis, accepit Jesus panem, et benedixit ac fregit, deditque discipulis suis, et ait: Accipite, et comedite : Hoc est corpus meum. Et accipiens calicem gratias egit, et dedit illis, dicens : Bibite ex hoc omnes : Hic est enim sanguis meus novi Testamenti,

qui pro multis effundetur in remissionem peccatorum. Dico autem vobis : Non bibam amodo de hoc
genimine vitis, usque in diem illum cum illud bibam vobiscum novum in regno Patris mei.

Et hymno dicto, exierunt in montem Oliveti. Tunc
dixit illis Jesus : Omnes vos scandalum patiemini in
me in istâ nocte ; scriptum est enim : Percutiam
pastorem, et dispergentur oves gregis *(Zach., 13. 7)*.
Postquam autem resurrexero, præcedam vos in Ga-
lilæam. Respondens autem Petrus, ait illi : Etsi omnes
scandalisati fuerint in te, ego nunquam scandalisabor.
Ait illi Jesus : Amen dico tibi quia in hâc nocte, ante-
quam gallus cantet, ter me negabis. Ait illi Petrus :
Etiamsi opportuerit me mori tecum, non te negabo.
Similiter et omnes discipuli dixerunt. Tunc venit Jesus
cum illis in villam quæ dicitur Gethsemani, et dixit
discipulis suis : Sedete hic, donec vadam illuc, et
orem. Et assumpto Petro, et duobus filiis Zebedæi,
cœpit contristari et mœstus esse. Tunc ait illis : Tris-
tis est anima mea usque ad mortem ; sustinete hic et
vigilate mecum. Et progressus pusillum, procidit in
faciem suam, orans et dicens : Pater mi, si possibile
est, transeat a me calix iste ; verumtamen non sicut
ego volo, sed sicut tu. Et venit ad discipulos suos,
et invenit eos dormientes, et dixit Petro : Sic non
potuistis unâ horâ vigilare mecum ? Vigilate et orate,
ut non intretis in tentationem. Spiritus quidem promp-
tus est, caro autem infirma. Iterùm secundô abiit, et
oravit dicens : Pater mi, si non potest hic calix tran-
sire nisi bibam illum, fiat voluntas tua. Et venit iterùm, et invenit eos dormientes ; erant enim oculi eo-
rum gravati. Et relictis illis, iterùm abiit, et oravit
tertiô, eumdem sermonem dicens. Tunc venit ad discipulos suos, et dixit illis : Dormite jàm et requiescite :

ecce appropinquavit hora, et Filius hominis tradetur in manus peccatorum. Surgite, eamus : ecce appropinquavit qui me tradet. Adhuc eo loquente, ecce Judas, unus de duodecim, venit, et cum eo turba multa, cum gladiis et fustibus, missi à principibus sacerdotum et senioribus populi. Qui autem tradidit eum dedit illis signum, dicens : Quemcumque osculatus fuero, ipse est, tenete eum. Et confestim accedens ad Jesum, dixit : Ave, Rabbi. Et osculatus est eum. Dixitque illi Jesus : Amice, ad quid venisti ? Tunc accesserunt, et manus injecerunt in Jesum et tenuerunt eum. Et ecce unus ex his qui erant cum Jesu, extendens manum, exemit gladium suum, et percutiens servum principis sacerdotum, amputavit auriculam ejus. Tunc ait illi Jesus : Converte gladium tuum in locum suum ; omnes enim qui acceperint gladium, gladio peribunt *(Gen. ; * ix, *6)*. An putas quia non possum rogare Patrem meum, et exhibebit mihi modo plùs quàm duodecim legiones Angelorum ? Quomodò ergò implebuntur Scripturæ, quia sic opportet fieri ? (*Is. ; * liii, 10.) In illâ horâ, dixit Jesus turbis : Tamquàm ad latronem existis cum gladiis et fustibus comprehendere me ; quotidiè apud vos sedeban docens in templo, et non me tenuistis. Hoc autem totum factum est, ut adimplerentur Scripturæ prophetarum. Tunc discipuli omnes, relicto eo, fugerunt (*Tren.*, iv 20).

At illi, tenentes Jesum, duxerunt ad Caïpham, principem sacerdotum, ubi Scribæ et seniores convenerant. Petrus autem sequebatur eum à longè, usque in atrium principis sacerdotum. Et ingressus intrò sedebat cum ministris, ut videret finem. Principes autem sacerdotum et omne concilium quærebant falsum testimonium contrà Jesum, ut eum morti traderent. Et non invenerunt, cum multi falsi testes, accessissent. Novissimè autem venerunt duo falsi testes, et dixerunt : Hic dixit : Possum destruere templum Dei et post triduum reædificare illud. Et, surgens princeps sacerdotum, ait illi : Nihil respondes ad ea quæ isti adversûm te testificantur ? Jesus autem tacebat. Et princeps sacerdotum ait illi : Adjuro te per Deum vivum, ut dicas nobis si tu es Christus Filius Dei. Dixit illi Jesus : Tu dixisti ; verumtamen dico vobis : Amodò videbitis Filium hominis sedentem à dextris virtutis Dei et venientem in nubibus cœli. Tunc princeps sacerdotum scidit vestimenta sua, dicens : Blasphemavit ; quid adhuc egemus testibus ? Ecce nunc audistis blasphemiam. Quid vobis videtur ? At illi respondentes dixerunt : Reus est mortis. Tunc expuerunt in faciem ejus, et colaphis eum ceciderunt : alii autem palmas in faciem ejus dederunt (*Is.*, L. 6), dicentes : Prophetiza nobis, Christe, quis est qui te percussit ? Petrus verò sedebat foris in atrio, et accessit ad eum una ancilla, dicens : Et tu cum Jesu Galilæo eras. At ille negavit coràm omnibus, dicens ? Nescio quid dicis. Exeunte autem illo januam, vidit eum alia ancilla, et ait his qui erant ibi : Et hic erat cum Jesu Nazareno. Et iterùm negavit cum juramento : Quia non novi hominem. Et post pusillum accesserunt qui stabant, et dixerunt Petro : Verè et tu ex illis es : nam et loquela tua manifestum te facit. Tunc cœpit detestari et jurare quia non novisset hominem. Et continuò gallus cantavit. Et recordatus est Petrus verbi Jesu quod dixerat : Priùsquàm gallus cantet, ter me negabis. Et egressus foras, flevit amare.

Mane autem facto, consilium inierunt omnes principes sacerdotum et seniores populi adversùs Jesum, ut cum morti traderent. Et vinctum adduxerunt eum, et tradiderunt Pontio Pilato, præsidi. Tunc videns Judas, qui eum tradidit, quòd damnatus esset, pœnitentiâ ductus, retulit trigenta argenteos principibus sacerdotum et senioribus, dicens : Peccavi, tradens sanguinem justum. At illi dixerunt : Quid ad nos ? Tu videris. Et projectis argenteis in templo, recessit, et abiens laqueo se suspendit. Principes autem sacerdotum, acceptis argenteis, dixerunt : Non licet eos mittere in corbonam, quia pretium sanguinis est. Consilio autem inito, emerunt ex illis agrum figuli in sepulturam peregrinorum. Propter hoc vocatus est ager ille Haceldama, hoc est, ager sanguinis, usque in hodiernum diem. Tunc impletum est quod dictum est per Jeremiam prophetam, dicentem : Et acceperunt tringinta argenteos, pretium appretiati, quem appretiaverunt à filiis Israël (*Zach.*, xi, 12). Et dederunt eos in agrum figuli, sicut constituit mihi Dominus. Jesus autem stetit antè prœsidem, et interrogavit eum præses, dicens : Tu es Rex Judæorum ? Dixit illi Jesus : Tu dicis. Et cum accusaretur à principibus sacerdotum et senioribus, nihil respondit. Tunc dixit illi Pilatus : Non audis quanta adversùm te dicunt testimonia ? Et non respondit ei ad ullum verbum, ità ut miraretur præses vehementer. Per diem autem solemnem consueverat præses populo dimittere unum vinctum, quem voluissent. Habebat autem tunc vinctum insignem, qui dicebatur Barabbas. Congregatis ergò illis, dixit Pilatus : Quem vultis dimittam vobis, Barabbam, an Jesum, qui dicitur Christus ? Sciebat enim quòd per invidiam tradidissent eum. Sedente autem illo pro tribunali, misit ad eum uxor ejus, dicens : Nihil tibi et justo illi ; multa enim passa sum hodié per visum propter eum.

Principes autem sacerdotum et seniores persuaserunt populis ut peterent Barabbam, Jesum verò perderent. Respondens autem præses, ait illis : Quem vultis vobis de duobus dimitti ? At illi dixerunt Barrabam. Dixit illis Pilatus : Quid igitur faciam de Jesu, qui dicitur Christus ? Dicunt omnes : Crucifigatur. Ait illis præ- ses : Quid enim mali fecit ? At illi magis clamabant, dicentes : Crucifigatur. Videns autem Pilatus quia nihil proficeret, sed magis tumultus fieret, acceptâ aquâ, lavit manus coram populo, dicens : Innocens ego sum a sanguine justi hujus ; vos videritis. Et respondens universus populus, dixit : Sanguis ejus super nos et super filios nostros. Tunc dimisit illis Barrabbam ; Jesum autem flagellatum tradidit eis ut crucifigeretur.

Tunc milites præsidis, suscipientes Jesum in præ- torium, congregaverunt ad eum universam cohor- tem (*Ps.* 21). Et exuentes eum, chlamydem cocci- neam circumdederunt ei ; et plectentes coronam de spinis, posuerunt super caput ejus, et arundinem in dexterâ ejus. Et genu flexo antè eum, illudebant ei, dicentes : Ave, Rex Judæorum. Et exspuentes in eum, acceperunt arundinem, et percutiebant caput ejus. Et postquàm illuserunt ei, exuerunt eum chla- mide, et induerunt eum vestimentis ejus et duxe- runt eum ut crucifigerent. Exeuntes autem in- venerunt hominem Cyrenæum, nomine Simonem : hunc angariaverunt ut tolleret crucem ejus. Et venerunt in locum qui dicitur Golgotha, quod est Calvariæ locus. Et dederunt ei vinum bibere cum felle mixtum. Et cùm gustasset, noluit bibere. Post- quàm autem crucifixerunt eum, diviserunt vestimenta ejus, sortem mittentes, ut impleretur quod dictum est per Prophetam dicentem : Diviserunt sibi vesti- menta mea, et super vestem meam miserunt sortem

Psal. 21). Et sedentes servabant eum. Et imposuerunt super caput ejus causam ipsius scriptam : HIC EST JESUS, REX JUDÆORUM. Tunc crucifixi sunt cum eo duo latrones, unus à dextris et unus à sinistris. Prætereuntes autem blasphemabant eum, moventes capita sua et dicentes : Vah ! qui destruis templum Dei, et in triduo illud reædificas ; salva temetipsum. Si Filius Dei es, descende de cruce. Similiter et principes sacerdotum illudentes cum scribis et senioribus, dicebant : Alios salvos fecis, seipsum non potest salvum facere ; si Rex Israël est, descendat nunc de cruce, et credimus ei (*Sap.* II. 13). Confidit in Deo, liberet nunc, si vult, cum ; dixit enim : quia Filius Dei sum (*Ps.* 21). Idipsum autem et latrones, qui crucifixi erant cum eo, improberabant ei. A sextâ autem horâ tenebræ factæ sunt super universam terram usque ad horam nonam. Et circà horam nonam clamavit Jesus voce magnâ dicens : Eli, Eli, lamma sabacthani ? Hoc est : Deus meus, Deus meus ut quid dereliquisti me (*Ps.* 21) ? Quidam autem illic stantes, et audientes dicebant : Eliam vocat iste. Et continuò currens unus ex eis acceptam spongiam implevit aceto, et imposuit arundini, et dabat ei bibere. Cœteri verò dicebant : Sine, videamus an veniat Elias liberans eum. Jesum autem, iterùm clamans voce magnâ, emisit spiritum.

Et ecce velum templi scissum est in duas partes à summo usque deorsùm et terra mota est, et petræ scissæ sunt (*H par.*, III 14), et monumenta aperta sunt ; et multa corpora sanctorum qui dormierant surrexerunt. Et exeuntes de monumentis post resurrectionem ejus, venerunt in sanctam civitatem, et apparuerunt multis. Centurio autem et qui cum eo erant custodientes Jesum, viso terræmotu, et his quæ fiebant timuerunt valdè, dicentes : Verè Filius Dei erat iste. Erant autem ibi mulieres multæ, à longè quæ secutæ erant Jesum à Galilæâ ministrantes ei : inter quas erat Maria Magdalene, et Maria Jacobi, et Joseph mater, et mater filiorum Zebedæi. Cùm autem sero factum esset, venit quidam homo dives ab Arimathæâ, nomine Joseph, qui et ipse discipulus erat Jesu. Hic accessit ad Pilatum, et petiit corpus Jesu. Tunc Pilatus jussit reddi corpus. Et, accepto corpore, Joseph involvit illud in sindone mundâ. Et posuit illud in monumento suo novo, quod exciderat in petrâ. Et advolvit saxum magnum ad ostium monumenti, et abiit. Erant autem ibi Maria Magdalene et altera Maria, sedentes contra sepulchrum.

Alterâ autem die, quæ est post Parasceven, convenerunt principes sacerdotum et Pharisæi ad Pilatum, dicentes : Domine, recordati sumus quia seductor ille dixit adhuc vivens : Post tres dies resurgam. Jube ergò custodiri sepulcrum usque in diem tertium, ne forte veniant discipuli ejus, et furentur eum, et dicant plebi ; Surrexit à mortuis et erit novissimus error pejor priore. Ait illis Pilatus : Habetis custodiam ; ite, custodite sicut scitis. Illi autem abeuntes, munierunt sepulchrum, signantes lapidem, cum custodibus.

2° *Notice sur saint Louis de Gonzague.*

Louis était fils de Ferdinand de Gonzague, marquis de Castiglione. A cause du danger de mort où il se trouvait au moment de sa naissance, on se hâta de lui donner le baptême, en sorte que la vie surnaturelle de la grâce, sembla précéder en lui l'ex-

Aloysius, Ferdinandi Gonzagæ Castellionis Stiverorum Marchionis filius, festinato, propter vitæ periculum baptismo, prius cœlo quàm terris nasci visus, primam illam gratiam tàm constanter retinuit, ut in eâ confir-matus crederetur. A primo rationis usu, quo se Deo statim obtulit, vitam duxit quotidiè sanctiorem. Novennis, Florentiæ, ante aram B. Virginis, quam parentis loco semper habuit, perpetuam virginitatem vovit ; eamque insigni Dei beneficio nulla mentis aut corporis pugna tentatum servavit. Reliquas animi perturbationes cœpit, ætate illâ tàm fortiter comprimere, ut ne primo quidem earum motu deindè incitaretur. Sensus etiam, oculos præcipuè, ita cohibuit, ut non modó illos nunquàm in faciem intenderit Mariæ Austriacæ, quam plures annos, inter honorarios Hispaniarum principis ephæbos ferè quotidiè, salutavit, sed à matris etiam vultu contineret. Homo proptereà sine carne, aut angelus in carne, méritò appellatus.

Adjecit sensuum custodiæ corporis crutiatum. Tria singulis hebdomadis jejunia, eaquo plerùmque medico pane et

istence naturelle. On pourrait croire qu'il avait été confirmé en grâce, tant il conserva soigneusement celle de son baptême. Le premier usage qu'il fit de sa raison fut de se consacrer à Dieu sans aucun retard, et il mena une vie de jour en jour plus sainte. Dès l'âge de neuf ans, il fit vœu de chasteté perpétuelle à Florence, devant l'autel de la sainte Vierge, qu'il regarda toujours comme sa mère ; et par un insigne bienfait de Dieu, sa pureté ne souffrit jamais aucune atteinte ni dans son corps ni dans son âme. Il commença si bien, à cet âge, à combattre toutes les passions en lui, qu'il parvint à n'en ressentir plus même les premiers mouvements. Il veillait avec un tel soin à la garde de ses sens et surtout de ses yeux, que non-seulement il ne les arrêta jamais sur le visage de Marie d'Autriche, quoique les fonctions de page qui l'attachaient à la cour d'Espagne le ramenassent chaque jour, pendant plusieurs années, en présence de cette princesse ; mais il n'osait même pas regarder sa mère en face : aussi mérita-t-il d'être appelé un homme sans corps ou un ange revêtu d'une chair humaine.

A la garde exacte de ses sens, Louis joignait la sévérité pour son corps. Il jeunait trois fois la semaine, ne prenant alors le plus souvent qu'un peu de pain et d'eau. Encore pouvait-on regarder tout ce temps comme un jeûne continuel, puisque la quantité de nourriture qu'il prenait à ses repas égalait à peine une once. Souvent aussi il se donnait, jusqu'à trois fois le jour de sanglantes flagellations. Il mettait des morceaux de bois dans son lit, pour être couché moins mollement et aussi afin de s'éveiller de meilleure heure pour prier. Car, au fort même de l'hiver, il passait une grande partie de la nuit dans la contemplation des choses célestes, n'ayant pour tout vêtement que sa chemise, se tenant à genoux ou étendu et prosterné à cause de sa faiblesse. Il restait quelquefois immobile en prières, trois, quatre et même cinq heures, jusqu'à ce qu'il en eût passé au moins une sans distraction. Sa persévérance fut bien récompensée; car il parvint à un recueillement parfait dans la prière, ou plutôt il vivait dans une continuelle union avec Dieu. Enfin, désireux de s'attacher uniquement à lui, ayant obtenu, après trois ans de refus le consentement de son père, il fit cession à son frère de tous ses droits sur la principauté de sa famille, et se fit recevoir à Rome dans la compagnie de Jésus, à laquelle il s'était senti appelé par le Ciel lorsqu'il était encore à Madrid.

aquâ tolerabat : quanquam perpetuum fuisse per id tempus ipsius jejuniun videre potest, cùm ejus prandia ferme vix unciam æquarent. Sæpè etiam, ter in die, se funibus aut catenis cruentabat : flagella, quandoque canum loris cilicia, equorum calcaribus, supplevit. Mollen lectulum, clàm injectis asserum fragmentis, asperabat, eó etiam ut citiùs ad orandum excitaretur. Magnam quippe noctis partem, summâ etiam hieme, solo tectus indusio, positis humi genibus, vel præ languore jacens ac pronùs, in cœlestium contemplatione traducebat. Interdiu quoque, tres, quatuor, quinque horas in eâ perstabat ; donec unam saltem animo nusquàm distracto percurisset. Cujus constantiæ præmium fuit stabilitas mentis inter orandum, alio non vagantis, imó perpetuâ velut extasi in Deo defixæ. Ei demùm ut unicè adhæreret, victo post triennale acerrimum certamen patre, et avili principatûs jure in fratrem translato, societati Jesu, ad quam cœlesti voce Matriti fuerat accitus, Romæ se adjunxit.

In tyrocinio ipso, virtutum omnium magister haberi cœpit. Exactissima in eo erat legum, etiam minimarum, custodia, mundi contemptus singularis, implacabile odium sui ; Dei verò amor tam ardens absumeret. Jussus proptereà mentem à divinis rebus tantis peravertere, occurrentem sibi ubique Deum irrito conatu fugiebat. Mira etiam proximos caritate amplexus, in publicis quibus alacriter ministrabat nosocomiis, contagiosam luem traxit. Quà lentè consumptus, die quem prædixerat, undecimo calendas julii, ætatis anno quarto vigesimo jàm inchoato, cùm anteà flagellis cædi atque humi stratus mori postulasset, migravit in cœlum. Ibi cum sancta Maria Magdalena de Pazzi tantâ frui gloriâ. Deo monstrante, vidit, quantam vix esse in cœlo credidisset ; ipsumque sanctimoniâ insignem et caritate martyrem incognitum fuisse, prædicavit. Multis etiam magnisque claruit miraculis. Quibus rite probatis Benedictus XIII sanctorum fastis angelicum juvenem adscrip-

Dans le noviciat même, tous les religieux ne tardèrent pas à le regarder comme leur maître dans la vertu. On remarquait en lui une fidélité scrupuleuse à observer les règles, même les plus petites, un mépris profond du monde et une sainte haine de lui-même. Son amour pour Dieu était si ardent qu'il épuisait les forces de son corps. C'est pourquoi on lui commanda de distraire un peu son esprit des choses célestes : mais il fit de vains efforts pour essayer de se détourner de Dieu, qui se représentait partout à lui. Sa charité pour le prochain était admirable : il allait avec joie servir les malades dans les hôpitaux publics, où il fut atteint lui-même de la contagion La maladie le consuma lentement, et son âme s'envola vers le ciel, le onze des calendes de juillet, à l'âge d'un peu plus de vingt-trois ans, le jour qu'il avait prédit. Il avait demandé qu'on lui accordât de mourir étendu sur la terrre et après avoir reçu, une fois encore, la discipline. Dieu fit voir à sainte Marie-Madeleine de Pazzi la gloire dont jouissait Louis ; elle lui parut si grande, qu'elle aurait à peine cru qu'il pût y en avoir autant dans le ciel. Aussi ne craignait-elle pas de publier que la haute sainteté de Louis n'était pas connue, et que c'était un martyr de la charité. Il devint célèbre par d'éclatants et nombreux miracles. Benoit XIII,

... fait canoniquement, inscrivit le nom de quelque jeune homme sur le catalogue des saints, et le donna à la jeunesse des écoles comme patron et comme modèle d'inno-cence et de pureté.

... sit, atque innocentiæ et castitatis exemplar simul et patronum studiosæ præsertim juventuti dedit.

Imp. Gauthier Frères à Lons-le-Saunier.

Lectures Manuscrites.

Modèles de Lettres

1

Lettre d'un fils à ses parents à l'occasion du nouvel an.

Mes chers parents,

Chaque année, la dette de ma reconnaissance envers vous s'accroît, parceque chaque année le nombre de vos bontés pour moi devient plus grand, mais aussi, croyez-le bien, chaque année mon attachement pour vous devient plus tendre et plus fort. Que ne puis-je vous exprimer de bouche ce que je sens si vivement! Puisque cette consolation m'est refusée ma plume au moins sera l'interprète de mon cœur, et cette lettre va vous dire que votre enfant n'est pas insensible à tout ce que vous avez fait, à tout ce que vous avez souffert pour lui, et qu'après Dieu, il n'est rien au monde qu'il aime autant que vous. Si mes souhaits s'accomplissent, si mes vœux sont exaucés, vos jours couleront dans le bonheur et la paix. Je sais qu'il dépend, en partie, de moi que vous jouissiez de ce bonheur, aussi j'aurai à cœur de vous le procurer par ma bonne conduite ce que je ne puis pas faire moi-même pour vous, je le demanderai à Dieu, qui exaucera, j'espère, la prière de ma piété filiale. Ce sont là, mes chers parents, les sentiments et les vœux dont votre enfant vient vous faire hommage au commencement de cette année.

2ᵉ Lettre à une mère pour le jour de sa fête.

Ma chère Maman,

Je sens plus vivement aujourd'hui qu'en tout autre jour le regret d'être séparé de vous. Mes frères et sœurs, plus heureux, sont en ce moment peut être réunis autour de vous pour célébrer votre fête, ils se pressent dans vos bras, vous les couvrez de vos baisers, et votre Henri n'est pas là pour vous fêter avec eux, pour recevoir vos caresses et pour vous exprimer les vœux qu'il forme pour vous. Mais vous connaissez son cœur vous savez combien il vous aime et combien il désire votre bonheur. Ma lettre ne peut que reproduire faiblement mes sentiments, mais je les ai exprimés avec ferveur dans la prière à votre glorieuse patronne, la conjurant de prendre sous sa protection puissante une vie qui m'est si chère et de vous rendre la plus heureuse des mères.

3ᵉ Lettre à un ami qui ne donne pas de ses nouvelles.

Pline à Servien.

À quoi tient-il donc que je ne reçoive de vos nouvelles ? Tout va-t-il bien ? Ou quelle chose vous contrarie ? Êtes-vous accablé d'affaires ? Ou jouissez vous d'un doux loisir ? Les commodités pour écrire sont-elles rares, ou vous manquent-elles ? Tirez moi de cette inquiétude, que je ne puis plus supporter. Pour moi je me porte bien, si c'est se bien porter que de vivre dans une incertitude cruelle, d'attendre de moment à autre des nouvelles qui ne viennent pas, et de craindre pour une personne qui m'est si chère, tous les malheurs attachés à la condition humaine.

4ᵉ Lettre de Recommandation.

Pline à Falcon.

Vous serez moins surpris que je vous aie demandé avec tant d'instance la charge de préteur pour un de mes amis quand vous saurez le nom de cet ami et quel est son mérite. Je puis bien vous le dire et vous en faire le portrait aujourd'hui que vous m'avez accordé ma Demande, c'est Cornélius Minutianus; Quoiqu'il ne donne pas moins de lustre, par ses moeurs que par sa naissance au pays dont je tire mon origine; qu'il soit d'une illustre maison et qu'il ait de grands biens, il aime l'étude avec la même ardeur que l'aiment ordinairement ceux qui manquent de tout. On ne peut trouver un juge plus intègre, un avocat plus zélé, un ami plus fidèle. Vous croirez que c'est vous qui m'avez une obligation quand vous connaîtrez à fond cet homme, qui n'est au-dessous d'aucun honneur, d'aucune charge, et c'est pour ne pas blesser sa modestie que je me contente de ces expressions —

5ᵉ Demande de Secours.

Monsieur,

Je n'ai ni l'habitude ni l'envie de chercher à intéresser en ma faveur pour attirer des bienfaits; mais je vois de tout côté tant de malheureux qui se louent de votre empressement à les soulager et je suis dans une telle détresse que j'ai cru pouvoir solliciter votre bienveillance. Depuis deux ans je suis atteint d'une maladie qui me met à la charge de ma famille. Mes pauvres parents ont peine à subsister du travail de leurs mains et il faut qu'ils retranchent de leur nécessaire pour subvenir aux frais que leur occasionne mon état de souffrance. Quand j'avais la santé je

... je suis in-
capable de rien faire; et quoi qu'il m'en coûte je
viens, Monsieur, solliciter des secours de votre charité.
Afin que vous puissiez vous convaincre que ma
demande n'est pas celle d'un fainéant qui trouve plus
commode de vivre en mendiant qu'en travaillant, j'ai
l'honneur de joindre à ma lettre les attestations
du Médecin, de Mr. le Maire et de Mr. le Curé.
J'ose donc espérer, Monsieur, que je n'aurai pas
fait appel en vain à votre cœur compatissant,
et je vous prie d'agréer d'avance, avec l'expression de ma vive gratitude, l'assurance de mon
respect.

6ᵉ Demande d'Emploi.

Monsieur

J'ai appris que François, votre jardinier,
vous quitte pour aller s'établir ailleurs à
son compte, c'est pourquoi je viens vous
prier de me donner dans votre maison
la place que son départ va laisser vacante.
Je crois pouvoir dire que je connais assez
la culture du jardin; Depuis plus de
dix ans c'est mon occupation de tous les jours.
Je suis d'ailleurs fort et robuste, et le travail ne me fait pas peur. Je ne demande
pas, Monsieur, que vous me croyiez sur parole

Je peux produire des certificats qui attesten[t]
que j'ai une bonne conduite et que je suis ca[-]
pable de bien remplir l'emploi que je vous [prie]
de me confier. J'aurai l'honneur de vous les
présenter dès que je saurai que vous désire[z]
les voir; ce désir sera pour moi la preu[ve]
que vous êtes disposé à faire un bon accu[eil]
à ma demande. —

7.e Lettre d'excuse d'avoir tardé longtem[ps] à répondre

à un ami.

Monsieur,

Daignerez-vous bien encore me recevoir en grâce après
aussi indigne négligence que la mienne? J'en sens toute la turpitude,
je vous en demande pardon de tout mon cœur. A le bien pren[dre]
cependant, quand je vous offense par mes retards déplacés, je vou[s]
trouve encore le plus heureux des deux. Vous exercez à mon éga[rd]
la plus douce de toutes les vertus de l'amitié, l'indulgence, et vou[s]
goûtez le plaisir de remplir les devoirs d'un parfait ami, tandis
que je n'ai que la honte et des reproches à me faire sur l'irrégu[-]
larité de mes procédés envers vous. Vous devez du moins compren[-]
dre par là que je ne cherche pas de détour pour me disculper. —
J'aime mieux devoir uniquement mon pardon à votre bonté que de
chercher à m'excuser par de mauvais subterfuges. Ordonnez ce que le cœu[r]

tiera du coupable et du châtiment ; vous serez obéi je
n'excepte qu'un seul genre de peine, qu'il me serait impossible de
supporter c'est le refroidissement de votre amitié. Conservez-la moi
tout entière, je vous en prie, et souvenez vous que je serai toujours votre tendre ami, quand même je me rendrais indigne
vous fussiez le mieux.

______

A un fils pour lui apprendre la mort de son père.

Monsieur,

C'est au nom et de la part de Madame votre
mère que je vous envoie cette lettre. Elle est trop
affligée pour vous écrire elle-même et vous annoncer que
vous êtes orphelin. Oui, mon cher Monsieur, votre
respectable père n'est plus, il a succombé hier, à
sept heures du soir, à une maladie de quelques
jours. Ce sont là, je le sais par expérience, de ces grandes
douleurs qui brisent l'âme et qu'on essaierait en
vain de consoler : la Religion seule peut les adoucir,
elle vous soutiendra, je l'espère, pour vous faire
supporter chrétiennement le coup qui vous frappe,
comme elle a soutenu votre père pour lui faire accepter avec soumission la mort qui allait le séparer
de son épouse et de ses enfants. Fortifié par les sacrements
de l'Église, il a rendu paisiblement son âme à Dieu, emportant avec lui l'espérance de retrouver dans un monde meilleur tous ceux qui lui sont chers.

9.e Lettre de condoléance. ^{VIII}

Fléchier à Madame la Comtesse de
Grignan sur la mort de son fils.

Quoiqu'il y ait déjà quelques mois, Madame, que
vous avez perdu votre fils, la perte est si grande, et je sais
que votre douleur est encore si vive qu'il est toujours temps
qu'on y prenne part. Vous pleurez avec raison ce fils
estimable par sa personne, plus encore par son
mérite, on peut dire à la fleur de son âge, sorti depuis
peu des plus grands dangers de la Guerre, honoré
de l'approbation et des louanges du roi et couvert de sa
propre gloire. Je me souviens quelque fois des soins
que vous avez pris de son éducation, dont j'ai été le
témoin, et des espérances que vous fondiez sur les
vertus et les sciences que vous vouliez lui faire apprendre
et que vous étiez occupée à lui inspirer. Je sais, Madame,
le profit qu'il avait fait des principes que vous lui aviez
donnés pour les mœurs et pour la conduite de sa vie
et je ne doute pas que ce qui faisait votre satisfaction
ne devienne aujourd'hui le sujet de votre douleur.
Il serait inutile, après cela, de vouloir vous consoler,
ni votre sagesse, ni votre bon esprit, ne le peuvent
faire; Dieu seul, qui a fait le mal, peut le guérir, et
c'est uniquement du fonds de votre piété que vous pouvez
tirer les véritables consolations. Plus la faiblesse de la
nature vous paraît douce et raisonnable, plus il faut
faire agir la foi et la religion pour vous soutenir.
Vous éprouvez cela, Madame, mieux que je ne puis

vous le dire, je me contente de vous témoigner que
personne ne compatit plus sincèrement que moi à votre affliction et ne conserve plus fidèlement dans une résidence éloignée
les sentiments respectueux avec lesquels j'ai été et je dois
être, Madame, votre très-humble etc....
                    Nîmes, le 15 Novembre 1704.

10e Remerciement pour une lettre de Condoléance.

Fléchier à M.

La bonté que vous avez, Monsieur, de vous intéresser à la perte que je viens de faire et d'entrer dans les
raisons qui me la peuvent rendre plus sensible,
me fait connaître que vous compatissez sincèrement à ma douleur. Cela est digne d'un aussi bon
cœur que le vôtre. Vous savez qu'il n'y a de solides et
véritables consolations que celles que Dieu donne
à ceux qui sont résignés à ses volontés et qui se
confient en sa providence. Je me suis dit ce que
mon ministère m'engage de dire aux autres en
de pareilles occasions. Conservez-moi toujours
l'honneur de votre amitié et croyez, je vous prie,
que personne n'est avec un plus sincère attachement
et une plus parfaite reconnaissance que je le suis
votre très humble etc.
                    Du 17 Avril 1701.

11.° Lettre d'un enfant à son père
pour lui annoncer sa première Communion.

Mon cher papa,

J'ai à vous annoncer une nouvelle qui vous causera
bien de la joie, comme elle m'en cause à moi-même. C'est que
j'ai eu le bonheur d'être admis définitivement à la première
communion. Le 21 Juin prochain, fête de St Louis de Gonzague, sera ce beau jour que je désire avec ardeur, mais
auquel cependant, je ne saurais penser sans trembler ; car
l'action à laquelle je me prépare est si grande que je crains
de la mal faire. J'espère, cher papa, que vos prières et
celles de ma bonne maman contribueront à me préserver de
ce malheur. De mon côté, je vais redoubler de ferveur
et d'attention dans ma conduite, afin qu'il ne m'échappe
rien qui puisse me rendre indigne de la grâce qui
m'est offerte.

Recevez, cher papa, les embrassements et les
respects d'un fils qui vous aime bien tendrement.

12.° Réponse à la lettre précédente.

Tu avais raison, mon cher enfant,
de dire que ta lettre me causerait une
grande joie. Pourrais-je être insensible
à ton bonheur ? J'y prends, au contraire, une
part bien vive, comme chrétien et comme
père. Il y a, mon cher enfant, deux
beaux jours dans la vie, celui du baptême

et celui de la première communion. Tu ne pouvais pas apprécier la grâce du baptême quand tu l'as reçue; tu seras plus à même, je ne dis pas de comprendre, mais de sentir celle que tu vas recevoir.

Tu désires me dis-tu, mais tu crains. Je suis bien de t'approuver tes craintes; je les partagerais plutôt, car une première communion mal faite est un triste présage pour l'avenir et pour l'éternité. Cependant ayons confiance que le Dieu qui daignera se donner à toi, voudra bien préparer lui-même la demeure qu'il doit habiter. Par cette lettre tu comprends assez que tu peux compter sur les ferventes prières de ta pieuse mère et sur les miennes. Reçois, mon cher enfant, avec nos bien tendres embrassements, notre bénédiction, qui sera pour toi nous l'espérons, le gage de celle de Dieu.

13.º Pour solliciter le pardon d'un
serviteur coupable.
Pline à Sabinien.

Votre affranchi, contre qui vous m'avez dit que vous êtes en colère, est venu me trouver; et, prosterné à mes pieds, il y est demeuré collé comme

si c'eût été sur les vôtres. Il a beaucoup
pleuré, beaucoup prié; pendant longtemps
il ne pouvait parler; en un mot, il m'a persuadé
de son repentir. Je le crois véritablement cor-
rigé, parce qu'il reconnaît sa faute.
Je sais que vous êtes irrité et que vous
l'êtes avec raison; mais jamais la modération
n'est plus louable que quand l'indignation est plus
juste. Vous avez aimé cet homme et j'espère que
vous lui rendrez un jour votre bienveillance;
en attendant, il me suffit que vous lui accordiez
son pardon. Vous pourrez, s'il vous manque encore,
reprendre votre colère; après s'être laissé désarmer
une fois, elle sera bien plus excusable. Donnez
quelque chose à sa jeunesse, à ses larmes, à votre
douceur naturelle, ne le tourmentez pas d'avantage;
ne vous tourmentez plus vous-même; car, doux
et humain comme vous êtes, c'est vous tourmenter
que de vous fâcher. En joignant mes supplications
aux siennes, je crains de paraître moins prier
qu'exiger; je les joindrai pourtant avec d'autant
plus d'instance que les réprimandes qu'il a reçues
de moi ont été plus sévères. — Je l'ai menacé très
positivement de ne plus jamais m'occuper de lui
mais je n'ai dit cela que pour cet homme; qu'il fallait
intimider, et non point pour vous, car peut-être
serai-je encore obligé quelque autre jour de vous demander
grâce pour vous de céder encore à mes prières, si la faute est telle
que vous puissiez honnêtement m'intercéder et vous pardonner

Pline à Marinus.

Éprouvez-vous là où vous êtes, la même rigueur, le même dérangement de temps? On ne voit ici qu'orages, qu'inondations. Le Tibre est sorti de son lit, et, s'élevant au dessus de ses rives, il s'est répandu fort loin. Quoique le canal que la sage prévoyance de l'Empereur a fait faire en ait reçu une partie, il remplit les vallées, il coule par les campagnes, partout où il trouve des plaines, il ne laisse rien à découvert. De là il arrive qu'allant au devant des fleuves qu'il a coutume de recevoir et d'emmener confondus avec lui, il les force à rebrousser et couvre ainsi d'eaux étrangères les terres qu'il n'inonde pas de ses propres eaux. L'Anio, le plus doux des fleuves, et qui semble comme invité et retenu par les belles maisons bâties sur ses bords, déracine en grande partie et entraîne les arbres qui lui donnaient de l'ombre. Il a renversé des montagnes, et se trouvant arrêté par leur chute en plusieurs endroits il cherche le passage qu'il s'est fermé, abat les maisons s'élève sur leurs ruines. Ceux qui demeuraient des lieux élevés, où le débordement n'a pu parvenir, ont vu flotter sur l'eau, ici de riches équipages et des meubles précieux, là des ustensiles de campagne. D'un côté des bœufs, des chevaux et ceux qui les conduisaient, de l'autre des troupeaux enlevés de leurs parcs et abandonnés à eux-mêmes et au milieu de tout cela des troncs d'arbres, des poutres et des toits. Les lieux où la rivière n'a pas pu monter n'ont pas été exempts de cette désolation. Une pluie continuelle et des tourbillons qui semblaient lancés des nues n'ont fait guère moins de ravages que le fleuve n'en avait pu faire. Les clôtures qui renfermaient les héritages qu'on affectionne le plus ont été détruites et les tombeaux ébranlés et minés en partie. Plusieurs personnes ont été noyées, estropiées, écrasées; et le deuil dont tout est rempli, multiplie tant de pertes.

Plus ce malheur est grand, plus je crains que vous n'en ayez essuyé quelque semblable là où vous êtes. S'il n'en est rien, soulagez mon inquiétude au plus tôt, je vous en supplie; et si cela est, mandez-le-moi aussi. Car c'est presque pour moi la même chose, d'avoir à craindre une disgrâce ou de la souffrir; avec cette différence toutefois, que le mal a ses bornes, tandis que la crainte n'en a pas; on ne s'afflige qu'à proportion de ce qui est arrivé, mais on craint tout ce qui peut arriver.

15.e Lettre d'invitation à un ami

Montesquieu à M.r l'Abbé de Guasco.

L'Abbé Venuti m'a fait part, mon cher abbé, de l'affliction que vous a causée la mort de votre ami le prince Casimir, et du projet que vous avez formé de faire un voyage dans nos provinces méridionales pour rétablir votre santé. Vous trouverez partout des amis pour remplacer celui que vous avez perdu. Or je me joins à l'Abbé Venuti pour vous presser d'exécuter votre projet. L'air, les raisins, le vin des bords de la Garonne et l'humeur des Gascons, sont d'excellents antidotes contre la mélancolie. Je me fais une fête de vous mener à ma campagne de la Brède, où vous trouverez un château gothique à la vérité, mais orné de dehors charmants, dont j'ai pris l'idée en Angleterre. Comme vous avez du goût, je vous consulterai sur les choses que j'entends ajouter à ce qui est déjà fait; mais je vous consulterai surtout sur mon grand ouvrage, qui avance à pas de géant depuis que je ne suis plus dissipé par les dîners et les soupers de Paris. Mon estomac s'en trouve aussi mieux, et j'espère que la sobriété avec laquelle vous vivrez chez moi sera le meilleur spécifique contre vos incommodités. Je vous attends donc cet automne; très empressé de vous embrasser.

16.e Lettre de Consolation
sur les infirmités de la vieillesse.

Fléchier à Mr le Pelletier.

La visite, Monsieur, que je viens de faire à Mr le duc d'Uzès, arrivé depuis peu dans cette province, m'a empêché de répondre à votre lettre. Je vois que vous avez quitté votre solitude de Villeneuve, avant que la saison de la campagne fût avancée. Il faut ménager une santé faible, l'air de Paris est moins subtil; les secours y sont plus présents et quand on approche l'âge des patriarches, il faut se mettre sous les soins d'une famille et recevoir de ses enfants les fruits de la bonne éducation qu'on leur a donnée. La confidence que vous me faites de l'état où vous êtes, et où vous réduit le poids des années, me toucherait davantage si vous n'en parliez pas si bien et si je ne voyais par là encore tout votre esprit dans votre lettre. Mais enfin votre appréhension est raisonnable, tout ce qui tend à sa fin diminue nécessairement. La rigueur baisse, les organes s'usent, l'esprit s'affaiblit avec le corps, le feu qui nous anime s'éteint insensiblement, et la raison, aussi bien que les sens, succombe quelquefois sous les infirmités de la vieillesse. Ceux qui, comme vous, ont toujours mené une vie occupée, qui ont été chargés de pénibles et importantes affaires, qui ont pris à cœur les intérêts de l'État comme ceux de leur famille, qui sont vivement touchés des malheurs présents et des misères de la patrie, ceux-là, dis-je, ont à craindre que l'application et l'usage qu'ils ont fait de leur esprit n'y causent enfin quelque défaillance. Souvent aussi la nature d'elle-même

Il y a peu de ces vieillesses heureuses qui se soutiennent jusqu'à la fin et où le temps ôte à l'homme quelque partie de lui-même. Nous avons vu, vous et moi, Monsieur, des hommes dont on avait estimé le jugement et la sagesse, après avoir rempli les premières charges et les premiers emplois du royaume, terminer un reste de vie dans une indolence pitoyable, sans raisonnement, sans intelligence, oubliant leur propre nom.

J'avoue que cette espèce de mort vivante est une humiliation quand on la sent, et qu'on la prévoit. L'homme ne fait jamais plus pitié que quand il commence à rentrer dans son néant. La mort naturelle est la peine du péché, la mort civile ou morale en est la pénitence. Il faut s'y résigner quand on la voit approcher, et dans le danger de ne pouvoir plus offrir à Dieu avec liberté le sacrifice des bonnes œuvres et de la louange, lui en faire un de son inaction et de son silence. Après cela il faut se consoler de tout. L'Apôtre nous apprend que soit que nous vivions, soit que nous mourions, nous sommes au Seigneur. Nous devons croire que toute affliction comme toute consolation, vient de lui, que c'est toujours un bien que sa volonté s'accomplisse en

vous. En vous ôtant tout ce qui sert à le connaître et à le servir
il vous ôte en même temps ce qui peut induire à l'offenser. Cet
affaiblissement que vous croyez remarquer en votre personne est une
marque de l'attention que vous avez vers vous-même. Il
n'est pas étonnant que vous éprouviez quelque changement et
quelque diminution de force; que votre imagination se re-
froidisse, que votre application se relâche, que vos prières
soient moins ferventes, que vos pensées, vos actions soient
moins vives, que le corps qui se corrompt, appesantisse
l'âme. Vous touchez à ce terme fatal de la vie dans lequel il n'y a plus que travail et douleur, selon l'Écriture
La réflexion que nous avons à faire, Monsieur, car à deux ou trois
années près nous sommes dans le même cas, c'est de nous regarder sur
le déclin de l'âge comme des serviteurs qui vont devenir inutiles, de
mettre à profit les heures que Dieu nous laisse avant que le temps
vienne. où selon l'Évangile il ne sera plus libre de travailler pour le salut.
Hâtons-nous de lui offrir des connaissances et des affections qui soient
tous les jours plus précis; et prions-le que, s'il veut nous priver avant
notre mort de la privation des douceurs temporelles et spirituelles de
la vie il conserve du moins dans nos cœurs mortifiés sur fonds de religion
de foi d'humilité et de patience. C'est une grâce et une bénédiction du
ciel pour vous, d'être au milieu de votre famille, aimé et honoré de
vos enfants, qui adouciront vos peines, qui respecteront jusqu'à votre faiblesse et qui touchés de tendresse, de piété et du désir de prolonger ce
reste de vie auront les mêmes soins de votre vieillesse que vous avez
eus de leur enfance. Quoique je sois persuadé que vous n'avez
pas besoin de mes leçons, et qu'un esprit tranquille et solide comme
le vôtre ne soit pas ordinairement sujet à ces dérangements.
J'ai bien voulu vous obéir, Monsieur, et vous témoigner avec quelle déférence je suis

tre très humble, etc.

À Nîmes, le .... 1889.

17ᵉ Demande de paiement.

Monsieur,

Il y aura demain deux mois que, sur votre
Demande, je vous ai remis mon mémoire
de maçonnerie s'élevant à cent trente-deux
francs. Huit jours après, je me suis présenté
chez vous pour toucher cette somme, mais
vous m'avez demandé un délai d'un mois
que je vous ai volontiers accordé. Ce terme étant
expiré depuis trois semaines, je viens vous
prier de ne pas différer d'avantage le solde du
mémoire que je vous ai présenté. J'ai, vous le
savez, une famille nombreuse à nourrir; et je
n'ai pas d'autres ressources que mon travail; c'est
ce qui vous explique pourquoi je suis pressé
de recevoir l'argent qui m'est dû.

Veuillez donc, Monsieur, avoir l'obligeance
de me faire connaître le jour où je pourrai faire
envoyer toucher le montant de mon mémoire
et je vous prie de recevoir l'assurance de mon respect.

18ᵉ Demande de Renseignements.

Monsieur,

Un jeune homme nommé Nicolas Martin s'est présenté pour entrer chez moi comme domestique, mais avant de lui donner une réponse, je voudrais le connaître. Comme il m'a dit avoir passé trois ans à votre service, j'ai cru pouvoir m'adresser à vous en toute confiance pour vous prier de me dire ce que vous pensez de la religion, de la moralité et de la probité de ce jeune homme, et de son activité pour le travail. Les renseignements que je prends la liberté de vous demander sont tout à fait confidentiels, j'aurai soin de ne rien dire qui puisse faire connaître à quelle source je les ai puisés. J'espère donc que vous ne me tairez rien de ce qu'il m'importerait de connaître, car mon intention, dans la demande que je vous fais n'est pas de chercher à nuire à Martin, mais seulement de savoir jusqu'à quel point je peux lui accorder ma confiance.

Pardonnez-moi Monsieur, la peine que je vous donne de me répondre et veuillez agréer d'avance mes remerciements et mes respects.

19ᵉ Lettre de Félicitation.

Fléchier à Mr de Basville sur la nomination de son fils à une place d'Intendant en Normandie.

Vous avez un fils, Monsieur, intendant aussi bien que vous. Il faut bien qu'on ait bonne opinion de lui, puisqu'on n'a pas égard à son âge et qu'on soit persuadé de sa sagesse puisqu'on les voue dès l'enfance à gouverner. Il suffit de porter votre nom pour être capable de grands emplois. Monsieur de Courson n'aura pas de peine à le remplir et suivant les exemples domestiques et les principes de prudence et de justice qui passent de père en fils dans votre famille. Je prends part à la joie que cette nouvelle vous a donnée. J'en félicite Madame de Basville, je n'en suis pas moins sensible, je suis avec respect, Monsieur, votre &c.

Nîmes, le 1er Novembre 1704.

20e Lettre d'affaires.

De Montesquieu au père Cerati,
de la Congrégation de l'Oratoire à Rome.

De Londres, le 21 Décembre 1729.

J'eus l'honneur de vous écrire pour le Courrier passé, mon révérend Père; je vous écris encore par celui-ci. Je prends du plaisir à faire tout ce qui peut vous rappeler une amitié qui m'est si chère. J'ajoute à ce que je vous mandais sur l'affaire, que si Monseigneur Fouquet exige au-delà de la somme que j'ai paru vous fixer, vous pouvez vous étendre et donner plus, et faire par rapport aux autres conditions, tout ce qui ne sera pas visiblement déraisonnable. Je connais ici le chevalier Lambert, banquier fameux, qui m'a dit être en correspondance avec Bellone. Je ferai remettre sur le champ, par lui, l'argent dont vous serez convenu.

J'ai l'honneur d'être, avec toute sorte de tendresse et d'amitié, &c.

21.ᵉ Lettre de Conseils.

Fléchier à ses nièces sur les vocations à l'état religieux.

J'ai été bien aise d'apprendre, mes chères nièces, que vous vous êtes consacrées à Dieu, que vous l'avez fait avec dévotion et de bonne grâce et que vous avez donné toutes les marques d'une bonne et sincère vocation. Reconnaissez bien la grâce que le Seigneur vous a faite, rendez lui en de continuelles actions de grâces, et goûtez bien le plaisir et le bonheur qu'il y a d'être à lui, et de le servir loin des inquiétudes et des dangers du monde, dans la compagnie de tant de saintes filles, dont les vertus et les bons exemples sont des leçons vivantes de religion et de piété. Je suis persuadé que, vivant sous la même règle, vous observerez la même régularité, et que vous mériterez par votre douceur, par votre humilité et par votre obéissance, qu'elles vous regardent comme leurs filles.

Soyez attentives sur vous-mêmes, assidues à tous vos exercices, soumises aux conseils et aux volontés de vos supérieures, et fidèles à toutes les inspirations du Ciel.

Pensez qu'il n'y a pas de bonheur pareil au vôtre, que vous embrassez un état où vous trouverez la paix et la sainteté et cette joie pleine et solide, que le monde ne connaît pas et que Dieu a réservée à ceux qui l'aiment. Vous avez choisi la meilleure part, et vous devez sans cesse demander au Ciel la persévérance dans votre choix et plaindre

celles que Dieu n'a pas favorisées comme vous
et qu'un triste aveuglement retient dans le
monde. On vous fera, sans doute, faire toutes
ces réflexions dans le cours de votre noviciat.
De mon côté, je ferai des vœux ardents pour votre
satisfaction et vous témoignerai en toute rencontre l'affection avec laquelle je suis en Jésus-Christ, nos chères nièces.

22ᵉ Lettre de Reproches

Un père à son fils.

J'ai reçu, mon fils, ton bulletin
trimestriel. Tu sais, sans doute, ce
qu'il contient, car c'est toi qui en as
préparé les notes pendant les trois mois
qui viennent de s'écouler. Est-ce là,
dis-moi, ce que nous devions attendre
de toi, après les recommandations
que ta mère et moi, nous t'avions
faites. Après les promesses que tu
nous as si souvent renouvelées
avant ton départ ! Conduite mauvaise,
travail faible, progrès presque nuls : voilà
donc où aboutissent nos efforts
pour te donner une bonne éducation ;
voilà tout le fruit que nous
retirons des dépenses que tu
nous occasionnes. Il

paraît que la crainte de Dieu n'a pas fait plus d'impression sur toi que la prière de tes parents; elle aurait dû suffire cependant pour te retenir dans le devoir. Tu n'ignores pas combien une telle conduite nous a contristés. Songe donc à réparer promptement ta faute. Vois, je t'aime, tu le sais, mais il n'y aura pas de faiblesse dans ma tendresse pour toi; je saurai être sévère, s'il le faut, mais j'espère que tu ne m'y forceras pas. J'attendrai le prochain bulletin pour voir comment je devrai me conduire à ton égard.

23.ᵐ Réponse à la lettre précédente.

Mes chers parents,

Les remords de ma conscience ont devancé les reproches de votre lettre. Il n'est que trop vrai que j'ai oublié vos bons conseils et mes belles promesses. La dissipation à laquelle je me suis laissé aller m'a rendu négligent dans l'accomplissement de mes devoirs, je reconnais ma faute et loin de chercher à m'excuser je m'avoue coupable. Mais j'espère mon pardon de votre bonté, je veux le mériter par une conduite meilleure. Je n'ai, il est vrai, pour le moment que des promesses à vous offrir en dédommagement de la peine que je vous ai causée, mais mon bulletin vous prouvera que ces promesses étaient sincères et que je suis encore digne de votre amour.

Recevez, mes chers parents, l'assurance de mon repentir et de mon respect filial.

Narrations & Descriptions.

1re

Les Religieux du Mont St Bernard.

A la fin d'avril 1755, j'allais en Piémont par la route du grand St Bernard. Vers les quatre heures de l'après-midi, la petite caravane avec laquelle j'avais gravi ce dangereux passage, parvint au sommet de la montagne, et après avoir réparé ses forces dans l'hospice élevé au milieu de ce désert, elle se remit en marche pour coucher le même soir à la vallée d'Aoste. Déjà le soleil avait perdu sa chaleur, et le ciel même sa sérénité des nuages commençaient à se traîner le long des cimes des rochers et s'amoncelaient dans les gorges étroites de cette solitude. Au sommet des Alpes, une soirée nébuleuse amollit le courage; je me décidai à passer la nuit avec les religieux hospitaliers, qui partageaient mes pressentiments.

Ils ne nous trompèrent point. A six heures ce plateau glacé fut presque enseveli dans les ténèbres les nuées, poussées par un vent du nord-ouest avec la rapidité d'une flèche tourbillonnaient autour de l'enceinte des rochers. Déjà retentissait le bruit lointain des avalanches, et des atomes de neige serrée, divisés comme la poussière, soit en se détachant des montagnes, soit en tombant du ciel en interceptaient la faible lumière et voilaient tous les objets

D'alentour.

Tandis qu'auprès d'un bon feu, je questionnais
le supérieur du couvent sur les suites de l'ouragan, les
religieux hospitaliers étaient allés remplir leurs devoirs
de circonstance ou plutôt exercer leurs vertus de tous les
jours; chacun avait pris son poste de dévouement dans
ces Thermopyles glaciales, non pour y repousser des
ennemis, mais pour y tendre une main secourable
aux voyageurs perdus, de tout rang de toute nation
de tous cultes, et même aux animaux chargés de leur bagage.
Quelques-uns de ces sublimes solitaires gravissaient
les pyramides de granit qui bordent leur chemin pour
y découvrir un convoi dans la détresse et pour répondre
aux cris de secours, d'autres frayaient le sentier enseveli
sous la neige fraîchement tombée, au risque de se perdre
eux-mêmes dans les précipices; tous bravant le froid
les avalanches, le danger de s'égarer, presque aveuglés
par les tourbillons de neige, et prêtant une oreille
attentive au moindre bruit qui leur rappelait la
voix humaine.

Leur intrépidité égale leur vigilance, aucun mortel
heureux ne les appelle en vain, ils le retirent étouffé
sous les débris des avalanches, ils le raniment ago-
nisant de froid et de terreur, ils le transportent sur les
ô mes, je dis que leurs pieds glissent sur la glace, ou
plongent dans la neige, la nuit le jour, vont à leur ministère.

Leur pieuse sollicitude veille sur l'humanité dans
ces lieux maudits de la nature où ils présentent le
spectacle habituel d'un héroïsme qui ne sera jamais

être par vos flatteurs.

Depuis une heure entière, cinq religieux et leurs domestiques étaient sur la trace des voyageurs lorsque l'aboiement des chiens nous annonça leur retour. Toujours intelligents des courses de leurs maîtres, ces dogues bienfaisants vont à la piste des malheureux, devancent les guides et le sont eux-mêmes ; à la voix de ces fidèles auxiliaires, le voyageur ... reprend l'espérance, il suit leurs vestiges, toujours sûrs. Lorsque les éboulements de neige, aussi prompts que ..., engloutissent un passage, les dogues du St... Bernard le découvrent sous l'abîme et y conduisent les religieux, qui retirent le cadavre et souvent le rendent à la vie.

Bientôt l'hospice s'ouvrit à dix personnes épuisées de froid, de lassitude et de frayeur. Leurs conducteurs oublièrent leurs propres fatigues ; et depuis le linge plus blanc jusqu'aux liqueurs les plus restaurantes, tout ce que l'hospitalité la plus attentive peut offrir, tout ce qu'on ne rassemblait qu'à force ... dans les auberges de nos villes, fut prêt à l'instant, distribué sans distinction, employé avec autant d'adresse que de sensibilité.

Mallet du Pan.

2ᵉ La mort de Turenne.

Turenne voulait se confesser ; il avait donné ses ordres ... et devait communier le lendemain Dimanche, qui

... son séjour qu'il croyait donner la bataille. Il monta à cheval
le samedi à deux heures après avoir mangé et comme il y avait
bien des gens avec lui, il les laissa tous à trente pas de la hauteur
où il voulait aller, et dit au petit d'Elbeuf : Mon neveu demeurez là, vous ne faites que tourner autour de moi, vous me
ferez reconnaître. Mr. d'Hamilton qui se trouva près de l'endroit
où il allait, lui dit : Monsieur venez par ici, on tire du côté
où vous allez. Monsieur lui dit-il, vous avez raison je ne veux
point du tout être tué aujourd'hui, cela sera le mieux du monde.
Il eut à peine tourné son cheval qu'il aperçut Saint Hilaire, le
chapeau à la main qui lui dit : Monsieur, jetez les yeux sur cette
batterie que je viens de faire placer là. Mr. de Turenne revint
dans l'instant sans être arrêté, il eut le bras et le corps fracassés
du même coup qui emporta le bras et la main qui tenait le chapeau
de Saint-Hilaire. Ce gentilhomme, qui le regardait toujours,
ne le voit point tomber le cheval l'emporte où il avait laissé
le petit d'Elbeuf; il était penché le nez sur l'arçon. Dans ce
moment le cheval s'arrête, le héros tombe entre les bras de
ses gens il ouvre deux fois de grands yeux et la bouche et
demeure tranquille pour jamais. Songez qu'il était mort,
et qu'il avait une partie du cœur emportée.

On crie on pleure, Mr. d'Hamilton fait cesser ce bruit et
ôter le petit d'Elbeuf, qui s'était jeté sur ce corps, qui ne voulait
pas le quitter et qui se pâmait de crier. On couvre le corps
d'un manteau, on le porte dans une haie on le garde à
petit bruit. Un carrosse vient, on l'emporte dans sa tente
ce fut là où Mr. de Lorges, Mr. de Roye et beaucoup d'autres
pensèrent mourir de douleur mais il fallut se faire violence et songer aux grandes affaires qu'on avait sur les bras.

On lui a fait un service militaire dans le camp, où les tambours,
où les oies faisaient le véritable deuil; tous les officiers avaient
pendu des écharpes de crêpe, tous les tambours en étaient couverts;
ils ne battaient qu'un coup, les piques traînantes, et les mousquets
renversés; mais ces cris de toute une armée ne peuvent pas se
représenter sans que l'on en soit ému. Ses deux neveux étaient
à cette pompe dans l'état que vous pouvez penser. M. de Roye
tout blessé s'y fit porter, car cette messe ne fut dite que quand
ils eurent repassé le Rhin. Je pense que le pauvre chevalier
de Grignan était bien abîmé de douleur. Quand ce corps a
quitté son armée, ç'a encore été une désolation; en partout
où il a passé, on n'entendait que des clameurs. Mais à
Langres ils se sont surpassés; ils allèrent au devant de lui
en habits de deuil, au nombre de plus de deux cents, suivis
du peuple, tout le clergé en cérémonie. Il y eut un service
solennel dans la ville; en un moment ils se cotisèrent tous
pour cette dépense, qui monta à cinq mille francs, parce
qu'ils reconduisirent le corps jusqu'à la première ville, et
voulurent défrayer tout le train. Que dites-vous de ces marques naturelles d'une affection fondée sur un mérite extraordinaire? Il arriva à St-Denis ce soir; tous ses gens l'allèrent
reprendre à deux lieues d'ici. Il sera dans une chapelle en dépôt
où lui sera un service à St-Denis en attendant celui de
Notre-Dame, qui sera solennel............

Lettres de Madame de Sévigné.

État physique & moral de Jérusalem.

Les maisons de Jérusalem sont de lourdes

masses carrées, fort basses, sans cheminées et sans fenêtres;
elles se terminent en terrasses aplaties ou en dômes, et elles
ressemblent à des prisons ou à des sépulcres. Tout serait à l'œil
d'un niveau égal si les clochers des églises, les minarets des mos-
quées, les cimes de quelques cyprès et les buissons de nopals ne
rompaient l'uniformité du plan.

À la vue de ces maisons de pierres renfermées dans un paysage
de pierres, on se demande si ce ne sont pas là les monuments
confus d'un cimetière au milieu d'un désert.

Entrez dans la ville, rien ne vous consolera de la tristesse extérieure; vous vous égarez dans de petites rues non pavées, qui
montent et descendent sur un sol inégal, et vous marchez
dans des flots de poussière, ou parmi des cailloux roulants.
Des toiles jetées d'une maison à l'autre augmentent l'obscurité de
ce labyrinthe. Des bazars voûtés et infects achèvent d'ôter la
lumière à la ville désolée; quelques chétives boutiques n'étalent
aux yeux que la misère, et souvent ces boutiques mêmes sont
fermées dans la crainte du passage d'un cadi. Personne dans
les rues, personne aux portes de la ville; quelquefois seulement
un paysan se glisse dans l'ombre, cachant sous ses habits le fruit
de son labeur dans la crainte d'être dépouillé par le soldat.
Dans un coin à l'écart, le boucher arabe égorge quelque bête
suspendue par les pieds à un mur en ruines: à l'air hagard
et féroce de cet homme, à ses bras ensanglantés vous croiriez
plutôt qu'il vient de tuer son semblable que d'immoler un
agneau. Pourtant tout bruit dans la cité déciade, on entend par
intervalle le galop de la cavale, c'est le janissaire qui
apporte la tête du Bédouin ou qui va piller le Fellah.

Au milieu de cette désolation extraordinaire, il faut

s'arrêter un moment pour contempler des choses plus extraordinaires encore. Parmi les ruines de Jérusalem, deux espèces
de peuples indépendants trouvent dans leur foi de quoi surmonter
tant d'horreurs et de misères. Là vivent des religieux chrétiens que
rien ne peut forcer à abandonner le tombeau de Jésus-Christ,
ni spoliation, ni mauvais traitements, ni menaces de la mort.
Leurs cantiques retentissent nuit et jour autour du Saint-Sépulcre.
Dépouillés le matin par le gouverneur turc, le soir les retrouve
au pied du Calvaire, priant au lieu où Jésus-Christ souffrit pour le
salut des hommes. Leur front est serein, leur bouche est riante. Ils
reçoivent l'étranger avec joie. Sans forces et sans soldats, ils protègent
des villages entiers contre l'iniquité. Pressés par le bâton et par le sabre,
les femmes, les enfants, les troupeaux se réfugient dans les cloîtres de ces
solitaires. Qui empêche le méchant armé de poursuivre sa proie et de
renverser d'aussi faibles remparts? La charité des moines; ils se privent
des dernières ressources de la vie pour racheter leurs suppliants. Turcs,
Arabes, Grecs, Chrétiens schismatiques, tous se jettent sous la protection
de quelques pauvres religieux, qui ne peuvent se défendre eux-
mêmes. C'est ici qu'il faut reconnaître avec Bossuet, Que des
mains levées vers le ciel enfoncent plus de bataillons que des mains
armées de javelots."

Tandis que la nouvelle Jérusalem sort ainsi du désert, bril-
lante de charité, jetez les yeux entre la montagne de Sion et le
temple, voyez cet autre petit peuple qui vit séparé du reste des
habitants de la cité. Objet particulier de tous les mépris, il baisse
la tête sans se plaindre; il souffre toutes les avanies sans demander
justice; il se laisse accabler de coups sans soupirer; on lui demande sa tête, il la présente au cimeterre. Si quelque
membre de cette société proscrite vient à mourir, son compagnon

ira pendant la nuit l'enterrer furtivement dans la vallée de Josaphat, à l'ombre du temple de Salomon. Pénétrez dans la demeure de ce peuple, vous le trouverez dans une affreuse misère faisant lire un livre mystérieux à des enfants qui à leur tour le feront lire à leurs enfants. Ce qu'il faisait il y a cinq-mille ans ce peuple le fait encore. Il a assisté dix-sept fois à la ruine de Jérusalem, et rien ne peut le décourager, rien ne peut l'empêcher de tourner ses regards vers Sion. Quand on voit les Juifs dispersés sur la terre, selon la parole de Dieu, on est surpris sans doute, mais pour être frappé d'un étonnement surnaturel, il faut les retrouver à Jérusalem; il faut voir ces légitimes maîtres de la Judée, esclaves et étrangers dans leur propre pays, il faut les voir attendant, sous toutes les oppressions un roi qui doit les délivrer. Écrasés par la croix qui les condamne, et qui est plantée sur leurs têtes, cachés près du temple dont il ne reste pas pierre sur pierre, ils demeurent dans leur déplorable aveuglement. Les Perses, les Grecs, les Romains ont disparu de la terre, et un petit peuple, dont l'origine précéda celle de ces grands peuples, existe encore sans mélange dans les décombres de sa patrie. Si quelque chose parmi les nations porte le caractère du miracle, nous pensons que ce caractère est ici. Et qu'y a-t-il de plus merveilleux, même aux yeux du philosophe, que cette rencontre de l'antique et de la nouvelle Jérusalem au pied du Calvaire, la première s'affligeant à l'aspect du sépulcre de Jésus-Christ ressuscité, la seconde se consolant auprès du seul tombeau qui n'aura rien à rendre à la fin des siècles.

Chateaubriand.

4.ᵉ Le Chien.

Le chien, fidèle à l'homme, conservera toujours une portion de l'empire, un degré de supériorité sur les autres animaux; il leur commande, il règne lui-même à la tête d'un troupeau, il s'y fait mieux entendre que la voix du berger, la sûreté, l'ordre et la discipline sont le fruit de sa vigilance et de son activité, c'est un peuple qui lui est soumis, qu'il conduit, qu'il protège et contre lequel il n'implore jamais la force que pour y maintenir la paix. Mais c'est surtout à la guerre, c'est contre les animaux ennemis ou indépendants, qu'éclate son courage, et que son intelligence se déploie tout entière. Les talents naturels se réunissent ici aux qualités acquises. Dès que le bruit des armes se fait entendre, dès que le son du cor ou la voix du chasseur a donné le signal d'une guerre prochaine, brûlant d'une ardeur nouvelle, le chien marque sa joie par les plus vifs transports; il annonce par ses mouvements l'impatience de combattre et le désir de vaincre, marchant ensuite en silence il cherche à reconnaître le pays, à découvrir, à surprendre l'ennemi dans son fort; il cherche ses traces; il les suit pas à pas; et par des accents différents indique le temps, la distance, l'espèce, et même l'âge de celui qu'il poursuit;

Le chien, indépendamment de la beauté de sa forme, de la vivacité, de la force, de la légèreté, a par excellence toutes les qualités intérieures qui peuvent lui attirer les regards de l'homme. Un naturel ardent, colère, même féroce et sanguinaire rend le chien sauvage, redoutable à tous les animaux, et cède dans le chien domestique aux sentiments les plus doux, au plaisir de s'attacher, et au désir de plaire; il vient en rampant mettre aux pieds de son maître son courage, sa force, ses talents; il attend ses ordres pour en faire usage, il le consulte, il l'interroge, il le supplie,

un coup d'œil suffit, il entend les signes de sa volonté sans avoir,
comme l'homme, la lumière de la pensée, il a toute la chaleur du
sentiment; il a de plus que lui la fidélité, la constance dans ses affections,
nulle ambition, nul intérêt, nul désir de vengeance, nulle crainte que
celle de déplaire, il est tout zèle, tout ardeur et tout obéissance; plus
sensible au souvenir des bienfaits qu'à celui des outrages, il ne se rebute
pas par les mauvais traitements; il les subit, les oublie on ne s'en sou-
vient que pour s'attacher davantage; loin de s'irriter ou de fuir, il s'expose de lui-même à de nouvelles épreuves; il lèche cette main, instrument de sa douleur, qui vient de le frapper, il ne lui oppose que la plainte,
et la désarme enfin par la patience et la soumission. Plus docile que
l'homme, plus souple qu'aucun des animaux, non seulement le chien
s'instruit en peu de temps, mais même il se conforme aux mouvements
aux manières, à toutes les habitudes de ceux qui lui commandent; il
prend le ton de la maison qu'il habite, comme les autres domestiques, il
est dédaigneux chez les grands, et rustre à la campagne, toujours empressé pour son maître et prévenant pour ses seuls amis, il ne fait
aucune attention aux gens indifférents, et se déclare contre ceux qui par
état ne sont faits que pour importuner, il les connaît aux vêtements, à
la voix, à leurs gestes, et les empêche d'approcher. Lorsqu'on lui a confié
pendant la nuit la garde de la maison, il devient plus fier, et quelque
fois féroce, il veille, il fait la ronde, il sent de loin les étrangers, et
pour peu qu'ils s'arrêtent ou tentent de franchir les barrières, il s'élance
s'oppose, et par des aboiements réitérés, des efforts et des airs de colère il
donne l'alarme, avertit et combat; aussi furieux contre les hommes de proie
que contre les animaux carnassiers, il se précipite sur eux, les blesse, les dé
chire; leur ôte ce qu'ils s'efforçaient d'enlever, mais, content d'avoir vaincu,
il se repose sur les dépouilles, n'y touche pas même pour satisfaire son appétit
et donne en même temps des exemples de courage, de tempérance et de fidélité.

Buffon.

TABLE DES MATIÈRES